西花廳

回首中南海

走进中南海

□ 顾保孜 / 著

□ 杜修贤 / 等摄

人民东方出版传媒

東方出版社

图书在版编目（C I P）数据

回首中南海 ：走进中南海 / 顾保孜著 ; 杜修贤等插图 . -- 北京 :
东方出版社 , 2015

ISBN 978-7-5060-8270-9

Ⅰ . ①回… Ⅱ . ①顾… ②杜… Ⅲ . ①纪实文学－中国－当代 Ⅳ . ① I25

中国版本图书馆 CIP 数据核字 (2015) 第 128664 号

回首中南海：走进中南海

（HUISHOU ZHONGNANHAI ZOUJIN ZHONGNANHAI）

顾保孜 **著** 杜修贤 **等摄**

责任编辑：辛岐波
出　　版：東方出版社
发　　行：人民东方出版传媒有限公司
地　　址：北京市东城区朝阳门内大街 192 号
邮政编码：100010
印　　刷：北京龙跃印务有限公司
版　　次：2015 年 7 月第 1 版
印　　次：2015 年 7 月北京第 1 次印刷
开　　本：710 毫米 × 1000 毫米　1/16
印　　张：22
字　　数：336 千字
书　　号：ISBN 978-7-5060-8270-9
定　　价：68.00 元
发行电话：（010）64258117　64258115　64258112

目录

第一章　走进中南海

第二章　丰泽园的家事

第三章　丰泽园的乡下客

第四章　丰泽园里的“布衣”元首

第五章　儿女情深家风严

第六章　寒风掠过中南海

第七章　幸福的大家庭——西花厅

第八章　灯火璀璨西花厅

第一章

走进中南海

中南海，这是全中国乃至全世界都十分熟悉的名称，然而它又是如此陌生、如此神秘。因为真正能有幸走进这神秘地方的人并不多。它与中国古老悠久的历史和波澜壮阔的今天联系在一起。因此对世界上几乎所有的人都有不可抗拒的吸引力。

第一章　走进中南海

◆共产党人从西柏坡走来

北京，是我们祖先很早以来就生息、劳动、繁衍的地方，四五十万年前北京猿人在周口店龙骨山点燃的生命之火，是人类文明最初的一抹曙光。

北京是许多重要的封建王朝的建都之地。史书形容它“左环沧海，右拥太行，北枕居庸，南襟河济，形胜甲于天下”。

北京是驰名世界的文化古城，作为一个城市来讲，它所拥有的悠久而丰富的文化遗产，是世界上其他任何都市所难以比拟的。古都的一砖一石，都蕴含着无限的魅力，它引人去回溯岁月的长河，幻化出壮丽的史剧和曲折的传奇……

明末崇祯十七年（1644），李自成率起义大军从长城外进入北京，推翻了明王朝，可是由于他的高级文武官员的腐败，很快就丢掉了政权，退出了北京。

300年后，中国共产党领导全国人民前赴后继，浴血奋斗，终于从蒋介石手上夺取了政权，此刻毛泽东等中央领导就要启程进京“赶考”了……

历史将永远记住这一天，1949年3月23日，由平津前线指挥部调来的100辆卡车和20多辆吉普车，载着中共中央机关离开了西柏坡，离开了夺取全国胜利的最后一个农村指挥所。

在进行出发准备工作时，毛泽东对周围的人说：“今天是‘进京赶考’

去。”“我们决不当李自成，我们都希望考个好成绩。”

周恩来也幽默地说：“我们应当都能考及格，不要退回来。”[①]

行进在这块古老的土地上，即将夺取全国政权的中国共产党人，有着太多的历史感慨。

20 世纪中国的第一次历史巨变，是从革命的先行者孙中山开始的。

革命党人高举孙中山倡导的三民主义旗帜，经过十多年的不懈奋斗，终于在 1911 年的辛亥革命中，推翻了帝制，结束了两千多年的封建王朝历史，创建了共和体制的中华民国。

但是，辛亥革命没有引发中国社会的根本变革，在帝国主义列强的操纵下，中国陷入军阀混战的深渊，污泥浊水仍旧充斥着社会的每一个角落。

1919 年，五四爱国运动爆发，使马克思主义在中国迅速传播。

1921 年，中国共产党的诞生成为中国历史上开天辟地的大事，从这一天起，中国共产党人为探索一条救国救民的道路，走过了 28 年的艰辛历程。

1927 年的八一南昌起义和秋收起义，共产党人开始寻找并找到了以农村包围城市、武装夺取政权的中国革命道路。

1936 年，“西安事变”后，为了打败日本帝国主义，中国共产党倡导建立了国共合作的抗日民族统一战线。

1945 年，在抗日战争即将取得胜利的时刻，中国共产党第七次全国代表大会确立了毛泽东思想的历史地位，并确定了建立一个新民主主义国家的奋斗任务。

四年之后，共产党人便走到了这个新国家的门槛。

一路上，毛泽东显得十分兴奋。他说：“30 年了！我第一次到北平，到现在整整 30 年了！那时，是为了寻求救国救民的真理而奔波。还不错，吃了点苦头。遇到了一位好人，那就是李大钊同志。在他的帮助下，我后来才算成了马列主义者。可惜呀，李大钊同志已经为革命献出了宝贵的生命。他是我真正的好老师呀！没有他的指点和教导，我今天还不知道在哪里呢！”[②]

---

① 何虎生：《建国的那些人与事——旭日东升》，当代中国出版社，2012 年版。
② 崔立秋：《巨人伟业——先驱者李大钊》，《河北时报》2011 年 6 月 9 日。

第二天下午，车队到达河北涿县（今涿州市）。叶剑英和滕代远等从北京乘火车赶来，接中央领导进城。晚上研究进城仪式时，不少同志认为，既是胜利之师，入城就该有些气派，至少应是锣鼓喧天，各路人马夹道相迎，以壮中国革命之声势。但中央书记们基本不赞成“大搞”。不知是谁又提到了李自成进城，于是大家都愿以此为戒，甘愿头顶上时刻高悬警示之剑。

周恩来设计了一个具体方案：“从清华园火车站下车，然后改乘汽车进颐和园住宿一夜，第二天去西苑机场举行入城式。入城式上，先检阅部队，然后与各界代表见面，特别是要与那些知名人士如李济深、沈钧儒、郭沫若、柳亚子、茅盾等见面。这些人与我们合作共事，今天胜利了，他们高兴了，急于见到我们，他们也在考虑今后怎么办。新政府里给他们安排什么工作。这些，都需要进行协商的。”

毛泽东沉思着点头：“我赞成恩来的意见。明天就要和他们之中的一些人见面了。明天见面，是他们欢迎我们，也是我们欢迎他们，并向他们表示感谢。希望他们继续同我们合作，在今后的政府工作中，使他们做出应有的贡献。”

没有任何争议，具体安排落在了周恩来身上。

第二天，进京“赶考”的元勋们由汽车改为乘专列，向北平进发。上车后，稍事休息，他们又集中到毛泽东的车厢，谈论有关北平城内的情况。叶剑英担任市长，自然是他说的多。没有觉得过多长时间，清华园车站就到了。华北军区司令员兼京津卫戍司令聂荣臻、市委书记彭真和中央社会部部长李克农前来迎接。又是一个长长的车队，所不同的是没有滚滚的灰尘，车轮在平坦的公路上行驶，这是从山区从战场出来的将领们感受最好的一次旅程。车队陆续开进颐和园。

走进颐和园，大家更加兴奋，目光里除了惊讶，还有一种自豪，这可是一个名扬四海的皇家园林，今天也属于新生共和国的一部分。宽阔的湖面和高高耸立的楼台亭阁，显得华丽而寂静。以前这里住着道士和工作人员，现在已经搬走。以至吃饭时，要水没水，找饭没饭。下午还要去西苑机场举行入城式呢。毛泽东不禁发了脾气：“你们搞什么名堂？先来的人都干什么吃去了？”

社会部的同志忙解释，是李部长为了首长的安全，派人把人都清理出去了。

不料越解释越糟，毛泽东竖起眉头：“你把水全排干了，你那个鱼还讲什么安全？你就安安全全干死在那里，饿死在那里吧！你说你蠢么！”

社会部的同志只好跑到颐和园外面的饭馆买来了米饭和三菜一汤。

毛泽东确实饿了，抓起筷子就开始往嘴里扒饭，并对卫士说：“入城式你不要跟着去了，你去香山打前站，帮我安排好吃住。不要再学他们那样干蠢事。”

周恩来抓紧时间睡了一小会儿，中午起床后，就乘车到西苑机场检查。虽然颐和园到机场直线距离并不远，但没有直路相通，须先到西直门外紫竹院再往西拐，绕一个大圈。周恩来测算好后，告诉司机：“这段路，一般说用不了一个半小时，可是路窄人多，马车也多，路上不顺就会耽误时间，不管怎样，一定要按时到达，城市人时间观念是很强的。我们这是进城的第一天，一定要按时到达。”

下午3时，中央领导分乘几辆旧卧车，准时向西苑机场进发。毛泽东坐的是一部美国造的老道吉防弹车。虽然已是阳春三月，可中央领导人并没有合适的衣服调换，仍都穿着西柏坡时期的老棉袄、棉鞋棉裤，外面披着延安时期的皮大衣，倒也整齐划一。

机场里已站满了人，放眼望去，仍是军人的天下。一排排，一列列，钢盔和枪炮在阳光下闪着寒光。另一侧是衣着杂色的工农商学各界代表。下午5时，领导人们登上检阅车。毛泽东站立在第一辆车上，含笑向受阅部队招手致意，其后是朱德、刘少奇、周恩来、任弼时的检阅车。士兵们有节奏地喊着口号，群众不停地欢呼雀跃，万岁的口号声震云霄。

检阅车行至民主人士、人民团体代表面前时，徐徐停下，“五大书记”走下汽车，同他们亲切握手和问候。这些人大都在重庆时见过毛泽东，同周恩来打过交道，几年没见，今天故友重逢，格外亲切。

这些民主人士为了救国救民和振兴中华这个目标，在现代中国的历史上，留下过他们的追求和迷惑，留下过他们的抗争和奋斗，他们终于汇聚在1949

毛泽东与民主人士在西苑机场（徐肖冰 摄）

年，汇聚在中国共产党的旗帜下面。

当毛泽东走到傅作义面前时，他紧握傅将军的双手说："对傅将军保护古都北平的贡献再次表示感谢，我看应当奖给你一枚跟天坛一样大的奖章。"傅作义被毛泽东的幽默逗乐了。

半小时之后，周恩来抬腕看了一下表，对大家说："朋友们，先生们，谢谢大家到这里来欢迎毛主席、党中央和人民解放军总部进驻北平。天快黑了，请诸位先生早些回去休息吧，以后请大家见面的机会还多着呢。"

周恩来的话音一落，就响起一片掌声。

毛泽东对这天检阅的安排很满意，周恩来时机掌握得恰到好处。毛泽东红润的脸色，透出一种兴奋之后的倦息，他对身边的工作人员说："今天总算完成了一件大事。从现在起，我们就可以向全中国全世界宣布，中国共产党中央委员会和中国人民解放军总部，已经进驻北平了，这标志着中国革命已取得伟大胜利。"停了一下，他又补充了一句："但还不是完全胜利。"

◆双清"福地"迎来了"五大书记"

离开西苑，毛泽东没有进城，他住进了香山的双清别墅。

双清别墅坐落在香山寺以南的山腰上，是一个依山而建的小庭院，院子的高坡上涌出两股泉水，晶莹清澈，山泉旁的石崖上有乾隆皇帝题写的"双清"二字。

关于双清的命名，还流传着这样的一个传说：元朝忽必烈整日沉醉于酒色之中。一天，他无意中登高北望，只见西北方向红彤彤如地火上升，金赤赤似紫云降世，以为是神仙下凡，"福"从天降。于是，立即降旨，说要寻找"福地"。他坐上龙车向西北而行，一直找寻到了双清这个地方。那时的双清，既没有清泉，也没有建筑物，就是树多。树枝上挂满了红叶，把整个山梁装饰得红殷殷的，原来那红彤彤的地火，就是这满山的红叶。忽必烈见此，不免有些心灰意懒，再也不想去寻那"福地"了。他确实走不动了，便靠着红叶树干而睡，不一会儿便进入了梦乡。在蒙胧中，他看见两只乖巧可爱的小白兔围着他的身边跳来跳去，他俯身去捉，这两只小白兔既不让他逮着，也不跳得太远，成心惹他着急。忽必烈见此，便想出了一个主意，假装睡觉。小白兔又围着他的身边跑来跑去，他猛然伸手抓去，眼看要抓住了，可还是让小兔跑掉了。就在白兔消失的地方，冒出两股清泉。那泉水来势猛，涨势快，不多一会儿，竟然掀起浪头，劈头盖脸往下压，吓得忽必烈大叫一声，顿时梦醒。他马上命人就地往下挖，挖着挖着，猛地喷出了两股清泉。从此，人们就给这里起了双清的名字。

1917年，河北发生水灾，督办熊希龄创办慈幼院，在这里修了一座别墅，称为双清别墅。

双清别墅淡雅幽静，院内山、水、树、石顺其自然，甘洌的泉水汇集一池，池水清澈。池边有亭，亭后有屋，因势借景，秀丽非凡。在这里，春日可赏花，酷夏可避暑，秋可观红叶，严冬可踏雪，可谓香山之“园中园”。

毛泽东从颐和园乘上防弹汽车上了香山。

香山的公路是临时抢修的，小轿车爬坡相当吃力，虽然司机狠踩油门，但也无济于事。进香山大门不久，又遇到一个70度左右的大斜坡，汽车马达轰鸣，车轮却是原地打滑。

坐在车中的毛泽东见状说：“上不去吧？那我们下来走好了。”

司机说：“那就烦请主席先下车，我把汽车倒回去，再往前冲一下，这样出不了事。”

毛泽东和周恩来他们踏着夜色，慢慢顺公路到了香山慈幼院的后门。一辆吉普车停在那里。

毛泽东问：“不是到了吗？为什么还要坐车？”

周恩来说：“还有一段坡路，小汽车爬不上去，只好换越野吉普。”

果然，越野吉普车又开了一阵子，才到了一个院子附近。

毛泽东下了车，仔细望了望双清别墅的大门，然后大步走了进去。院子不小，夜色下，一个古色古香的六角凉亭，还有不少松柏自由自在地长在院子里。一股清风袭来，树枝摇摆，似是在欢迎新来的主人。

“这个院子不错呀，比我们在西柏坡的院子还大还漂亮。”毛泽东很高兴地说道。

双清别墅的院子确实不小，房子也很大。它是一排坐北朝南的平房，屋子里阳光充足，房子高大优美。从西头起，有卫生间、卧室、办公室，中间正厅是会客厅，能容纳二十多人。从正厅向东，还有办公室和会客厅，过了会客厅是小餐厅。小餐厅通过一个走廊和厨房相连。

这排房子中，除毛泽东使用的房间外，还有工作人员的办公室、储藏室和小厨房。

从此，毛泽东住在这里，一直到6月份进城。进城初期，他只是白天去

毛泽东与毛岸英在北京香山双清别墅(徐肖冰 摄)

中南海办公，夜里仍回双清别墅或玉泉山休息。

1949 年 4 月，毛泽东与李讷、毛岸英、刘松林在香山。从双清别墅西侧门北去，一条小路通向来青轩（位于香山寺的北侧），这里被确定为朱德、刘少奇、周恩来、任弼时的住所。刘少奇一家住东房，朱德和任弼时住北房（朱德住东头，任弼时住西头）。任弼时的住房往西向上走数步，即是周恩来的住所。

当毛泽东第一次走进双清别墅自己的卧室时，便对身边工作人员发了一通脾气。原来，毛泽东对卧室那张弹簧床极不满意。其实，这间卧室内唯一豪华气派的家具就是这张弹簧床。警卫员还是头一次见到这种床，坐在上面就像是坐在沙发上一样。他们觉得这个床要比毛泽东在农村时睡的任何一张床都要高级，于是，将这张床摆好。可是，毛泽东并不这么想，他看到这张床，声音很高地对工作人员说："为什么要给我买这样的床？这床比木板床要多花多少钱？为什么昨天能睡木板床，今天就不能睡了？我睡木板床已经习惯了，觉得睡木板床就很好，我不喜欢这个床。"[①] 他指示卫士们赶忙撤走弹簧床，并说："我还是睡木板床舒服。"

毛泽东在北京香山的双清别墅（侯波 摄）

吃饭、睡觉、工作，可谓人生三大事。毛泽东在生活起居方面以简单随便著称，但是，他对床铺却有着与众不同的"讲究"。

毛泽东对床有独特的要求，他不睡别的床，诸如沙发床、席梦思之类的软床，而是喜欢睡木板床。

转战陕北时，陕北的老百姓睡火炕，毛泽东睡不惯，走到哪儿，都是临时借用老乡的门板。毛泽东住在河底村时，房东的门卸不下来，他只好睡在火炕上，结果睡得不好。房东的孩子在县里当干部，回家听说了这事，立刻将门轴锯了，把门取了下来。毛泽东晚上回来听说了，批评那个干部"乱弹琴"。随后，毛泽东又检查了那两扇门，看到再安上不受影响，才不生气了。这天夜里，他睡在门板上，比前一天晚上睡得好。

毛泽东发火引起工作人员的恐慌，因为双清别墅没有木板床，而毛泽东以前睡的木板床又没有带来。这可怎么办？大家思来想去，决定还是劝毛泽东暂时先在弹簧床上

① 《毛泽东的菊香书屋》，《新华每日电讯》2010年1月22日。

睡一觉，第二天再想办法。

正在伏案工作的毛泽东听了这种安排，头也不抬地说："弄来木板床后我再睡。"显然，毛泽东的脾气来了。如果不能弄到木板床，他是不肯睡觉休息的。

于是，管理科的同志们赶紧请木匠为毛泽东赶做了一张大木板床。毛泽东见了这张床，很满意，于是便上床休息。后来，丰泽园菊香书屋成了毛泽东的卧室，这张木板床也随着毛泽东搬进了菊香书屋。不久，工作人员又对毛泽东的木板床进行了改造，使它变大了，足有5尺宽。为什么要把木板床加宽呢？因为毛泽东有躺在床上看书、看报、办公的习惯，床的一半是用来放书的。平时，毛泽东床上的书堆得足有一尺多高。毛泽东自己说过："人生几乎有一半时间是在床上度过的。至于我，更是比一般人在床上度过的时间要多。因此，我的床一定要舒服一些。"

改进后的木板床有三个特点：一是普通，毫无刻意雕饰，与一般人家的木板床并无区别；二是宽大，可以放很多书；三是外高里低，高的那边睡人，低的那边放书。

毛泽东深为满意。此后，他一直睡这种木板床，从来未曾改变过。

在香山的双清别墅，毛泽东要处理的第一件事情，是和国民党政府的和平谈判。

三大战役后，国民党军队的主力已经基本被消灭，人民解放军解放了长江以北的广大地区，并形成了对国民党军长江防线的军事压力。国民党政府收拢了115个师，布防在宜昌至上海的长江沿线，制造了"划江而治"的空气。

为了阻止解放军过江，国民党政府提出了和平谈判的要求。中共中央为了早日结束战争，减轻人民的痛苦，接受了这一建议。

4月1日，以张治中为首席代表的南京政府和平谈判代表团到达北平。在谈判中，中共代表坚持无论谈判成功与否，解放军都必须渡江，并指出，长江在历史上从来没有阻止过中国的统一。但在战犯处理、对待国民党政府和军队人员以及联合政府组成等问题上，可照顾到国民党各方的情况，做宽大的处理和适宜的解决。经过半个月的谈判，形成了《国内和平协定（最后

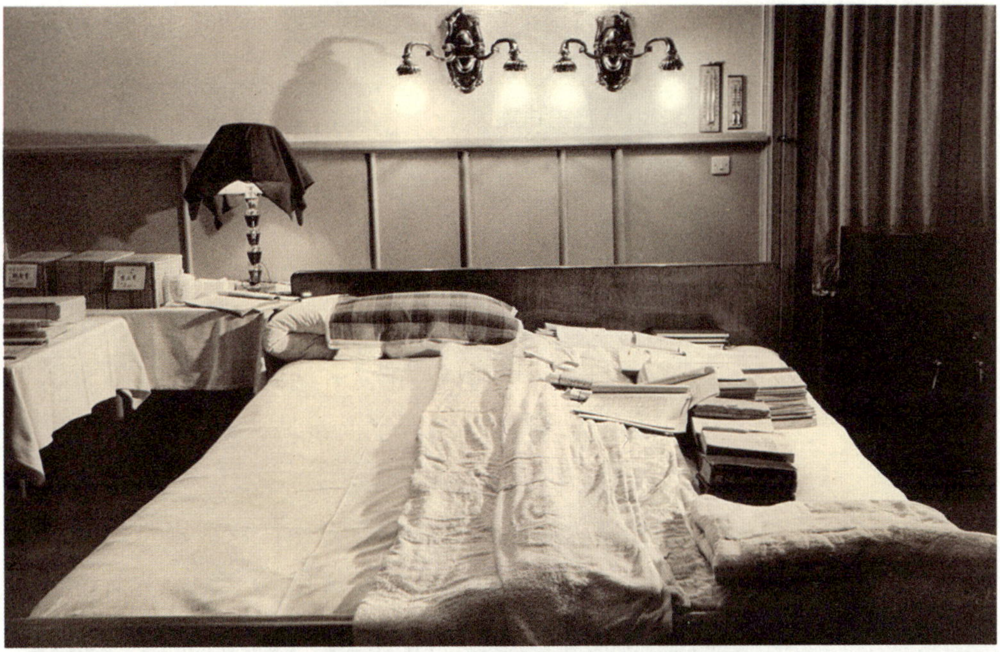

丰泽园菊香书屋毛泽东的卧室（佚名 摄）

看书是毛泽东每天的必修课（吕厚民 摄）

修正案）》。但这个协定遭到了南京政府的拒绝，并公告，坚决作战。

4 月 21 日，毛泽东和朱德下达了发起渡江战役、向全国进军的命令。

在西起湖口、东至江阴的千里战线上，第二、三野战军，分东、中、西三个突击集团，一举突破了国民党苦心经营的长江防线。

4 月 22 日，装甲和炮兵部队开始向南岸开进。

4 月 23 日，解放军攻占了南京城。统治中国 22 年的蒋介石政权的历史宣告结束。

在这振奋人心的时刻，毛泽东坐在双清别墅的六角亭下，写下了《七律·人民解放军占领南京》这一光辉诗篇，

毛泽东在双清别墅看报纸（徐肖冰 摄）

热情歌颂了中国人民在解放战争中所取得的这一决定性的胜利。

随着前线胜利的捷报不断传来，在山上住的有些领导人有些坐不住了，他们当中有不少是行伍出身。这些将军都是子弹堆儿里钻出来的人。听惯了枪炮声，都是几天不打枪手痒心痒全身痒，现在一下子没仗打了，耳边周围只剩下莺歌燕舞，自然很不习惯，也很不适应了。

不久，他们终于找到了解痒的法子。香山有的是麻雀，打吧！不知是谁挑头开了第一枪，于是大家都尽情一试身手了。

一天，毛泽东开会回来，刚下车，正有几名警卫干部打了麻雀回来，他们枪法好，打了很多，拴成一串，兴高采烈地走过来。

毛泽东听到喧笑声，朝那边望了一眼，只是随便望了一眼，突然停住了脚步。

那几名警卫干部见到毛泽东，礼貌地停止喧哗，放慢脚步。

毛泽东眉梢抖动一下，渐渐皱拢，习惯地吮吮下唇，问："你们拿的什么呢？"

"打了几只家雀。"一个同志将一串麻雀举向毛泽东，这样可以清清楚楚看到鸟羽上沾满的鲜血，甚至有一滴血被甩了出来，滴落到毛泽东脚下。

毛泽东面孔一抽搐，显出大不忍的悲戚神色，退了半步，突然以手遮脸，喊起来："拿走，拿开！我不要看。"

那同志吓得赶紧将滴血的麻雀藏到身后。

"谁叫你们打的？"毛泽东皱紧眉头责问道，"它们也是生命么，麻雀也是有生命的么！它们活得高高兴兴，你们就忍心把它们打死了？招你们了惹你们了？"

几名同志无言以对。

"以后不许打，任何人不许打？"

"是首长们先打的。"毛泽东身边的卫士悄悄解释，"后来大家才跟着打……"

"今后任何人不许打，什么首长不首长，告诉他们，我说的任何人不许打！"

此后，那些疲于奔命的麻雀，又有了安定宁静的生活环境，得以自由歌唱翱翔，热热闹闹地繁衍子孙……

毛泽东身经百战，指挥战役大大小小何止千百次？战场上哪次不是尸积如山，血流成河？毛泽东的亲人和战友牺牲的有多少？那长长的名单证明毛泽东从来未在敌人的凶残面前有丝毫恐惧和退缩。就是在全国即将解放，无论蒋介石或者其他敌人怎样喊饶命，毛泽东的回答却是“宜将剩勇追穷寇，不可沽名学霸王。”

但是在这里，毛泽东怕血、怜惜无辜受害的生命。这说明了作为一位多情善感的质朴常人，他的意志坚硬如钢同他的心地善良一样鲜明，一样强烈。

毛泽东抓的第二件大事，就是会见民主党派的领导人、人民团体的领导人和无党派的知名人士，协商召开新的政治协商会议，建立中央政权。为了抓好这项工作，周恩来总是全城跑。他往往是白天在城里忙一天，到晚上8点钟左右赶到毛主席的住处研究军事问题，直至深夜。第二天吃过早饭，又坐上小卧车进城去了。当时社会治安不好，为了周恩来的工作和安全起见，警卫人员就乘坐吉普车在后边跟随着。吉普车没有小卧车跑得快，没跑多久，就看不见周恩来坐的那辆车了。常常是警卫人员到了一个地方，周恩来又去了另一个地方，总也追不上。

中央首长们会见党外知名人士，都是经过周恩来亲自安排的。为了尽快召开政治协商会议，他根据中央研究的精神，广泛地联系党外人士，登门拜访，邀请交谈，个别会面，然后向毛主席和其他中央首长汇报。中央集体研究以后，由毛主席、朱总司令、刘少奇同志和周恩来分别会见。

毛主席会见党外知名人士的时候，都特意嘱咐工作人员把吉普车准备好，到下边去接。客人来了，要及时告诉他。

每次客人到来，毛主席都走出房间，到院子里迎接，有时还走到大门口去迎接。张澜、李济深、沈钧儒、陈叔通、何香凝、马叙伦等老人来时，毛主席亲自走到汽车跟前，搀扶他们下车和上台阶。对此，被会见的人非常激动。他们说，我们都是经过几个朝代的人了，没有哪一个朝代的领导人能和中共的领导人相比。毛主席、周恩来都是和我们平起平坐，心平气和地商量问题。也有的说，我们过去认为中共领导人能打仗，蒋介石不能打仗，所以失败；现在认识到了，中共政策对头，得到了广大工人、农民的拥护，连我们这些人也拥护，因此，中共必然取胜。蒋介石有钱没有群众，人心相背，不可能不失败。

李济深先生是中国国民党革命委员会的主席。为了反蒋抗日，1933年底，他联合国民党第十九路军将领蔡廷锴、陈铭枢和蒋光鼐发动福建事变，成立了抗日反蒋的“中华共和国人民革命政府”。革命失败以后，他支持李宗仁、白崇禧反对蒋介石。1948年5月，中国国民党革命委员会发表声明，积极响应中国共产党关于召开新政治协商会议的号召。

这次，李济深先生到达香山双清别墅，紧紧拉着毛主席的手说：“毛主席太客气了，我这个人你是知道的，我过去是反对共产党的，也犯了很大的错误。以后我觉悟了，看到蒋介石反动派丧权辱国，腐败无能，使中华民族长期陷入贫穷落后、暗无天日的悲惨生活之中，才认识到，只有中国共产党才能救中国。现在，大半个中国已经获得了解放，全国即将解放，我真心诚意地拥护中国共产党，我们的全体同志都拥护中国共产党。共产党的领导干部都很谦虚，毛主席、周恩来先生都这么谦虚。我们这次来北平的同志，都是

毛泽东与周恩来在丰泽园门前迎接客人(侯波 摄)

这么认为的，这并不是我个人吹嘘。”①

毛主席说：“我们都是老朋友，互相都了解，不要多夸奖了，应该对我们多提意见，多提批评，这样才能使咱们今后相处得更好啊。”

李济深先生说：“我说的这些，都是实实在在的。我相信，以后在毛主席的领导下，咱们会相处得更好。”

◆为共和国诞生而日理万机的“五大书记”

第一次政协会议（侯波 摄）

毛泽东、刘少奇、朱德、周恩来和任弼时当时被称为“五

① 阎长林：《我的警卫日记》，中国青年出版社，2010 年版。

大书记”。在香山“五大书记”为了共和国的诞生，日理万机，忙得不可开交。虽然任弼时身体不好，但他仍然放不下自己的工作。朱德只要一有空闲他就抓紧时间学习。他特别关注苏联有关经济建设的论著，特别是斯大林有关工业建设的论著。

周恩来的工作最忙：一是筹备召开新政治协商会议；二是准备同国民党南京政府代表团的谈判；三是兼任总参谋长要指挥全国解放战争。到香山的第二天，周恩来就进城拜会民主人士。当时在城里活动的地点主要有三处：一是北京饭店，那里住的主要是民主人士；二是六国饭店，国民党政府谈判代表的住处；三是中南海勤政殿，国共谈判、重要会谈和会见客人都在这里。周恩来白天进城工作，晚上回香山。当时道路很不好走，每次从香山经青龙桥、海淀、西直门、中南海往返一趟需要一个小时左右，有时一天跑两趟。

有一次回香山，因已是深夜，西直门城门已关闭，经交涉后打开城门，周恩来一行才回到香山。那时通信很不方便，经常打不通电话，给工作带来很多不便。记得有两次有急事打不通电话，急得团团转也无济于事，只好乘汽车往返。一次是周恩来晚上在中南海办公，有急事找铁道部部长滕代远，打 30 分钟电话也不通。最后周恩来只好让成元功乘汽车到煤渣胡同把人接来。

刘少奇住在香山来青轩，不久就肩负着七届二中全会关于真正管好城市的使命到天津去了。天津工商业比较集中，总是很有代表性，当时天津已顺利完成接收，正转入管理与发展生产。临行前刘少奇还特意通知才从香港归来，熟悉贸易、金融工作的龚饮冰、卢绪章两人同行，北平市委也派了张文松等几位得力干部随行，以便及时将刘少奇的意见转告市委，中办同行的有吴振英（刘少奇的秘书）、李树槐（负责警卫）等人。

4 月 10 日晚 9 点，刘少奇一行乘火车抵天津，黄克诚、黄敬、黄火青、吴德等到火车站迎接。刘少奇一行被安排在近郊小刘庄的一座两层小洋房住下。因时间较晚，仅就如何汇报、视察等事宜谈了一下，决定由黄敬负责活动安排，并全程陪同。

刘少奇的天津之行，对如何进行城市民主建设提出了一套经过深思熟虑的完整设想，指出管理好城市的关键在于理顺“四面八方的关系”，即城乡关系、劳资关系、内外关系、公私关系。这对于早期政权建设、民主管理、革命党向执政党转变是有重要意义的。

刘少奇反复强调，过早地消灭资产阶级，是少了一个朋友，多了一个敌人，在天津刘少奇对民族资本进行了充分肯定。刘少奇说：上海一位资本家曾对毛主席诉苦："一讲资本家、剥削者，我们就浑身发抖。"他们希望把"剥削者"按希腊词典释义译为"利益分润者"。永利公司800元开办到现在的巨大产业，既有剥削，也有利润。剥削是指人和人的关系，利润是指人和物的关系。

刘少奇认为，资本家文明和野蛮的两面应区别对待，前者合作，后者处罚，但要慎重。问题不在于名词，而在于资本主义的剥削还不能完全取消，失业人员不如有业人员。政治解放，还不能完全不受剥削，不是愿意不愿意，而是做不到。现在是资本家太少，不是太多。毛泽东在回答上海那位资本家时说："谁是大哥？讲革命当然是无产阶级第一；但是在城市里讲生产，还是你们第一。"就是这个意思。天津启新洋灰公司总经理周叔弢有一子一女是地下共产党员。他对刘少奇说："我的启新洋灰公司开了几十年，赚了钱，发展到两个厂、三个厂，现在还想再开几个厂。

刘少奇（佚名 摄）

但是厂子开多了，剥削工人也更多了，成了资产阶级，我的罪恶就更大了。”刘少奇回答：资本主义在一定的历史条件下是进步的，有功绩的。你想开第四个厂子，不但不是罪恶，而且还有功劳。刘少奇对东亚毛纺织公司总经理宋棐卿也这样说：你现在才办一个厂子，将来你可以办两个、三个……八个厂子，到社会主义的时候，国家下个命令，就把工厂交给国家，或者由国有收买你的，国家一时没有钱，发公债也行，然后，国家把这八个工厂还是交给你办，你还是经理，不过是国家工厂的经理，因为你能干，再加给你八个厂，还给你发薪水。你干不干呢？宋棐卿先生说：“那当然干！”

谁知十几年后刘少奇的这些充满真理、实事求是的讲话竟被诬蔑为为资本家脸上涂脂抹粉，宣扬剥削有功。在天津的一个月时间里，刘少奇夜以继日地工作，开会、调查、谈话、看材料、批文件，无暇看戏，更无暇游览。但住地较清静，每晚刘少奇与王光美到户外散步半小时。望着他们离去的背影，谁都会称赞他们是幸福的一双。

王光美与刘少奇是在延安认识的。到了西柏坡后，因为工作上的关系，她经常和刘少奇接触。渐渐相互熟悉起来，并且产生了感情。经过一段时间的了解，相互由相识到相爱。1948 年 8 月 21 日，刘少奇、王光美在西柏坡结为终生伴侣。

当晚，婚礼在中央秘书处大院举行。煤油灯下，贺喜的战友们在一片锣鼓、琴声中拥着刘少奇和王光美到婚礼台旁，吃着新郎新娘分发的喜糖和瓜子。欢笑声中，周恩来、朱德、叶剑英等同志来到了现场。朱德用他那浓重的四川口音说道：“今天是少奇和光美同志结婚的日子，欢迎他们出个节目好不好？”

“好！”院内响起了热烈的掌声。

“花篮的花儿香，听我来唱一唱……”《南泥湾》的熟悉曲调响了起来。

当新郎新娘的二重唱刚一唱完，周恩来站起来向大家说：“我建议把延安晚会的热闹劲儿也带到西柏坡来，让少奇和光美同志给大家跳个舞嘛！”

琴弦奏起了舞曲，在一阵热烈的掌声中，刘少奇和王光美大大方方地跳起了交际舞。刘少奇开心地说：“欢迎大家都来参加。”

刘少奇夫妇在西柏坡（徐肖冰 摄）

现场沸腾了。自延安转战到西柏坡，大家好久都没有跳舞了，在这喜庆婚礼的时刻，朱德、周恩来和男女青年们“嘣嚓嚓”地旋舞起来。热闹的婚礼晚会给年轻的王光美留下了深刻的印象。从这一天开始，刘少奇和王光美一起走过了 20 个春秋。

在同刘少奇相伴的日子里，王光美不仅通过别人的言谈了解了不少刘少奇的革命经历，更通过刘少奇本人的一言一行加深了对他的了解。刘少奇的宽厚、博学、为人师表、长者风范，都令王光美爱之深、情之切。他们既是夫妻，又是战友。王光美从内心深处感到，他更是一个诲人不倦的老师。作为一个终生伴侣和在他身边工作的人，她对少奇同志是理解入微的。尤其是长达20年夫妻共敬互爱、相濡以沫的生活岁月，王光美终于读懂了刘少奇："他是一个名副其实的共产党员，即使在他不被承认为共产党员时，他也仍然是一名真正的共产党员。"

也就是在天津视察工作期间，刘少奇和王光美有了他们自己的第一个孩子。

5月7日，刘少奇到塘沽参观碱厂，后又从那里去唐山，因为开滦煤矿工人正酝酿罢工，刘少奇主张以理服人：人民政府没有权利禁止工人罢工。即使国民党暗中破坏，我们让它去吧，以后工人会想念我们的。他急忙赶到现场，了解情况，以便拿出解决问题的办法。就在这一天，王光

刘少奇王光美视察农村(佚名 摄)

刘少奇的业余爱好（佚名 摄）

美因预产期将近，在天津参加接收工作的康岱沙（陈叔亮的夫人），陪王光美搭彭德怀的公务车先期返回北平。当天晚饭后，性情活跃的康岱沙说起在延安工作时，常陪毛泽东打麻将牌，很想见见毛泽东。王光美便带她到双清别墅，毛泽东见了她们很高兴。他问王光美刘少奇在天津的情况，王光美说他们参观了几个工厂，开了不少座谈会。王光美清楚地记得，在提到刘少奇会见资本家的情况时她说："少奇还几次见了资本家，找了大资本家李烛尘、周叔弢等谈心，做他们的工作……"毛泽东笑着说："就是让他去做资本家工作的。"

5 月 13 日，刘少奇女儿平平出生在北京医院。刘少奇全天有事，14 日才来医院看王光美。他告诉王光美，党中央决定派他秘密访苏，他不能照顾她了。

毛泽东、周恩来、刘少奇、朱德、陈云、邓小平在北京召开的扩大的工作会议上（杜修贤 摄）

◆中南海传出了改变中国、影响世界的共产党人的声音

中南海，这是全中国乃至全世界都十分熟悉的名称，然而它又是如此陌生、如此神秘。因为真正能有幸走进这神秘地方的人并不多。它与中国古老悠久的历史和波澜壮阔的今天联系在一起。因此对世界上几乎所有的人都有不可抗拒的吸引力。

中南海新老主人的蛛丝马迹、一言一行都是中外传记作家、新闻记者趋之若鹜的目标；中南海内一草一木、一砖一瓦、一桌一椅都可能隐藏着曲折而重大的故事、引人入胜的传说。多少读者渴望通过报刊书籍了解其中的奥妙。

因此，从中南海传出的声音能够毫不含糊地改变中国，影响世界。

很多人困惑不解，中南海为什么称为“海”，明明是湖嘛！

这就要从中南海的历史说起。中南海这片宫廷建筑群始建于辽宋时代。辽代以前。这里曾是一片风光秀丽的自然湖泊，那时北京的气候比现在湿润得多，燕山山脉的森林茂密，坝上草原水草丰美。与汉族所建的大宋朝相对抗的辽国曾在这群自然湖泊上建瑶屿行宫。行宫之外，辽代官兵与宋朝将士浴血奋战，为的是争夺对江南江北汉族居住区的统治权。

“离离原上草，一岁一枯荣”。辽国盛极而衰，金朝取而代之，这块自然湖泊上的宫殿迎来了新的主人。1153 年，金王朝正式迁都燕京，也就是今天的北京城。

新的主人给瑶屿行宫以新的名称，以表示其权力和自己特有的偏好，于是瑶屿行宫更名为“西华潭”。金王朝一声令下，上万民工开始对这一带进行开挖和改造，使之具有更多人为的痕迹。

斗转星移，又到改朝换代时。蒙古英雄忽必骑骏马，持弯刀，挥师西征，一口气打到多瑙河流域和今天的莫斯科郊外，同时驱兵南下，入主中原，把以灿烂文化自豪的汉族置于自己的统治之下，并在燕京建立首都，改名大都，皇宫御苑仍在金朝的老地方，自然又免不了一番整修，几次扩建。这个入主中原的游牧民族，世世代代在干旱的蒙古草原上逐水而居，哪里有水，哪里就有他们的帐篷。水就像生命一样珍贵，像花园一样美丽。古代蒙语称水潭湖泊为“海”“海子”。这就是元代大都城内，一长串经过人工拓展的湖泊：积水潭、什刹前海、什刹后海、北海、中海、南海，至今被称为“海”的来历。

公元 1368 年，明太祖朱元璋定都南京，改元代国都大都城为北平，1403 年明成祖即位，从南京迁都北平改为北京。明成祖不再在原来的金元皇宫的基础上拓建，而在它的东面营造起一座规模巨大、气势恢宏的崭新皇宫——紫禁城。明成祖这次营建紫禁城的一大功绩，是为整个北京城确立下一条由北向南的中轴线，乃世代不朽的基业。原来环水而筑的金元皇宫，则改称“西苑”“西海子”，作为皇帝的避暑行宫。明世宗时，又在“西海子”上建造起南北两座汉白玉桥，南面蜈蚣桥之南为“南海”，北面的金鳌玉蝀

空中鸟瞰中南海
（杜修贤 摄）

桥（北海大桥）之北为“北海”，两桥之间的狭长水面为“中海”。

公元1644年，清军入关，建立起大清王朝，亦定都北京，继续营造紫禁城，拓建西苑三海子。清王朝重新开挖三海，堆土为山，广植林木，山威而海水阔，林秀而宫室幽。琼楼玉宇，飞檐重栋，芦惬荷香，宫舟往还，成为皇家的洞天福地。

这样，经过辽、金、元、明、清五个王朝七百多年的精心营建，西苑三海集山、海、岛，桥、亭、阁、廊、榭、宫阙于一园，成了真正的人间仙境。

1912年2月12日，大清王朝末代皇帝溥仪逊位，后被迫迁出紫禁城，1912年，中华民国成立。原南起午门、北至神武门的广大宫室改为“故宫历史博物院”，俗称故宫。原来的西苑三海，以金鳌玉蝀桥为界，北海被辟作平民公园，中海、南海则被北洋军阀、窃国大盗袁世凯做了大总统府。这一来，整座西苑三海便一分为二了。做了大总统府的中南海，面积达 1500 亩，其中水面占 700 亩。它比东面的故宫大出 1/3，比北海的北海公园则大出近一倍。

我们可以毫不夸张地说，中南海是迄今世界上历史最悠久、占地最广大、保存最完整、风光最秀丽、政治最诡谲的一座皇家园林。

1949 年 1 月 31 日，北平和平解放的消息传到西柏坡，此时西柏坡正是夜深人静之时。周恩来看完电文，当即叫来统战部秘书长齐燕铭、统战部行政处长周子建、统战部交际处第一处长申伯纯、统战部交际处第二处长金城，周恩来叫他们连夜出发去北平，为党中央迁入北平打前站。

已经就任北平市市长两个月零三天的叶剑英听说中央派来打前站的人到了，赶紧从他住的德国饭店打来电话："你们来得太巧了，今天上午举行入城式，就由你们四人代表中央吧。"叶剑英夹着南方味儿的普通话分外清晰。

前门高大的箭楼上只有百十人，林彪、罗荣桓、叶剑英、聂荣臻等四野和华野的领导一声不响，只是庄严的面孔上带着微笑，看着整齐的部队雄赳赳气昂昂地从眼前走过，四位年轻人也被感染了。

在入城式进行时，一个人匆匆跑上楼来，递给叶剑英一份电报，叶剑英看了一下，塞给了齐燕铭。

电报是周恩来发来的。齐燕铭他们刚从西柏坡出发不久，周恩来就想起忘了强调一件很重要的事，必须让这几个替党中央打前站的同志先把中南海和北京饭店接收下来，为党中央和中央军委迁入北平做好准备，筹备新政协事宜。

齐燕铭看完周恩来发来的电报后，赶忙向也在前门箭楼上检阅入城式的北平市警备司令程子华打听中南海的情况。

程子华说："关于中南海的具体情况，不是很清楚，我们主要是负责市内的名胜古迹、仓库物资、公共建筑一类的，至于中南海，大概是张明河的纠察总队去接收的。"

按说，中南海作为历代帝王的御苑，实属名胜古迹之列，应该由执行北平警备任务的程子华部队负责。但是，中南海的性质在北平解放前夕发生了变化。

傅作义进驻中南海，设华北剿总司令部于居仁堂，这就使中南海由名胜古迹变成了重要的军事机关，这自然也就不是程子华的事了。进北平的卫戍部队，除程子华手下的 41 军和中央警备团改成了公安大队外，就是北平市纠察总队了。

见到张明河，齐燕铭开门见山地说："我来就是接收中南海的，你的部队归我管，我怎么说你就怎么办。"

张明河听后，瞪了一下眼："你接收中南海可以，但部队归你管，这……？"

齐燕铭不理会张明河的话，又重复了一遍说："不管怎么说，部队归我调动！"

张明河见齐燕铭一再坚持，且又不明白到底为什么，但还是不甘心地又问一次："你到底想干什么？"

齐燕铭平平淡淡地说："将来李德胜要来住。"

"中南海不清理不行，全是垃圾。再说，水里有没有炸弹什么的也不知道。"张明河显得有些着急地说。因为他知道"李德胜"是毛泽东转战陕北时的化名。

一阵沉默之后，张明河说："这样吧，你和我到中南海看一看。"

齐燕铭是蒙古族，办事如快刀斩乱麻，是个急性子。他没看完入城式，就和另外三位战友分头去接收中南海了。

齐燕铭来到中南海，放眼望去，展现在面前的是一幅萧条破败的图景：太液池中尚未开化的冰块呈现一片黑紫色，枯叶和废纸铺天盖地，似乎这里已是几十年没有人烟了。绝胜烟柳的皇家宫苑居然成了这么一副模样！

齐燕铭向彭真报告，请求疏浚中南海。

中南海的清扫工作由周子建负责。张明河的那个部队，集中全部力量挖中南海和北海。华北军区专门派来了一支卡车队，夜以继日地往城外拉太液池里的淤泥。至少有上百年没有动过这些淤泥了，中南海被一团腥臭的空气笼罩着，污水成了不透明的灰黑状。

他们放干了污水。刚刚住进中南海的小伙子们抬来了渔网，捕捞水中鲜活的各种食用鱼。

那些日子里，他们天天吃白水煮鱼，吃得直倒胃口。

整整三个月的辛劳。

当最后一车垃圾运出中南海时，天快黑了，淡红色的晚霞倒映在中南海的碧波之中，像游动着一条又一条粉红的小鱼。周子建如释重负，将中南海疏浚完工的情况报告给齐燕铭。

夏天的风又一次驻足中南海。此时，满池的碧波才真正有了太液的味道。齐燕铭邀张明河来到疏浚后的中南海，感到心情格外舒畅，看到这昔日皇家御苑恢复原貌，再现天生丽质时，齐燕铭想起了清代诗人施闰章的《西苑晓行》诗句，便不由地吟出声来："新蒲古柏晓阴阴，太液昆明接上林。翡翠层楼浮树杪，芙蓉小殿出波心。人歌岛藻衣冠会，水奏箫韵鼓吹音。欲望天颜真咫尺，露台回合彩云深。"

当中南海以焕然一新的面貌等新主人入住时却发生了一场小小的风波。

原来，毛泽东熟悉了双清别墅的环境，他在这里心情愉快地为新中国成立而忘我操劳。他对双清别墅情有独钟，为此不愿离开，想长期在此居住。但毕竟香山离城较远，且面积很大，再加上北平刚刚解放，社会还不是太稳定，出于对毛泽东的安全，出于今后工作的方便，劝说毛泽东进驻中南海的工作"艰难"地展开了。毛泽东确实不愿搬进中南海，但由于众人三番五次地劝说，拗不过大家，最终走进了中南海。

在舒云的《开国纪事》中这样披露毛泽东搬入中南海居住的经过：

开国大典以前经过几个月夜以继日的劳动，中南海的里里外外已经焕然一新，于是，北平市市长叶剑英打了一个报告，请党中央迁入中南海。

等了几天，没有动静，叶剑英专门跑到香山上的双清别墅催他的报告。

"我不搬，我不做皇帝。这个剑英真固执。"毛泽东等叶剑英走了，很严肃地对周恩来说。

"你还是应该听父母官的。"周恩来含笑而言。他同意叶剑英的意见但又不好直接说。

"我偏不听，这是原则问题。"

中南海的新华门
（杜修贤　摄）

“剑英坚持你进中南海也是原则，这个地方连围墙也没有。”

“不谈不谈。”毛泽东打断了周恩来的话头。

“不谈就不谈。”周恩来明白毛泽东忌讳皇帝住过的地方。中南海原是慈禧太后独揽国家大权的地方，也是光绪皇帝因变法维新被囚禁的地方。袁世凯这个窃国大盗占据这里为大总统府，并在这里筹划复辟称帝阴谋。

进城之前，毛泽东特意号召全党看一看郭沫若的《甲申三百年祭》。这本书讲了李自成攻入北京后如何骄傲又如何失败的。毛泽东很喜欢这本书。

周恩来希望毛泽东搬进中南海，主要考虑安全，四周的红砖高墙是天然的屏障。

“主席住进去，我们才好高枕无忧呵。”周恩来对坐在一边的朱德总司令说。

朱德表示赞同。

党中央终于以少数服从多数的意见决定搬进中南海。毛泽东搬进了中南海。

◆毛泽东住进了古朴庄重的丰泽园

在中南海高大的院墙内，有许多相对独立的建筑群。从中南海的南门，也就是新华门进入中南海，顺着南海西岸的马路行至北头，便会看到一个大院，院门口上方的黑色大匾上，书着乾隆皇帝的三个金色大字“丰泽园”。“丰泽园”是一座相对独立的建筑群，它由许多小院落组成。丰泽园建于清康熙年间，正门上所悬匾额“丰泽园”为乾隆手书。门外原有稻田数亩、桑树数十株，为清王室每岁仲春亥日演耕之所。进入丰泽园庭院，迎面为颐年堂，清代曾名崇雅殿。颐年堂之后为澄怀堂，澄怀堂之后为遐嘱楼。穿过颐年堂东侧，有走廊通往东面一座四合院，就是著名的“菊香书屋”，康熙题联曰：“庭松不改青葱色，盆菊仍靠清净香。”

“菊香书屋”实际上由南北两座四合院组成，北院又名“紫云轩”，院内有数棵百年苍松，十分幽静。北院的北房五间，高大宽敞，中间是过厅，东头两间为毛泽东的起居室，西头两间为江青的起居室。中间过厅有北门通往一小花园，小花园围墙外即是中海南岸的车道、堤岸人行道了。北院东厢房五间，中间是过厅，北侧两间为毛泽东的办公室及餐室，南侧两间为储藏室。过厅东面有门、出门是一条南北走向的窄长巷道。北院的西厢房亦为五间，中间一间是过厅，连着颐年堂。北侧两间为毛泽东的藏书室，南侧两间至今没有人披露过曾经作何用途。北院南房即为南院房，中间的过厅通连着两院。南院为毛泽东的子女亲属及工作人员居住，结构上与北院大致相同。

丰泽园，古朴敦厚，不尚华丽。而“菊香书屋”更显清幽典雅。

北平解放后，住进菊香书屋的第一位中共领导人是林伯渠。当时，林伯渠居住在北屋。毛泽东和周恩来临时休息的地方，分别被安排在菊香书屋的东屋和南屋。

下午进城。晚上在含和堂吃饭。8点多钟再返回香山住处。这是毛泽东一天的时间表。

为减少路途中来往的时间，也为了安全，为了工作的方便，毛泽东在众人的说服下终于从香山别墅搬到了中南海，住到丰泽园里面的菊香书屋院内。而林伯渠、周恩来便从这座古老的四合院里搬了出去。

由于菊香书屋院内的柏树荫，加上古代建筑的瓦房的飞檐，使得毛泽东的寝室和办公室内的光线很差，射进去的阳光很少。为此，一到秋末、冬、春季，即使是在白天，也要借用灯光照明。

在毛泽东的起居室，最引人注目的是那张睡床了，床横摆在寝室的中间，引人注意的不是床的位置和大小，而是那床上的半床书。

在床头的铜质架上系着一个电铃摁钮，通过电线一直延伸到卫士的值班室。毛泽东常在醒后按动它，告诉值班卫士新的工作日开始了。

在紧靠床头的西侧放着一个小床头桌。桌上有一盏台灯，台灯戴着一顶大灯罩，以避免灯光直接刺激眼睛。在台灯的东侧，放着一个茶色的玻璃质的烟灰缸，烟灰缸旁边放着盒火柴。

靠近寝室的西山墙，有个旧的、普通木质的立柜，里面挂着几件平时替换的衣服。在柜的一侧，立着一个木质的三角衣架，上面挂着当日穿的外衣内衣，裤子则放在靠近床侧椅子上。此外，室内还散放着两三把椅子备用，毛主席向身边工作人员交代任务时，常坐在这些椅子上。

在毛泽东的办公室，西侧窗下放着一个东西向的大写字台，与西窗成丁字形。写字台面上有绿色的衬绒，上面压着一张与写字台面一样大小的厚玻璃。写字台上的西头放着待办的文件，桌子中间部分的前边，放着文房四宝，办公用纸放在了与文件相近的地方。靠办公桌的中间地带还放着一个旧的、那种小学生用的脱了漆的铁皮铅笔盒，里面放着长长短短的十来支中等硬度的铅笔。

办公桌与南山墙之间，放着一把旧转椅，这是毛泽东坐着办公用的。办公室的东山墙上没有窗子，紧挨着它的长轴，南北向，放着一个长沙发。长

毛泽东与林伯渠在延安合影。林伯渠与董必武、徐特立、谢觉哉和吴玉章并称为“延安五老”（佚名 摄）

沙发前顺放着一个玻璃面茶几，茶几两头一南一北各放着一个单人沙发，与长沙发合围着茶几。

菊香书屋院里没有厕所。上厕所难不仅给这里的主人添了麻烦，也使来开会或拜访的客人很不方便。毛泽东上厕所，要走到后院。这段路并不近，比现在北京四合院里的居民去公厕的路还远。

工作人员和修缮队研究出一个方案：在紧靠毛泽东办公室后窗子的地方，按卫生间的要求盖一间平房，然后把办公室的墙打一个门，与卫生间相通。一个整体的配套房间就这样改造出来了。由于在办公室墙上打门是趁毛泽东睡觉时干的，毛泽东起床后突然发现办公室的新变化，非常惊奇，也非常高兴。

“你们谁想出的这个办法？”

“这是我们和修缮队一块研究的。”

“这样就方便了，你们多费心了，谢谢大家。”毛泽东连声道谢。

后来周恩来也称赞这个卫生间搞得好。

供暖设施对于北方的住房来说，是极其重要的。菊香书屋院里的房子，以前是烧地炉子取暖的。因年久失修，火道不通。卫士们提出要装锅炉和暖气片。锅炉房设在哪里呢？太远了工程大，太近了又怕不安全。

选来选去，最后还是选定了紧靠毛泽东办公室的一块空地，一个小锅炉房很快盖起来了。为了安全起见，选责任心强的卫士负责烧锅炉。

有了小锅炉，不仅解决了冬天供暖的问题，而且喝水、洗澡都非常方便。要洗澡的时候，把水龙头一开，热水哗

毛泽东的办公室（杜修贤 摄）

啦哗啦地就流进了澡盆。毛泽东对身边的工作人员说："以前，我每次擦澡，都是你们给我用脸盆端水，擦完了澡，还得请你们帮我把水一盆一盆端出去倒掉，真是麻烦你们了。现在可好了，已经是自动化了。"

毛泽东的卧室在北房，办公室在东房，从卧室到办公室去，必须经过院中心。晴天倒挺好，走几步路还可以活动活动，但刮风下雨时，尤其是冰冻路滑，就显得不太方便了。如果有走廊相通，最好不过了。卫士们又提出搞一个走廊。

尽管添个走廊很实用，但毛泽东不同意。他认为，花好多钱搞个走廊，与艰苦奋斗的精神不相符。

毛泽东还铭记着他临进北平时的那句话：我们进北平，可不是李自成进北平。

当时，丰泽园的大门和外面的门柱油漆都脱落了不少，

毛主席晚年的卧室（杜修贤 摄）

有的柱角连里边的麻皮都露了出来。工人们搭脚手架，准备重新油漆。

“告诉行政部门，这里不需要刷油漆，过几年再修理吧。我住的地方不要和公共场所一样花那么多钱，搞那么漂亮……”毛泽东制止了修缮工作。

然而，毛泽东对环境却别有一番审美情趣。他宁愿将庭院种上青菜变成菜园，而不要花园，他曾经将庭院周围的花盆撤去而种上蔬菜。但毛泽东对井冈山杜鹃花独有钟情，曾叫卫士寻过，但没找到。

自毛泽东住进菊香书屋，就把那些色彩斑斓的盆花撤去，只在院内十字路口处摆了一对常绿的棕树和一对无花果。

◆福禄居、含和堂、西花厅迎来了新主人

在中南海丰泽园内中心偏西处，有一座院子叫含和堂。1949 年中共中央搬入中南海后，朱德成了含和堂主人。

戎马一生的朱老总，对兰花特别喜爱。

在含和堂有个小花房，里面摆满了朱老总亲手培植的各种花木。其中兰花的种类和盆数最多。兰花又称“春兰”“山兰”“草兰”“朵朵香”，是我国栽培历史悠久的观赏植物之一。它美而质朴，素而淡雅，幽香怡人，一直为世人所爱，并视为美的化身。被称为“花中君子”。

朱德对兰花特别钟爱，有一种特殊的感情。关于朱德养兰，还有一段沉重的往事。据老同志讲，朱德的亲密战友伍若兰，是井冈山时期红军里与贺子珍齐名的巾帼英雄。一次，她所在部队与敌人遭遇，经过激烈战斗，终因敌众我寡，部队被冲散了。伍若兰同志不幸落入魔掌被杀害了。她死得刚烈、英勇。朱德得知她牺牲的消息后非常悲痛，很怀念她。他把她比作兰花，生于深山，长于深山，朴素淡雅，幽香高洁，不惧严酷。此后他就有了养兰的习惯。半个多世纪以来，无论是被敌人封锁在消息闭塞的井冈山，还是在艰苦的长征路；无论是在炮火连天的战争年代，还是在热火朝天的社会主义建设时期，他一直喜爱兰花。新中国成立后，

朱德在视察途中与群众在一起（刘东鳌 摄）

他还风尘仆仆地从几千里外到井冈山故地重游，他走在随行人员前面，翻了一山又一山，越了一峰又一峰，浑身被汗湿透了，同志们不知道他要干什么，劝他不要再爬了。可他连头都不回，仍一个劲地往前走。原来朱老总在满山遍野寻找当年的井冈兰！他爱兰、养兰，也喜欢收集兰花良种，凡遇到好品种他总要带到北京，精心培植养育。养得多了，他就利用外出开会、视察之际分送给各地各部门，有时也把它作为一种高雅礼品，连同“兰花谱”赠送给友人。

刘少奇一搬到中南海就住在甲区，那里的住房并不阔气，也很不方便。这是一幢旧式住房，共有三间，一间是办公室，一间是会客室，一间是卧室。因年久失修，都已十分破旧。由于房间窄小，曾有不少同志建议把这里扩建一下，以适应办公需要，可少奇同志始终没有答应。

后来，管理部门给刘少奇调了好一点的房子，使他成了毛泽东的近邻，这所房子是居仁堂一组建筑中的一所两进小院，名为“福禄居”。

刘少奇搬进福禄居后，上房作办公室和卧室。他的办公室很简单，只有办公桌、书架、文件柜、一对沙发、一

晚年的朱德喜爱练书法（杜修贤摄）

把藤椅，没有地毯，更没有什么可供欣赏的摆设，在不到20平方米的办公室里，光是西面的一堵墙就有四个大窗户，到了冬天，西北风一刮，窗帘像波浪一样飘动，室内温度很难升上去，刘少奇办公时还要穿棉鞋。一到夏天，太阳西照，又特别热，既无空调，也无电扇，他有时只穿一件背心办公还满身大汗。

刘少奇的卧室也很简单，除了床和书架以外，只有两个凳子，四五个人进去就显得拥挤。有时夜间一两点钟，周恩来有急事和他商量，工作人员就直接引到卧室。有一次，跟着周恩来来了三四个同志，卧室里没有地方坐了，有的坐在床上，有的干脆就站着谈。工作人员要去搬几个凳子，周恩来说："不用，不用，很快就谈完的。"可是谈着谈着，几十分钟就过去了。多年的工作，给工作人员一个深刻的

刘少奇在福禄居的院子里（佚名摄）

印象：这些老一辈无产阶级革命家的脑子里装满国家大事，而对个人生活条件则要求很低。

刘少奇全家人的吃穿，同样十分俭朴。刘少奇在家里穿的都是普通布衣，有的由于年久，都洗褪了颜色，衬衣总是穿到无法再补了才肯换新的。吃饭更简单，尤其夜间那顿饭，常常是把中午剩下的来个一锅烩。因为用饭时间都是在半夜 12 点以后，为了不影响厨师休息，刘少奇叫王光美做这顿饭。所以，工作人员开玩笑地称王光美是“烩饭厨师”。1952年以前，中南海的生活设施还很简单。刘少奇每天喝水，都是警卫员在煤球炉上烧开水；洗澡用水也是一个很旧很小的锅炉烧的。刘少奇为了节省煤，一星期只洗一到两次澡。

周恩来最初来中南海时，是住在菊香书屋东面的两间，西面两间住的是林伯渠。毛泽东从香山搬到中南海，周恩来把里院让给了毛泽东，自己迁到中院居住和办公。不久，江青也要搬来，周恩来又让出房子，搬到前院的东厢房。不过长此下去不是办法，必须另找住地。之前，周恩来曾经到过西花厅。西花厅的院子里正逢海棠花盛开，似乎伸出了欢迎的双手。周恩来特别喜欢海棠花，他说海棠是“群花”。于是他选中了西花厅，搬到这里，一住就是25年。

在西花厅，厅房西侧有门通里院，门侧的屋子和厢房是秘书和警卫员们办公的地方。里院的中间正屋，是起居室和餐厅，东屋是周恩来、邓颖超的卧室，西屋是周恩来的办公室。

西花厅，这座清代皇家建筑，看上去似富丽堂皇，积郁着贵族的气息，但定睛细看，就会发现，门窗檐柱上已油漆斑驳，露出陈旧的木质，那骄横盛世的皇家气息已被风化，变成漫长历史演变的物证。那青砖地面，由于年头久，到了夏天便泛潮泛碱，使墙角一圈都能看见白碱的印痕。

新中国刚成立时，还没有壁纸。墙壁虽然喷了浆，由于泛潮，很快就变成灰黑。房间里光线也较暗，那种阴湿黑暗的感觉，比现在普通人住的公寓要严重得多。天花板也很陈旧，像上了年纪的老人的皮肤一样缺少光泽。

室内陈设更为简朴。办公室里有一张两面抽屉的办公桌，那是40年代诞生的老式桌子，已经很旧。桌前一把转椅，周恩来坐不惯，后来又换成了四条腿的背椅。

办公桌一侧，还有个长条桌，不带抽屉，铺一层绿呢子布，上面摆了烟缸和茶杯。长条桌两边各摆四个凳子，两头还各有一个凳子，周恩来随时召集副总理或各部部长来办公室，都是围着长条桌子开小会或谈话。

靠墙壁，正中间有一个简易木架子，木架上铺了周恩来在新中国成立前用的毡子，上面端端正正地摆放着毛泽东的半身石膏像。石膏像两边各摆一个书柜，办公室两头还有书架，书架上的书主要是马恩列斯著作，《毛泽东选集》《干部必读》及《辞源》《辞海》等工具书。

周恩来的卧室陈设更为简单。他睡一张双人木板床，上面垫一层棉花套，然后是一条普通的棉布褥子，被子也是普通的棉布被。他不喜欢花布，喜欢素淡。被面是豆绿色的平纺布，被里是普通白棉布。开始他使用的是荞麦皮枕头。后来出国，工作人员悄悄帮他买了长方形海绵枕头，替他换了。由于这一“新事物”所费无几，他接受了。

木板床的两边很“热闹”。床头两把椅子，脚下两把椅子。四把椅子如“四星望月”般围拱着大木床。因为卧

1960 年 5 月 13 日，周恩来总理在河内亲切会见越南儿童(佚名 摄)

周恩来邓颖超和后辈们在西花厅合影（佚名 摄）

室里没有衣服架，脚下放两把椅子是睡觉时放衣服用的，床头两把椅子是上床批阅文件时，放置文件用。

“大跃进”开始之前，周恩来特别忙，有时上了床，还要继续办公五六个小时。躺在床上办公，吊灯的光线不适宜，为了借光，周恩来不得不保持某种躺卧的姿势和角度，但长此下去，很疲劳。

工作人员见此，便小声地向他建议：“总理，买个台灯或落地灯吧，这样有利于办公。”

周恩来沉思了一会，点了点头，但随后又说道：“自己用，不要什么高级的，不要麻烦宾馆，要按传统办。”

工作人员一怔，问道：“什么传统？”

1970 年周总理夫妇在西花厅（杜修贤 摄）

“自力更生，丰衣足食。”周恩来笑着说，“一个落地灯，很简单，自己动手做。”

结果，他请中南海的工人用铁管子自己做了两个落地台灯，卧室床头摆一个，办公室摆一个。是 30 瓦的日光灯，用洋铁皮打的灯罩。用了几天，那洋铁皮反光，晃眼晃得厉害，他让工作人员在灯罩上刷了层绿漆，从此，这两个落地台灯便再没有动过地方，一直陪伴他住进 305 医院。

◆任弼时英年早逝，众领导人送别战友

在“五大书记”中只有任弼时一家没有入住中南海，他把家选在了景山东街丁2号。随着中央机关迁到了北京，他的病情也逐渐加重。毛泽东要他到苏联去治疗休养。临走前，多年不见的妹妹从老家湖南来看望他。住了几天，要返回时，要求他给湖南省委写封信，给妹夫安排个工作。这个时候，不用说中央书记，就是个县级干部介绍，安排个工作都是件极容易的事。因为正需要人，而且不挣工资。

不久之前的解放战争和抗日战争中，不少人都是“动员”出来参加工作的，因为不仅不挣钱，还有性命危险。新中国成立初虽说安定多了，却仍是供给制，介绍个人参加工作本来也算不了什么。任弼时却还是说服了妹妹，收回了这个要求。毛泽东劝他到苏联养病，意思是让他养好了再回来。国家的事情虽多，总不像在西柏坡的时候那么吃紧了。那个时候大决战正在劲头上，关系到战争的成败，拼命总还值得。现在不能再让他那么拼下去了，要让他养好了病再工作。但是，没过了几个月，他又由苏联回来了。

“怎么这么快就回来了？”毛泽东知道他所患的几种病，在这么短的时间内是不可能治好的。

“我总觉得有许多工作在等着我。在那里住着心里不踏实。”

“你的病怎么样？”

“好多啦。”

“血压呢？”

“降下来了。”

“降到了多少？”

“由二百多降到一百七八了。”

“实际上你还不能工作！”

“我们的长征才走完了第一步——难道能让我老停下来吗？”

“已经回来了，那就在国内休养吧。”

“……”任弼时想说，可以仍照过去的规定，每日工作四小时。但却没有说出来。因为他想起过去一向没执行过这个规定，现在为何要说呢？自己努力做就是了。

就在这一年的10月份，任弼时的病情突然恶化。毛泽东不让他再工作，刘少奇和周恩来也劝他把工作全部丢开，一定要先治病。他嘴上答应，实际上还是歇不住。工作一会儿，顶不住了，再躺一会儿。直到最后起不来了，在他意识到已经不行的时候，还在说：“给我的时间太少了！哪怕……”

他的话还没说完，便再也听不到他的声音了……

1950年10月29日的清早，北京景山东街南北两个出口都被警察戒严，闲杂人员和车辆一律不准通过，临时绕行景山西街。景山东街空荡荡的，只有一个个哨兵的身姿挺拔地站在那里。这一天是为任弼时送行的日子。

临近9时，党和国家领导人乘坐的吉斯、吉姆等高级卧车一辆接一辆地驶入景山东街，沿着街两侧一字排开。人们聚集在任弼时景山东街丁2号住所门前，等候任弼时起灵，准备为他送行。

9时整，一辆黑色的吉斯卧车无声地驶到任弼时住所前，车门开处，毛泽东身穿灰色风衣，头戴灰色的帽子弯腰走下车。他神情悲伤，嘴角紧抿着，低垂着头慢步走进任弼时的住所。等候在门口的各界代表和军乐队队员们默默地注视着这位伟大领袖的悲痛神情。

毛泽东走进任弼时的住所，见院当中已停放一口厚重的闪着高级漆色的棺材，他走上前伸手轻轻抚摩着棺材，若有所思，许久才慢慢地抬起头环视四周，像是要牢牢地记住这里的一切。稍顷，毛泽东似乎感觉到什么，抬头看着任弼时的住所，甩开两手快步向任弼时住所的门口走去，走到门口停下脚步闪在一边。

刘少奇、周恩来、朱德和彭真四位领导抬着任弼时的遗体从屋内小心翼翼地走出来，像是怕惊醒睡梦中的任弼时。屋门太窄，出门时他们都侧过身，慢慢地挪动脚步。下台阶时，毛泽东快步迎过去，伸手帮助走在前

1940 年初，周恩来邓颖超与任弼时（前排右二）和蔡畅（前排右一）等人在莫斯科（佚名 摄）

面的刘少奇和周恩来托起任弼时的遗体保持平衡，平稳地来到院中。

为任弼时送行的党政军及民主党派的领导人密密麻麻地站满了院子，人们沉痛地默哀，为失去任弼时而悲伤。

任弼时的遗体入殓了，他头戴灰色的帽子，唇上还留着他那为人们所熟悉的乌黑的胡子，神态安详，仿佛紧张工作一天后刚刚睡去。毛泽东俯身深情地注视着老战友，把任弼时的遗容深深地印在脑子里。稍顷，毛泽东抬起头来，看着一个工作人员捧着一面叠得整整齐齐的鲜红的党旗走过来，周恩来接过党旗展开，刘少奇、朱德、彭真各接过党旗一角展开，轻轻地覆盖在任弼时遗体上，鲜艳的镰刀斧头党旗覆在遗体正中。

毛泽东缓缓挥了挥右手，起灵了，10 名解放军战士把沉重的灵柩抬上灵车。

秋风瑟瑟，枯干的树叶无声地在秋风中翻飞落下，军乐队奏出悲凄的哀乐，毛泽东等中央领导人跟在灵柩后面，随后慢慢地把灵柩抬上灵车。灵车缓缓开动，毛泽东、刘少奇、周恩来、朱德手扶灵车离开任弼时的住所，后面是各界代表。整个景山东街笼罩在悲痛的气氛中。

这是中国共产党历史上首次送葬领导人多、规模高的一次葬礼。

队伍来到景山东街南口停下，工作人员把系在灵车车头两边的长长的黄布伸展开，刘少奇、周恩来、朱德、彭真、李立三、罗荣桓、刘伯承、张闻天、蔡畅、聂荣臻、吴玉章、滕代远、徐特立、薄一波、邓颖超和李维汉分立两排，手拽黄布，用中国古朴的执拂礼仪为任弼时送行，向劳动人民文化宫走去。

1940 年 3 月，毛泽东、周恩来、任弼时等在延安（佚名 摄）

毛泽东停住脚步站在路口，神情忧伤地望着远去的送葬队伍，黯然泪下，似乎忘记了时间，久久地一动不动。

追悼会上，刘少奇说："他几十年如一日，不声不响，勤勤恳恳地埋头工作，从不计较名誉地位……"陈毅说："他是人民的骆驼，只为人民贡献，对自己却从来无所求……"

湖南乡亲送来一副挽联：

生在湘阳，死在北京，埋在世界人民的心中

望着遗容，怀着悲恸，永念革命导师的精神

从西柏坡到中南海，中共中央在迁入北平之前的日子，完成了指挥全国作战、与南京国民政府谈判、扫清华北残敌、向全国进军、恢复生产、筹备召开新政协、建立中苏同盟等极其艰巨的伟大任务。

从红墙之外，到进入了中南海红墙之内，中共中央开始了领导中国人民从事更为艰巨的建设新中国的伟大事业。

◆怀仁堂里毛泽东妙语连珠，让人为之倾倒

在中南海大墙内有一座十分出名的建筑，这就是怀仁堂。说它出名是因为它见证了新中国的历史进程。怀仁堂原是明清两代西苑的仪銮殿。光绪年间，仪銮殿成为慈禧太后的第二居室，里面有一套黄色的卷帘，作为垂帘听政之用。因此，仪銮殿也有两卷殿之称。

清光绪二十六年（1900），八国联军入侵北京，掠夺西苑之后，侵略军头子瓦德西窃据了仪銮殿。不久，仪銮殿发生了一场大火，金碧辉煌的宫殿被烧成一片灰烬。《春冰室野乘》上载有《咏佛照楼》诗词一首：

天半灯摇紫电流，玲珑殿阁仿欧洲，
却因一炬西人火，化出繁华佛照楼。

《辛丑条约》签订之后，慈禧回到北京，她决心要在仪銮殿的废墟上重造一组瑰丽的建筑，于是，专门用于接见、宴请外国女宾的海晏堂开始动工兴建。

由于慈禧喜爱居住中国传统宫殿，所以，在建筑海晏堂的同时，在海晏堂的西北处，又为她兴建一座新的仪銮殿。仪銮殿耗银500万两，为一座西式楼房，建成后，命名为佛照楼。新的仪銮殿于光绪三十年（1904）十月竣工。

1911年后，佛照楼更名为怀仁堂。堂前陈列着一对景泰蓝石狮，东西对峙。南有长廊几十间。袁世凯曾在这里办公，接见外国使臣，“称帝”后接受百官朝贺。

1914年，袁世凯还曾在怀仁堂宴请国会议员。徐世昌、黎元洪也在这里接受朝贺。曹锟曾把这里作为他的府眷住所。晚读轩主人对此作过形象的描写。他在一首诗中这样说：“十年紫陌逐芳尘，眼底风光日日新。一曲霓裳天上乐，后宫闲煞白头人。”

人民解放军刚入北平时，呈现在人们眼前的怀仁堂是年久失修、摇摇欲坠的古旧建筑。要想在这里举行会议，必须有一番大工程。

延安俱乐部主任钟灵随部队从西直门入城后，来到中南海，成了中南海俱乐部主任。

钟灵接手的第一个任务是画中南海的详图，以便组织人力物力加紧修缮。

他把中南海的里里外外都跑遍了。

怀仁堂的修缮是重点中的重点。

不久，中南海布置科成立，28岁的钟灵担任科长，两名副科长，一个叫郭英，以后当了香山饭店经理；另一个叫李钊，后来曾任济南军区副司令员。钟灵离休前是北京电影制片厂艺术委员会秘书长。

中南海布置科一共108个年轻人，有刚从地方招收的十几岁的女学生，有留用的中南海花匠，有解放区来的干部。有人戏称他们是梁山泊一百零八将。

当时，北平城内没有合适的礼堂可以作为政协会场，只有这座怀仁堂了。不仅要翻修，还要改建扩建。在院子上搭起铁皮屋顶，与四周的长廊连接在一起。这样，既保存了古建筑的格局，又增加了使用面积，妥善解决了政协开会的会场问题。

钟灵刚忙完政协筹备会的布置工作，这个布置怀仁堂的任务又交到钟灵手里。忙对于钟灵已经不是新鲜事了。早在延安时期，钟灵就是延安出名的四大忙人之一。

怀仁堂装饰设计图很快放到周恩来的办公桌上，当天，周恩来就用毛笔批复下来：

同意。周。七月 × 日

这份设计图后来遗失了。

钟灵和东北来的美术家张灯根据这份设计图的原理又设计了一套中南海各个大门的立体效果图，染上实际颜色。经由周恩来拍板投入施工。

怀仁堂内外都装饰起来了。院子的大门、二门以及垂花门都显得气派而充满喜气。

钟灵已整整三天三夜没合眼了，甚至都忘了打几个哈欠。直到周恩来看过会场，满意而去时，他才一下子歪在桌子上，不多不少整整睡了 36 个小时。

1949 年 9 月 21 日，历史将永远记住这一天，中国人民政治协商会议第一届会议在怀仁堂召开，就在这次会议上毛泽东宣告了新中国的诞生。从此新中国的历史揭开了新的一页，怀仁堂也由于这次改变中国人民命运的会议而载入史册。

1949 年第一届政协会议上毛泽东发言。晚上 7 时整，政协筹备会主任、中共中央委员会主席毛泽东从主席台的正席上站起来，面带微笑地宣布大会开幕。在毛泽东的身后墙上，悬挂着两位历史伟人的画像，一位是孙中山先生，另一位就是毛泽东本人。毛泽东的胸前，别着一枚刚刚赶制出来并已分发给委员代表的新政协徽章。

54 响礼炮过后。毛泽东用含有浓重湖南口音的“普通话”，以沉稳、缓慢的语调庄严地说：“诸位代表先生们：我们有一个共同的感觉。这就是我们的工作将写在人类的历史上，它将表明：占人类总数四分之一的中国人从此站立起来了。”

这是多么振奋人心的语言！

自鸦片战争以来，深受帝国主义和反动派压迫的中国人“从此站立起来了”！全场人的眼里都闪烁着泪花。为了这一时刻的到来，数千万人民英雄不惜抛头颅洒热血，舍身取义。而就在这一刻，被关押在国民党渣滓洞监狱里的江姐等革命志士，等待他们的是枪声和屠刀……

30日，大会选举中央人民政府主席、副主席及全体委员。众心所向、毛泽东当选为主席，朱德、刘少奇、宋庆龄、李济深、张澜、高岗6人为副主席，还选举出陈毅等65人任政府委员。

当大会宣布毛泽东当选中央人民政府主席时，全场起立，鼓掌欢呼。毛泽东当时坐在代表席的第一排，看到代表们都起立后，他也跟着站了起来。他的表情是那么严肃，一丝笑意也没有，双手下垂着，两只深邃的眼睛平视着前方，好似在沉思着这个贫穷、多难的农业大国的前途……

在许多人的印象中，1949年的10月1日在北京天安门广场举行了有数十万军民参加的中华人民共和国开国大典。其实，人们头脑中的这一印象并不准确，因为，1949年10月1日在天安门广场举行的典礼是中华人民共和国中央人民政府成立盛典，而不是开国大典。当天《人民日报》发消息的标题即为《中国人民政府成立盛典今日在首都隆重举行》。当时的盛况在今天全国政协档案处保存的一部影片档案中还有着完整的记录。

实际上，中华人民共和国的“开国”，也就是说中华人民共和国的成立，早在当年10月1日前一个星期就已经宣布过了。当时也不叫“开国大典”，而是称作“开国盛典”，时间是1949年9月21日。这一天，中国人民政治协商会议筹备会主任毛泽东在政协第一届会议上所致的开幕词中就已经宣告了新中国的诞生。

在政协开幕的当天，新华社发出电讯：“中国人民所渴望的中华人民共和国开国盛典——中国人民政治协商会议，已于今日下午七时半在北平开幕。”9月22日《人民日报》发表了题为《旧中国灭亡了，新中国诞生了！》的社论。

毛泽东在第一届政协会议上发言（佚名 摄）

最终确立十月一日为国庆日。在1949年12月2日，中央人民政府通过了《关于中华人民共和国国庆日的决议》，以每年10月1日作为国庆日。从此，每年10月1日就成为全国各族人民隆重欢庆的节日了。而1949年9月21日的“开国盛典”则渐渐不为人们提起，同年10月1日的中央人民政府成立盛典则被称作“开国大典”，越叫越响，越传越广了。

也就是在这次政协会议上，中国当时各大报社的记者第一次面对面地与毛泽东对话，毛泽东的潇洒、幽默给他们留下了深刻的记忆。

在新政协最后一次筹备会上，与会者有以毛泽东为首的几位中共领导人和李济深、张澜、沈钧儒、郭沫若等著名的民主人士一百余人。这些老先生们早就来到会场，先在入口处签名，然后落座。毛泽东来了，老先生们离座到签到处相迎。毛泽东神态欣然，挥笔签名，笑着对老先生们说："今天是应当高兴的日子。你们的表情如此严肃，大家都要笑啊！"这一说，立时激起了一片笑声。

会间休息时，人们离开会场，到场子上准备照相。毛泽东随着人群，迈着稳健的步子来到场上。记者们不失时机，众星拱月般将他包围起来。他伸出右臂，与记者一一握手，并进行毫无拘束的交谈。

毛泽东与李廷瑛握手时，微笑着亲切地问道："叫什么名字？有好多岁啦？是哪家报馆的记者？"李报了自己的姓名、年龄和报纸名称。毛泽东风趣地说："《新民报》

军事委员会部分成员合影

前排左起：粟裕、周恩来、朱德、毛泽东、程潜、刘少奇、陈毅。二排左起：聂荣臻、高岗、张治中、邓小平、张云逸、刘斐。三排左起：罗瑞卿、贺龙、蔡廷锴、傅作义、刘伯承（侯波 摄）

好发达啰！像新民主主义一样发达！”

站在毛泽东身边的民盟代表史良，看见了上海三家著名报纸《新闻日报》《解放日报》《文汇报》分别派来的名牌记者陆诒、林淡秋和唐海，亲切地招呼着，还把他们介绍给毛泽东。

毛泽东一边接着他们递过来的名片，一边和他们握手，对《解放日报》记者林淡秋说：“你的大名很风雅。”又对《文汇报》记者唐海说：“唐朝的海，你的大名好记！”最后，毛泽东握住《新闻日报》记者陆诒的手：“我们好像在延安见过面嘛，是不是？”

陆诒忙答道：“是的，那是 1937 年 12 月初，太原失守以后我到延安访问过主席。”

毛泽东笑着点头：“噢，原来如此，你们上海来的记者，不但有钢笔作为自己的武器，还带有照相机，可以说装备上占有优势，你们能不能在工作上打胜仗？”

这时，《大公报》女记者高汾挤向前说：“毛主席，你比 1945 年到重庆与蒋介石谈判的时候胖了。”毛泽东仰头开怀地笑了，他展开双臂：“那个时候，蒋介石压迫我们。现在，八路军把他打败了，空气好了，我的身体也好了。”忽然，毛泽东发现了什么似的指着高汾脚下的半高跟空花皮鞋，问道：“你知道不知道，上海对你这种皮鞋叫什么？”高汾竟答不上来，双颊微红，有点窘了。毛泽东来了个自问自答：“上海给这种鞋子叫‘空前绝后’。”又引起了一阵笑声。

在场的许多资深记者，见过国民党许多高层领导，对蒋介石也不陌生，把他们与眼前这位农家出身的中共领袖相比，觉得毛泽东不仅有宏韬伟略，还更平易近人，他那妙语连珠的风度，实在让人为之倾倒。

◆毛泽东发自心底的声音：“人民万岁！”

如果说毛泽东的第一次出现使记者们为之倾倒、叹服，那么在九天后当毛泽东那高大伟岸的身影出现在天安门城楼上时，在广场的人民群众却是群情激昂，如痴如醉。

1949 年 10 月 1 日，北京迎来了历史性的一天。

下午 3 时，林伯渠秘书长在天安门城楼上宣布庆典开始。随着扩音器传出代国歌《义勇军进行曲》，广场上的群众共同高歌。歌声如狂涛巨澜，震撼着北京城。

毛泽东走到麦克风前，朝广场深深望了一眼，他的肩膀和胸膛微微起伏一下。当那具有划时代意义的庄严激昂的声音“中华人民共和国中央人民政府今天成立了！”如隆隆春雷响彻在神州大地上时，天安门广场上欢声如雷、呼声如潮，与城楼上交相呼应。从鸦片战争以来，一直在水深火热的半殖民地半封建社会中苦苦挣扎、艰苦奋斗的，占人类总数四分之一的中国人从此站起来，当家做主了。

毛泽东这时的表情是那么庄严、神圣，两眼炯炯发光。

接着，毛泽东按动电钮，人民英雄纪念碑奠基地点前高高矗立的旗杆上，第一面鲜艳的五星红旗在《义勇军进行曲》激昂的旋律中，在万众翘首仰望的庄严热烈的目光中冉冉升起，将那伟大、庄严、团结的气氛推向了高潮。

此情此景，亘古未见。看到自己亲手缔造的人民共和国如婴儿坠地般终于诞生了，毛泽东胸膛起伏不已。他情不自禁地大声喊道：“升得好！”

那面巨大的红旗缓缓地被蓝天搂到怀里，定格在 22 米高的白色铁杆上。这一面五星红旗，长 460 厘米、宽 338 厘米，用红色绸料做旗面，黄色缎料制成的五角星，鲜红中泛着金光，在蔚蓝色的天幕上显得那么艳丽、壮美，在轻风吹拂中飘扬。仰望国旗，人们任泪水在脸上流淌。百多年来，中国人何时有过这等自豪。今天，人民终于扬眉吐气了！

早在政协筹备会议上，就开始了制订新中国国旗图案的工作。当征求国旗、国徽图案及国歌词谱的启事在报上刊出后，社会上反响强烈，仅一个月内便收到数以千计的稿件。其中国旗图案 2992 件。来稿者遍及国内外，甚至连小学生也以稚嫩的笔迹写来了意见。在毛泽东主持下，经过反复讨论，精

第一届政协大会主席台上确定五星红旗为国旗（侯波 摄）

心评选，终于于9月27日全国政协会议上通过了第32号设计图，一位普通工人的作品——这就是我们光荣的五星红旗。红色是中国人民喜爱的颜色。从周代到清朝，大红一直是吉庆之色，它象征着太阳、热血、美好。左上方缀着五枚黄色星星，大星寓意着中国共产党，四枚小星星寓意着建国时所包括的四个阶级——工人阶级、农民阶级、城市小资产阶级和民族资产阶级。与此同时，四枚小黄星还寓意着4000年以来有文字记载的历史和灿烂文化。整个构图简洁而不流于单调，庄严而不失于华丽。这幅设计图也是毛泽东首肯的，他说："这个图案表现了我们革命人民大团结，现在要大团结，将来也要，因此现在也好，将来也好，又是团结又是革命。"

那时，在刚刚更名的北京，掀起了一股抢购红布的“龙卷风”。转眼工夫，大小店铺的红布就不见了踪影。旋即白布又消失了，买不到红布的人们要用自己的双手，染一块红布。从9月27日确定国旗图案起，首都人民三天内突击赶制了无数面五星红旗，10月1日的早晨，每座四合院的门口都有一张五星红旗的笑脸。那一天，全北京全中国亮出了多少面五星红旗，无法统计清楚。人民欢庆自己国家的生日，那份热情足可以赶上千百座火山的喷发。当美术供应社的工人赵文瑞接受制作第一面五星红旗的任务时，离开国大典的日子不远了。这位在新中国成立前靠给人缝补浆洗维持生活的女工，两天两夜顾不上合眼，趴在地上一针一线地缝制出了这面长460厘米、宽338厘米的特大规格的国旗。

随着五星红旗的徐徐升起，礼炮在军乐声中鸣响了。54尊礼炮同时发出的28声巨响把这庄严的气氛再次推向高潮。54尊礼炮代表着当时全国的54个民族，象征着全国人民大团结。28响代表中国共产党从1921年诞生，领导中国人民经过28年的浴血奋斗，终于取得了革命的伟大胜利。

礼炮过后，毛泽东向全世界宣读了中央人民政府的第一号公告。他说：“本政府为代表中华人民共和国全国人民的唯一合法政府。凡愿遵守平等、互利及互相尊重领土主权等项原则的任何外国政府，本政府均愿与之建立外交关系。”

毛泽东，朱德，宋庆龄，刘少奇登上天安门随后，进行三个小时的阅兵式。广场上的人们在欢呼，在跳跃……

黄昏降临时，天安门广场上忽地一下子灯火齐明、花炮竞响。在热烈的气氛中，欢呼的群众开始游行。游行的队伍经过天安门时，人们都高兴得手舞足蹈，群众振臂高呼：

“庆祝中华人民共和国成立！”

“拥护中央人民政府！”

“毛主席万岁！”

后来喊得最多最响的是“毛主席万岁！”这是人民群众对自己领袖的无限崇敬和热爱的自然流露。面对群众震耳欲聋的呼喊声，毛泽东的脸上始终焕发着庄严和慈祥的光辉。他理解人民的情感，并为这种情感而激动。

“毛主席万岁！”工人们在呼喊，农民们在呼喊，所有的人都在呼喊。

毛泽东挥手向游行群众致敬，并对着扩音器高呼：

“人民万岁！”

“工人同志们万岁！”

“农民同志万岁！”

“同志们万岁！”

毛泽东，朱德，宋庆龄，刘少奇登上天安门（侯波 摄）

听到毛泽东的声音，游行的群众兴奋得热泪盈眶。他们欢呼雀跃，热情地、用力地鼓着掌。经过天安门的队伍，时而拥向金水桥边，时而放慢步伐，有的甚至停下来向天安门上翘望，想把毛泽东看得清楚些，再清楚些。他们多么盼望时间能不流逝，使自己和领袖的对视固定在这一瞬间！播音员的催促声已经失去了任何作用。只是由于走在后面游行队伍的推动，前面的队伍才恋恋不舍地从天安门前缓缓走过……

这中间，毛泽东很少到大厅里休息，即使休息片刻，也是与代表们会见、交谈。毛泽东正在与程潜交谈时，周恩来走了进来为难地说：

“主席，游行群众站在那里不走了，要见主席！”是啊！谁也代替不了毛泽东在人民群众心目中的威望，谁也代替不了他站在主席台上。台下游行的群众，谁都想亲眼看一下毛泽东，谁都想在此时表达自己对领袖的热爱和崇敬之情。见不到毛泽东，谁也不愿意走开。

“毛主席！毛主席！毛主席！……”

当毛泽东出现在主席台上时，台下顿时响起了热烈的掌声和欢悦的喊声。人们眼里含着幸福的泪花，欢呼着、跳跃着，然后才恋恋不舍地离开。一批又一批的群众就是这样走过了天安门前。

夜晚，在东西长安大街南北两侧人行道旁，各竖起了一排高而坚固的粗钢管灯座，像手臂一样将硕大的球形路灯朝天举着。每簇灯群由10个炽亮的大灯组成，把大街照得如同白昼，给节日的夜晚添加了火热的气氛。

毛泽东在开国大典上（侯波 摄）

10月的夜晚有些凉了。毛主席穿上了那件棕红色的毛衣，在儿女们的簇拥下，坐在天安门城楼上观看焰火。他面朝广场坐在轻便的藤椅上，吸着香烟，任轻柔的烟云在眼前飘动着。他泰然自若地享受着天伦之乐，体会着大业初建的喜悦，恢复着在主席台上站立了

五六个小时的疲劳。五颜六色的焰火，千姿百态。加上焰火腾空的炮声和火花的爆炸声，交织在一起，非常动人。

那腾空的焰火随着一声爆炸之后，向四面八方射出彩花的同时，发出“啾啾”之声，像是百鸟齐鸣，又像是百鸟朝凤时唱出的歌声。制花工人真是别具匠心。

从焰火爆炸中心向四周喷射而出形成伞状的无数条金色的火花，像金色下垂的菊花瓣，真像是金黄色的线菊，那是“战地黄花”吧！是那些革命烈士将它播种在天空，如今在大典的夜晚将花瓣长长地垂在天安门上！

那是七彩的花。随着炮响，射入高空的花炮一声爆炸，好像从仙女的花篮里倾泻出无数的七彩花朵，它是哪位女战士的英灵，她把自己的鲜血化作鲜花撒落下来，庆祝人民的胜利。

焰火在高空炸开，抛撒出无数闪亮的星光，与天幕上最亮的星群互相辉映，这无数亮星是无数灯火缓缓地飘然而下（灯上带着小的降落伞），像是无数先烈手执明灯，从九天飘来参加国庆大典的灯火晚会。

除了吃饭，从午后3点开始，毛泽东一直与人民在一起。他站在城楼上，举着一只手，时而迅速有力地挥动一下，时而庄严地停在半空中。右手举累了就换左手，左手累了又换右手。城楼下的呼喊声越来越响，越来越烈。毛泽东情不自禁地探身到栏杆外，去伸手招呼群众。毛泽东对着扩音器高呼：

“同志们万岁！”

“人民万岁！”

退场的群众发现领袖仍在他们中间，并且通过广播高声和他们讲着亲切的话语，便改变了原来向东西分走的路线，潮水一般拥向天安门，挤在金水桥畔，想尽情地看着毛泽东和其他国家领导人的英姿、风采，接受他们的检阅。兴奋的群众热烈地高呼：

“毛主席万岁！”

毛泽东也在城楼上激动地呼喊：

“同志们万岁！”

“人民万岁！”

一呼一应，一片沸腾，一片热烈。领袖和人民的心是连在一起的，共同沉浸在幸福和欢乐之中……

站在毛泽东旁边的陈毅放开嗓门，激动地说："看了这，总算是此生不虚了！"

大典结束后，毛泽东乘车回到菊香书屋，激动地说："人民喊我万岁，我也喊人民万岁，这才对得起人民呀。"

毛泽东，不同于李自成，他是中国人民的领袖，深深地理解人民群众在历史上的作用。他认为没有人民，就没有中国革命的胜利；没有人民，就没有整个社会的进步和发展。

"人民万岁！"只有毛泽东，只有与人民有血肉之情的领袖，才能喊得出来。

1949 年 10 月 1 日，毛泽东宣布中华人民共和国中央人民政府成立（侯波 摄）

第二章

丰泽园的家事

这时在娇娇眼中，父亲不再是肖像画上那个威武严肃的领袖，而是一个亲亲热热、疼她爱她的好父亲。但她就是不明白，为什么父亲、母亲不能住在一起，为什么她不能像其他小伙伴那样同时得到爸爸妈妈两方的爱抚。

第二章　丰泽园的家事

◆第一次坐飞机出国，江青去苏联治病

在万紫千红的四五月，北京披上节日的盛装，人民喜气洋洋，庆祝胜利的锣鼓日夜不停，江青心中之喜，更不待言。在国内的土山沟里关苦了，江青一直向往国外，她从未出过国，而那时出国，诱惑力最大的是“老大哥”苏联那里。在西柏坡时全国解放战争正在紧张地进行，她不便离开毛泽东。如今解放了，可以松一口气了，她迫不及待地向毛泽东提出到苏联去检查身体。她要求把八岁的李讷一块带去，顺便割扁桃体。

毛泽东对她的要求开始感到惊讶，为什么不可以在北京检查，难道有什么医生看不了的病？其实，她已跑到北京最有名的协和医院里，要名医生做了各项检查，检查结果正常，但她仍以北京技术不高为借口，要即刻动身去苏联。毛泽东最后还是同意了她的要求，他希望江青能借去苏联治病之机开开眼界，学点东西回来，因为她还年轻。

江青终于得以成行。与她同行的还有女儿李讷以及警卫员、护士和一位俄国大夫。她们先是坐火车到沈阳，然后再从沈阳转往大连。

在沈阳，高岗早已在火车站恭候。高岗陪同江青一行人下榻高级迎宾馆之后，当天又一次来看她，并批了三万卢布给江青花用，第二天，又亲自用

专车送他们到大连飞机场。那里，有一架苏联派来的斯大林的专机在等候她们。专机上除了飞行人员，还有专程护送的两名保卫人员。

江青第一次坐上飞机，而且是专机，她第一次尝到了飞机的“恶作剧”。

飞机在离贝加尔湖不远的上空，突遇寒流来袭，气压骤然变化，飞机猛地下降2000米，飞机里的所有人的五脏六腑仿佛被掏了出来，幸亏驾驶员的技术高超，没有出事。江青的脸色“刷”地发白，两只眼珠子突出，大叫一声。这突如其来的情况，也使机上的保卫人员大惊失色，惊险过后，江青便在飞机上躺着哼个不休，几乎不能说话了。大家全不顾自身的反应，忙着侍候她。当时飞机航程有限，江青经过三天的时间，空中的生活才得以终结。

因为知道江青是毛泽东夫人，苏联很尊重她，安排她到南方海滨，住进疗养院高级房间。对于她来说，从1937年秋进入延安，到1949年春进入北平，在山沟沟里生活了十多个年头。如今，35岁的她，可以尽情享受一番，苦尽甘来了。

在苏联疗养期间，江青最为高兴的事是见到了斯大林。

那时刘少奇受中共中央指派，秘密访问苏联。斯大林接见了刘少奇，同时也接见了作为毛泽东夫人的江青。

在宴会上，江青站起来向斯大林敬酒。斯大林见她那么年轻，以为她会怯场。她，演员本色，不慌不忙走到斯大林面前，高举着酒杯，像朗诵台词一般清楚地说道：“我举杯，向斯大林同志敬酒，祝愿斯大林同志健康长寿！斯大林同志的健康，就是我们的幸福！”

斯大林听了江青的祝词，脸上浮现出笑容，说道：“我第一次听到这样的话，我的健康是你们的幸福！谢谢！我祝愿毛泽东同志健康长寿！”

斯大林高举酒杯，和江青碰杯，一饮而尽。

在苏联期间，江青遇到的也不都是舒心事。苏联医生对她的检查在她看来又是一场“恶作剧”。

苏联医生安排她到皇宫医院作全面身体检查，结果确定心血管及肺部正常，血液正常，肠胃过敏，子宫颈口糜烂，体重不够，当施行胃液检查的时候，她拒绝吞橡皮管。经医生一再劝说，才勉强吞下去。

1953 年 9 月，毛泽东与李讷一起看荷花（侯波摄）

胃液刚抽完，她已经受不住，似乎要晕倒，这一下子，医生、护士手忙脚乱地侍候她，紧张忙碌了一大阵，才安静下来。她向随行的中国护士说："真倒霉，吞这橡皮管，我本来就不愿意，来这儿是样样要听从他们的，真野蛮！剥夺了我的人生权利，我几乎死过去！见鬼！"她躺在床上生着气，又小声咕噜："我难过时，又没有一个贴身翻译，哑巴吃黄连，真受罪！这个苏联翻译像上班似的，中文又不好。"

中国小护士不知怎么回答，自己不会讲俄文，心有余而力不足，当江青吞管子难受时，只能干着急。然而，小护士又想，既然来苏联是为了检查身体，一切应信赖医生；既要把身体弄结实，则一切必须服从医生。所以，她不同意江青的牢骚。

皇宫医院医生检查的结果是：除了官能性神经过敏之外，没有任何器质性病变，用不着住医院治疗，只决定疗养一段时期。

她被送到疗养院的高级房间里，这儿空气极好，四处是树林和花坛。加上李讷割完扁桃体，很快恢复，活泼健康，又有小护士带着她玩。江青在疗养院住了一个时期，又搬回斯大林别墅里，当初检查时的不愉快开始淡忘，心情开始轻松愉快。可是好景不长，没多久她又跟随行的小护士怄上了气。

小护士只有28岁，身体很结实，不高不矮，像红云样的脸色，短短的头发，显得很精神；她出身于贫苦农家，政治上很可靠，吃苦耐劳。她主要任务是医务上护理江青，顺便照看李讷。

一天，江青的兴致上来了，她一边在穿衣镜前梳妆打扮一边招呼小护士："医生叫我锻炼身体，我们就去打打网球，趁今天精神好，你去告诉翻译员准备，我马上就来！"她又擦了一些雪花膏，拍了一些粉，换了一身淡蓝色的连衣裙和球鞋。苏联工作人员一切准备停当，在网球场上等江青出来，其中有苏联译员卡娃。许久，老远见江青步子

毛泽东与李讷在北戴河(侯波 摄)

轻盈地和小护士、李讷走来了。李讷跑来，拿了一个球拍，叔叔们赶紧教她握着拍子朝天打球，球打不住，滚了好远。江青命令小护士拾球："你站着不想动，小孩子自己拾球，这太辛苦了，她是刚开完刀的人！"

小护士忙着为李讷拾球。

"李讷！你乖！让我们打，把球拍子给小护士阿姨。"江青在球网的另一边叫着。

"我不会打，我带李讷到那边玩玩去，到林子里拾蘑菇去！"小护士天真地说。

"不，你来陪我们。"江青命令。

"我不会打！"小护士回答后，就带李讷走了。

小护士不听话，江青不高兴，觉得这是对自己的不尊重。她一直认为自己是高贵的人，不管什么时候，身边应该有人侍候，或者美其名曰陪伴；留下她一个人在网球场上和苏联朋友打球，非常有失体统和面子。她板着脸，打了几个回合，推说身体不好，要回楼上去。"你的身体不好？"卡娃用不纯的中国话问。

江青点了一下头，不说话。

约摸半小时，卡娃告辞回家。不一会，小护士也回来了。李讷手中捧着一把蘑菇，嘻嘻地笑道：

"妈！看这些蘑菇多好玩，像雨伞一样，还香着咧。"

话还没说完，江青倒退了两步，手指蘑菇："喂，你太无知识，这是毒菌类，你让小李讷玩，能保险？李讷，快到卫生间去，洗干净手！"李讷吓了一跳，妈妈的话，说到哪里，就得做到哪里。她忙到卫生间里，把菌子丢在手纸篓中，开着水管洗手。小护士退了一步，江青指责道：

"你太不懂事，她手洗不干净，会有什么后果呢？出了事你能负责吗？还不去帮助她再洗一次。"

小护士也觉得自己大意了，刚才兴高采烈的散步，换来一阵子紧张。但是，事情并不止于此，江青还怨气未消呢。

"你就只会打几下扑克，或者弯腰拾蘑菇，打几个乒乓球。我叫你陪我

1948 年，邓颖超与毛泽东的女儿李讷在河北西柏坡（佚名 摄）

打网球，你口喊不会就溜走了，真是岂有此理！”她要把刚才的气冲出来。

“江青同志，我从来没有看见过网球，这是第一次。”小护士请江青原谅。

“你不会打是一回事，你走开了又是一回事，请问你为什么把我一个人留下？让我当着苏联同志的面好尴尬！”

听着江青的数落，小护士心中十分难受，眼泪快要落下来了。

“这使我在外国人面前降低了身份！你知道吗？”江青说到这儿，心中更气，瞪着小护士目不转睛，看样子非大闹不可。

小护士这才明白过来，这位首长是得罪不起的！她不住地向江青赔不是，并保证下次不再出同样事件。

◆娇娇就是不明白，为什么父亲、母亲不能住在一起

一晃几个月过去了，江青在苏联过着神仙般的生活，可她却不愿多待，因为贺子珍就在国内，她最害怕的就是

贺子珍再回到毛泽东的身边！

江青在苏联的待遇，跟贺子珍当年在苏联的遭遇，可谓天壤之别。1946 年，王稼祥来到苏联治病。他的夫人朱仲丽是医生，陪同他一起去莫斯科。王稼祥的腹部被国民党飞机炸伤，他是躺在担架上进行艰难长征的。王稼祥到苏联后，从朱德女儿朱敏口中，得知贺子珍竟被关在远离莫斯科的疯人院里！娇娇，也在苏联。娇娇是毛泽东和贺子珍唯一的女儿，后改名李敏。王稼祥跟贺子珍是老战友，听到这消息异常震惊。他随即向苏方交涉，要求会见贺子珍。最初，他得到苏方的答复是："经过上级考虑，贺子珍同志患的是精神分裂症，不便来莫斯科。你们的请求没有获得预期结果，很抱歉。"

贺子珍与刚到苏联的女儿李敏在一起（佚名 摄）

于是，王稼祥设法让妻子朱仲丽以医生身份去探望贺子珍，也被苏方拒绝。

经王稼祥再三交涉，苏方才不得不同意把贺子珍和女儿娇娇送来莫斯科。

相见之时，贺子珍热泪纵横，哭诉她的痛苦经历——

莫斯科——这个响亮的名字，苏联的心脏，列宁和斯大林工作的地方，像磁铁一样吸引着贺子珍。然而，她的第一个栖身之地——东方大学，学习和生活的紧张程度远远超过了她的想象。由于语言上的障碍和疾病的侵袭，她有点力不从心了。积习难改，无论在井冈山还是在延安窑洞，她总是在毛泽东的身旁，熬过一个又一个深夜，这种习惯如今也带到了莫斯科。熬夜容易早起难。她极不习惯这里的作息制度。躁动于母腹中的婴儿搅得她头晕神乏。给予她最大的慰藉是毛泽东不时关心着身处异国的战友。不脱时节的来信，给了她战胜困难的勇气。

1938年5月，贺子珍生下了第六个孩子。这个又白又胖的男孩给母亲孤独的心注下了甘露。不料，由于缺乏营养，抗不住风寒，孩子患了肺炎。他日渐虚弱，一天天走向死亡。贺子珍巴望着光阴能战胜邪恶，初露喷薄的曙光能重新出现在怜爱的、纯洁的小生命上。她太自信了，她怀疑莫斯科医院的回春之术，把希望寄托在自己随身从国内带来的药物上。她尽了一个母亲的天职，孩子却死在母亲的怀抱里。

失去爱子，加上又得知毛泽东和江青结婚，双重的打击，使她陷入极度苦闷之中，她的精神几乎要崩溃了。

毛泽东得知贺子珍的近况，他难过地低下了头。治愈失去孩子母亲的病，还得要孩子来治。他毅然决定把留在自己身边的娇娇送到苏联去。

娇娇的来到，无异给贺子珍服下了一剂治疗心灵创伤的良药。但残酷的苏德战争又把刚刚沉醉在母女团聚欢乐里的贺子珍推入了灾难的深渊。

贺子珍卷入了避难的人流，来到伊万诺夫城。这是个中小城市，距莫斯科几百公里。由于战争，交通阻塞，造成严重的物资匮乏。在零下三十多度的严冬里，竟没有劈柴可供生炉子。每天能进肚的只是几两黑面包。为了维持最低的生活，贺子珍不得不替别人缝补衣裤，织毛衣、袜子。

五岁的娇娇，在严寒和饥饿的袭击下，得了让贺子珍听后不寒而栗的肺炎。正值战争时间，药品奇缺，娇娇被无情的保育院长送进了太平间旁边的那间屋子里，等候死神的召唤。

贺子珍得到了信息，踉踉跄跄地赶到，从那阴暗潮湿、不见阳光的小木屋里，把奄奄一息的娇娇抱在怀里，迅速离开这个死亡之角。也许是贺子珍的行为感动了上苍，娇娇的脸上又出现了红晕。当贺子珍拖着娇娇极不情愿地出现在保育院门前时，那个保育院长大为吃惊。从这天起，贺子珍白天送，晚上接，这可惹着凶悍的保育院长，他强行干涉，不让贺子珍接送，只能到规定的时候才能来看望。贺子珍怎么会甘心让娇娇落在这个只配当屠夫，不配当院长的蠢家伙手中呢！争吵的结果，吃亏的自然是贺子珍。那个蛮横的“屠夫”恬不知耻地声称贺子珍是“疯子”。上级也不察真伪，把贺子珍送进了疯人院。她控诉，她反抗，她不能忍受！然而，换来的只是漠然不睬和歧视的冷眼。

如果不是王稼祥夫妇与苏方再三交涉，贺子珍在疯人院还不知要关多久！

见到被剃成光头（疯人院里的病人一概如此）、憔悴、目光忧郁的贺子珍，王稼祥的心震颤着。她连讲话都结结巴巴，因为在疯人院里多日没有讲话，何况已多年没有人跟她讲中国话。

王稼祥问：“你今后怎么办？”

贺子珍这一句话倒讲得很干脆：“回国！”

王稼祥深知，如果她再滞留在苏联，等待着她的将是什么。然而，她又有着特殊的身份，回国该怎么办？

王稼祥发电报给毛泽东，讲述了贺子珍的情况和要求。

毛泽东迅即回电：“同意回国。”

就这样，1947 年秋，贺子珍带着娇娇，回到了离别 9 年的祖国，来到了哈尔滨。

她回国后不久，苏方把毛岸青也送回来，跟她生活在一起。

在哈尔滨，有人告诉李敏，墙上挂的领袖肖像中的毛泽东就是她的爸爸。她不敢相信，但妈妈对她说：“这是真的。”

贺子珍给毛泽东写了一封长信，娇娇也给毛泽东用俄文写了一封信：

毛主席：

大家都说您是我的亲爸爸，我是您的亲生女儿，但是，我在苏联没有见过您，也不清楚这回事。到底您是不是我的亲爸爸，我是

贺子珍与女儿李敏 1947 年在苏联。当时九岁的李敏在照片上为刚出医院的短发妈妈加上“头发”（佚名 摄）

不是您的亲生女儿？请赶快来信告诉我，这样，我才好回到您的身边。

娇娇

毛泽东给娇娇写了回信。怕信太慢，他又加发了一份电报：

娇娇我的女儿，你的信我收到了。你好好学习，做一个中国的好女孩。爸爸很好。

当娇娇接到爸爸的信时，高兴得流下了眼泪。

毛泽东在这个家庭纠纷中遇到了棘手的问题。凭感情，他怎么也忘不掉贺子珍，在艰苦的长征途中，是贺子珍无微不至地关心着自己；但考虑了种种因素，毛泽东将贺子珍的事搁置了下来，暂不处理。他只是派娇娇的姨妈贺怡前往东北，把娇娇接到了自己的身边。

当贺怡把娇娇推到毛泽东面前时娇娇却愣住了，为什么自己的父亲不像墙上挂的像呢，在一边的姨妈却急了：“这是你爸爸，娇娇，快叫爸爸，快叫啊！”

娇娇大声叫着，扑进了毛泽东怀里。毛泽东十分动情地抱起她，把下巴紧紧贴住她的脸蛋，嘴里喃喃地念叨：“娇娇，我的小娇娇！我的小娇娇！……”

1951 年，毛泽东与李敏一起看影集（侯波 摄）

12 岁的娇娇就这样第一次见到了毛泽东。娇娇在毛泽东身边留下来。她给毛泽东带来了难得的天伦之乐。每逢毛泽东工作告一段落靠在椅子上休息时，她便会轻轻跑上前去，搂住父亲的脖子，脸贴脸亲他一下，乐得毛泽东开怀大笑，有时毛泽东也会回她一个带响的亲吻。这时在娇娇眼中，父亲不再是肖像画上那个威武严肃的领袖，而是一个亲亲热热、疼她爱她的好父亲。但她就是不明白，为什么父亲、母亲不能住在一起，为什么她不能像其他小伙伴那样同时得到爸爸妈妈两方的爱抚。

贺怡见毛泽东和娇娇亲热够了，这才切入正题："主席，我一是来送外甥女的，二是来给子珍姐找地位的。"

毛主席渐渐收敛起笑容，眉头渐渐地蹙紧了。他转身走向书桌，颤着手，提起一支斑竹杆的毛笔，在一张通天十行笺上匆匆写下几行字。这是一封给贺子珍的信。信的大意是：子珍：向您问好！娇娇在我身边很好。我很喜欢她。望您要保重身体，革命第一，身体第一，他人第一，顾全大局。

当毛主席写完最后一句时，禁不住淌下了几滴泪水。

已经赶到天津的贺子珍一次又一次读着贺怡捎来的信稿，一次又一次用滚烫的脸颊贴在这张信笺上，贴在“子珍”两字上。

娇娇的到来，沟通了毛泽东和贺子珍之间的联系。娇娇给贺子珍去信时，总是谈及毛泽东的近况，转达毛泽东的问候。早在1949年，当毛泽东从西柏坡来到石家庄时，在那里见到贺子珍胞妹贺怡。毛泽东曾对贺怡说：“你让贺子珍到这里来，这是历史造成的事实了，我们还是按中国的老传统办吧！”

毛泽东没有说清楚“按中国的老传统办”是怎么个“办”

1951年，毛泽东同李敏、李讷、毛远新在一起讲故事，享受着天伦之乐（侯波摄）

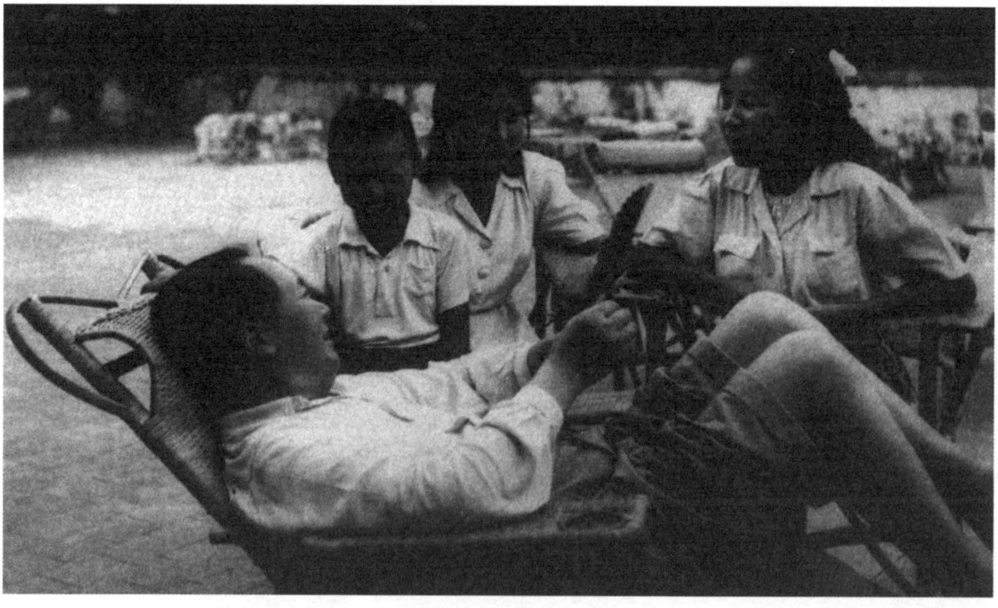

法。不过，他表示“让贺子珍到这里来”。

那么毛泽东为什么改变主意，这一直是一个谜，也许作为全国人民的领袖他无法处理好这一棘手的事，也许还有其他的原因……

这样贺子珍只好在天津暂住。

也许江青不知道，她在苏联休养时，毛泽东曾指派阎长林带着娇娇前往天津，看望贺子珍。

阎长林是这样回忆的：

> 8月初的一天下午，毛主席把我叫到了办公室里。进办公室一看，娇娇正在沙发上坐着。毛主席先让我坐下，然后对我说，“小孩子们都放暑假了，娇娇想到天津去看她妈妈，我想托你和她去一趟。明天就去。你去了，代问贺子珍同志好，希望她好好学习，好好工作，保重身体……”
>
> 我们到天津，来到了市委招待所里。在这里，娇娇看到了她的妈妈。贺子珍同志一见了娇娇，激动得流出了眼泪，忙拉娇娇的手，把娇娇搂在怀里。我在天津住了十多天。
>
> 那时，我们经常在一起闲谈。贺子珍同志问了毛主席的身体、工作和在战争中的生活。我也讲了毛主席在战争中遇到的一些艰难困苦，以及一些危险的场面和情节。看来，贺子珍同志也非常关心毛主席的安全和健康。
>
> 贺子珍同志还对我说：“我带着娇娇到苏联去学习，主席同意，我也愿意。我想，我学习一段回来以后，一定能够更好地协助主席工作。以前，我和主席在一起也是很好的。因为我的脾气不好，有时因为一些小事争吵几句，事后也感到对不起主席。这些事情，主席也没有放在心里，我也没有当做什么问题。总想好好学习两年，回来好好协助主席工作。可是……”说到这里，她再也讲不下去了。

阎长林带着娇娇回到北平，毛泽东详细询问了贺子珍的近况。阎长林也谈及了贺子珍对往事的一段回忆之言。

毛泽东听罢，说道："好吧，过去的事情就叫它过去吧！"

这样，贺子珍和毛泽东之间，只能通过娇娇的来往，互通信息，互致问候。但是，"过去的事情就叫它过去"，她已不可能再和毛泽东恢复过去的夫妻关系。

贺子珍后来由天津前往杭州。

1950 年，贺子珍和她的哥哥贺敏学、嫂嫂李立英曾联名给毛泽东去信，提及工作安排问题。

毛泽东意识到这封信的用意，在复函中希望贺子珍保重身体，顾全大局，多看看社会主义建设。这"顾全大局"四字，表明了毛泽东对贺子珍的期求。

1970 年夏天，毛泽东周恩来在人民大会堂与身边工作人员合影（佚名摄）

于是，贺子珍在杭州担任杭州市妇联副主席。从此，她长期在南方工作，居住在杭州、南昌、上海。她出于对毛泽东的挚爱和真诚，确实做到了“顾全大局”，没有使毛泽东为难。

由于贺子珍顾全大局，江青的夫人地位完全巩固了。

◆毛岸英的毕业证书

1949年秋，当江青从苏联治病回到北平时，毛泽东已从西郊香山的双清别墅搬入中南海。江青带着李讷到了北平，小轿车接她直奔中南海。她平生头一回进入风光秀丽、曲径通幽、古色古香、绿树掩映的当年皇家禁苑，如入画中。江青感到十分满意和高兴，跟着毛泽东钻了十几年的山沟沟，今天总算有了出头之日。

在晚饭桌上江青兴奋地向毛泽东讲述在苏联的所见所闻，她讲到动情之处竟手舞足蹈起来：“苏联人民也真不容易啊，这是我亲眼所见的一件事。有一天我去莫斯科一家大百货商店。我在百货大楼走了不到20步就停下，我发现从二楼到一楼排了一条长队的苏联居民在抢购什么东西。我向苏方译员打听这是怎么回事。她对我说：‘江青同志，这是贵国出口的羊毛衫在我国消费者中大受欢迎呐！’”讲到这里江青显然十分激动，“这就是苏联人民，他们进行了十月革命，开辟了人类历史的新纪元。这就是苏联人民，他们忘我牺牲、把世界人民从法西斯强盗手中解救出来——这样好的人民却排着大队来买我们中国出产的劣质的毛线衫！我们，一切人民民主国家，都应该竭尽自己所有，也决不能让苏联人民缺吃少穿！”

听完江青的述说毛泽东一言不发，他点燃了一支香烟抽了起来。

讲完在苏联的趣闻，江青又开始学说苏联话，结结巴巴地才说了几句，娇娇就捂住了嘴偷偷地笑了起来。这下可伤了江青的自尊心，她变了脸，对着娇娇训斥起来：

“你在苏联学了一点俄文就了不起了。就翘尾巴啦！”

毛泽东不喜欢江青用这种态度对待一个年幼的孩子，他用夹着香烟的手指了指江青："你看，你的老毛病又犯了，你跟孩子有什么过不去嘛。"

看见毛泽东袒护娇娇，江青十分不快，兴致顿无，饭也没有吃完就推说身体不适，借故去了卧室。

娇娇虽然人小，却很懂事，看见由于自己的过失使大人不愉快，她心中很难过，眼里噙着泪水。毛泽东走过来拍了拍她的头，安慰道："去休息吧，明天还要上学呢。"

毛泽东对子女管教一贯是严厉的，根本不存在什么袒护不袒护，对娇娇如此，对其他子女也是如此。要说真有袒护的话，倒是对江青生的李讷要袒护得多一点。

饭桌上只剩下了毛泽东和毛岸英。

"岸英，你过来我们谈一谈。"毛泽东又把岸英叫到了身边。毛岸英才从农村基层上来也正好要找父亲汇报自己的思想工作。几个月不见，毛泽东从他的谈吐中，看见岸英又有长进，心中自然很高兴。毛泽东感到他变了，变得更踏实了。

记得毛岸英刚从苏联回来那几天，毛泽东要岸英跟他一起吃饭，边吃边聊，非常融洽。

毛泽东仔细打量着他，脚踩大牛皮靴，身穿军呢大衣，那英俊秀气的面庞上，特别是开阔的眉宇间，天庭饱满，既有杨开慧的影子，也有自己的特征。毛泽东拍拍儿子的肩膀，看着岸英比自己还高出几厘米的健康的身体，满意地笑了。

可是没多久毛泽东就看不惯他了。由于杨开慧牺牲后，岸英从小在外流浪，无拘无束，后来在苏联10年，接受的是欧洲方式教育，长期跟俄国及世界各国的同学打交道，在生活上、待人接物上已完全欧化了，看见熟人，喜欢"OK""乌拉"，张开双臂，喜形于色。有时，毛泽东常看见他如何把双臂高举，又如何将手缩回，或耸耸肩，或弯弯腰。岸英喜欢打手势，以加重语气，毛泽东就把双眸老盯着他的手势，弄得岸英红着脸很不好意思。后来，只要毛岸英"手舞足蹈"，毛泽东那双锐利的眼睛就盯着他，弄得他很尴尬。毛泽东以东方传统告诫儿子：年轻人在长辈面前，在年纪大的人面前，不可手之舞之足之蹈之也！岸英渐渐习惯了，只要想抬手，面前就出现了父亲冷峻的目光。除此之外，岸英还有一些俄国式的习惯，使延安“土八路们”接受不了，他还爱搞些开玩笑式的恶作剧……如在劳动时，把蚯蚓丢在一位姑娘的脖子里，弄得那最怕蚯蚓的姑娘又哭又叫。毕竟，岸英是个二十三四岁的后生，还未脱尽孩子气呢，又是长年生活在洋人的圈子里，许多习惯与国内的人不一样，怪不得他在街上，看见七八十岁的老太太，便问她“你几岁啦？”毫无顾忌地像跟年轻人说话一样随便，弄得人家啼笑皆非。

早先在延安时，周末常举办舞会，毛泽东为了调养身体，休息脑筋，也常参加。岸英更是个舞迷，每场必到，而且像众星拱月，在他周围总有着一群年轻漂亮的姑娘。她们大多数来自“国统区”，对于英俊潇洒的岸英很是喜欢，何况他又是人民领袖毛泽东的爱子。

凡此种种，不能不引起毛泽东的警觉。中国的传统是“子不教，父之过”，毛泽东要“管管儿子”了。

先从他的手势、服饰做起。毛泽东要岸英脱下那件呢军大衣和苏式军装，换上他给他的旧棉衣棉裤。江青则忙着用边区产的粗毛线为岸英织了毛裤、毛背心、毛袜子。不多久，毛岸英这个“洋学生”“洋军官”，在服饰上渐渐地被父亲同化了，变成了“土八路”。

不几日，毛泽东又要岸英搬到中央机关去住，而且规定他不准吃小灶。有一回。他突然问岸英：“你吃么子灶？”岸英如实回答：“中灶。”毛泽东生气了，责问儿子：“你应该跟战士一样吃大灶么！”岸英肠胃有毛病，叫苦不迭，但也得服从，从牛奶面包变成小米窝头，“真难啃啊！”

接着，父亲又教导儿子怎样按中国的传统方式来和人们交往，他关照说：“你先去看看延安的老同志吧。见了人不要没大没细（小）的，年纪大些的，你喊他伯伯、伯母、叔叔、婶婶；最老的要喊爷爷、老爹爹、老奶奶；跟你差不多大的，或者喊哥哥，或者称同志，不要随便喊人家的名字。”停了停，毛泽东又说，“这些老同志，都是参加革命好多年的了。他们有丰富的斗争经验，你以后要多向他们学习。”

听从爸爸的吩咐，岸英到延安的各个窑洞逐个去看望老一辈的革命家。

记得还是在延安，有一天清晨，春光明媚，毛泽东工作了一夜后，并没有马上休息，在院子里的石桌旁，父亲和儿子又进行了一次正式的长谈。

毛泽东问了问岸英在苏联的学习情况，又问："你在苏联经常读中国的书吗？"

"经常读的，能找到的我就找来读。"

毛泽东与小女儿李讷（佚名摄）

毛泽东又问："读过什么小说？"

岸英想了想说："读过《红楼梦》《水浒传》，还有鲁迅的作品。《红楼梦》里的诗词不大好懂。"

毛泽东把读《红楼梦》的要领告诉岸英，然后遥望着延河那边的凤凰山上正在开荒的人群，慈祥地对岸英说：

"岸英，你在苏联长大，国内的生活你不熟悉，你在苏联的大学读书，住的是洋学堂，我们中国还有个学堂，这就是农业大学、劳动大学。"

听到这里，岸英早已明白了爸爸的意思，便接着说：

"是的，我离开中国这么久，在苏联大都过的学校生活，中国农村我不知道，也不会种田，我愿意向农民学习。"

毛泽东给毛岸英讲了孔夫子的一个故事：孔子的学生问孔子，会种田吗？孔子说我不如农夫；学生问他会种菜吗？孔子说我不如菜农。

"你在莫斯科睡得那么好，钢丝床，一人一个床，到了延安，就是炕上摊张芦席子，底下烧火，不要怕。老百姓有虱子呀，不要怕，有水就多洗一洗，没水，就用手多捉几个。"讲到这里，毛泽东也笑了，又说："过些时，我替你找个校长，住劳动大学去。"

当时，边区的每个人每年都有劳动任务，要生产一石六斗小米。毛泽东的工作太忙，边区的一位特等劳动模范便主动替毛泽东完成代耕任务。有一天，那位劳模赶着毛驴，又给毛泽东送粮食来了。毛泽东把岸英叫了来，指着劳动模范对岸英说：

"这就是你的校长。你过去吃的是面包牛奶，回来要吃中国的小米，可养人哪！"又指着岸英对劳模说，"我现在给你送一个学生，他住过外国的大学，没住过中国的大学。"

劳模惶恐地说："咱叫什么大学，咱啥也不懂。"

毛泽东谦虚地说："我知道的你都知道，你知道的我却不知道。他还是个娃娃，我就拜托给你。你要教他种地嘛！告诉他，庄稼怎么种出来的，怎么多打粮食。"

劳模这才信心十足地说："那我行。"

“好吧，就这样说定了！这些小米，你带回去，当做学费。他过几天就去。”毛泽东要劳模休息休息，又跟岸英肩并肩，在院子里漫步。

爸爸的话，像潺潺的溪水，轻轻的春风，滋润着岸英年轻的心灵。

不久，岸英被安排在那位劳模家里。那位劳模住在吴家枣园，那里离延安 15 里。

看到岸英的到来老劳模高兴得合不拢嘴，忙着把两个年青后生介绍给岸英：“这是大哥，这是二哥，他俩都是种庄稼的好手，你以后就跟他俩在一个变工组。”

当晚，岸英到十几户老乡家里去走了走，坐了坐，把村里的情况摸了个大概。

第二天清晨，雄鸡刚刚开唱，岸英就醒来了。他和二哥一骨碌下了炕，背起镢头出了窑洞，喊着大哥，三人有说有笑地来到了荒山坡。

“今天上第一课，开荒！”大哥笑咧咧地说。

他们把山坡上的荆棘条砍掉一片，便开出一片荒地。这种荆棘条又柔又韧，上面长着尖尖的三角刺，岸英开始没经验，小心地避开刺，用蛮劲去拔，结果很费劲，拔不动，手一松，荆条就“嗖”地弹了出去又抽回来，打在脸上怪疼的，手上也划出了血口子。岸英不做声，仔细看着大哥二哥是怎么干的，然后学着他们的样子，也拉开了架势。

陕北使用的掘地的镢头，与别处的不大一样，岸英还是第一次使这家什。他抡起镢头，举得老高，手又握不紧，镢头刨下去，蹦蹦跳，不稳当，掘得也不深，有时刨到石头上，还震得虎口发麻。不到半天，他那双细皮嫩肉的双手，就起满了紫血泡。

大哥要他用帕子将手缠起来，做出握拳头的架势，教他说：

“镢头不要举得太高，手要握紧木柄，不打转，下去才有力，掘得就深，手也不会磨出泡来。”

岸英在大哥的手上摸了摸。嘿！又厚又硬的老茧！怪不得他们扯荆棘条一点也不怕扎手，抡起镢头那样有力。

岸英按照他们教的要领认真地干着、干着……

被授予苏联红军中尉时的毛岸英（佚名　摄）

头一天收工时，他已累得腰酸背痛的，浑身没有一点劲，像散了架子一样。第二天上工时，抬胳膊都困难。他咬着牙坚持着。说也怪，几天下来，身上的酸痛劲没有了，而且感到力气增加了不少，劳动的技能也慢慢地掌握了，能和大哥二哥比着干了。三兄弟开荒，三把镢头简直像三部犁一样，不一会儿就能开出一大片生荒。这时的岸英一改学生模样，跟大哥二哥一样，光着上身，汗流浃背，土灰沾得满脸。

第二课学着赶毛驴送粪下地。这毛驴还专门欺负洋学生呢。你要它走，它斜着眼睛瞪着你，愣是一步不动；你不要它走，它又撂开四蹄，嘚嘚嗒嗒地乱跑一通，拽都拽不住。为了驯服小毛驴，他可动了不少脑筋，也闹了很多笑话。不久，小毛驴就老老实实地迈开细碎的步子，跟他下地送粪，指到哪里就走到哪里。

在“劳动大学”中，岸英还学会了种玉米，脖子上挂着个装种子的布袋儿，先从单手点种学起，还逐渐学会了双手点种；他又学会了撒谷种，一手抓粪，一手点种。更有收获的是，他了解了中国的农村，中国的农民。他肯学肯钻，不懂就问，还随身带个小本本，把老乡们种庄稼的经验、谚语都记上……这里可有丰富的知识、学问哪！

怕岸英吃不消，劳模的老伴千方百计地做些好饭给岸英吃，每逢这时他都要坚决谢绝。住在老乡家，他就和房东过一样的生活，吃的是一锅饭，睡的是一铺炕。那饭，就是米糠、窝窝头；那菜，就是马耳菜、蒲公英等苦野菜；岸英却吃得津津有味。土豆丝加点盐和辣椒炒了，就算是美味佳肴了。吃饭用的那碗，也是补巴连补巴，坏了就用鸡蛋清加黏土粘上。每天下地干活，离家远，为了省时间多干活，家里便用瓦罐罐把饭送到地里。岸英和大哥二哥一块儿蹲在地头，照样吃得开心。村长过几天要打发岸英回延安看看爸爸，为了要他改善改善生活，可岸英坚决不回。他诚恳地说："我还没有学到什么东西，怎么能回去呢？"

1946年下半年，蒋介石指使胡宗南进攻延安，形势紧张起来。村里请示县委以后，决定把岸英送回去。

"我不回去，我农业大学还没毕业哩。"岸英执拗地说。

毛泽东视察群众生活（吕厚民 摄）

赫村长说："你劳动大学已经毕业了。要打仗了，回机关还有重要的事情要干呢！"

赫村长硬把岸英送到毛泽东身边。

毛泽东亲切地招待赫村长，问他："岸英在你那里学得怎么样？"

赫村长赞不绝口地说："岸英是个好后生！他学会了驮粪、刨地、犁地、播种这些庄稼活儿，还利用空余时间，组织村里的青年人学政治、学文化。上山劳动回来，还总要捎回一捆柴，把柴禾送给烈军属。岸英在劳动大学毕业啦！"

赫村长的称赞，弄得岸英很不

好意思。

毛泽东回过头，仔细打量着岸英：只见他头上用白羊肚毛巾扎着英雄结，穿着灰土布汗褂子，两条又粗又壮的胳膊闪着黧黑的油彩，脸上也黑不溜秋的，跟陕北青年农民一个样子。毛泽东风趣地说：

"好呀，白胖子成了黑胖子了！"

赫村长过意不去地说："毛主席，这些天把你娃苦啦。就说掏（翻）地吧，岸英看见其他变工队员一个个超过自己，便使劲往前蹿，俺拦也拦不住。咱们天不亮就开荒，天黑了才回来。早上扛着镢头下地时，还看不见人影子，吃袋烟工夫，天才亮，咱们抽烟，岸英就给咱们介绍苏联情况，如今那儿耕田翻地都不用人，也不用牛，用拖拉机，一辆拖拉机抵上百八人的劳动量。天亮了，大伙儿就干活，山坡上尽是深草杂树，把它们烧成灰当肥料。一个变工队，15把镢头掏过去，像汽车在大路上走过，满天灰尘。岸英跟我们一样，只穿裤衩，光着上身，鞋里灌进土坷垃，脱下赤脚干，变工队员每天的任务是开荒一亩，好劳动力也受不了呢。掏了二十多天地，就又吆毛驴送粪……"

毛泽东爱抚地摸了摸岸英的双手，厚实粗大的手心里，那些血泡都结成厚厚的茧子。毛泽东满意地夸奖道："这就是你在劳动大学的'毕业证书'！"

◆鲜血凝成的缘分，从毛泽东的干女儿到长儿媳

毛泽东看着儿子一天天地成熟起来，对儿子的终身大事也就开始放在了心上，他作为一个党的领袖，既不能过多地干涉子女的选择，也不能放任不管，什么人能成为毛泽东的儿媳妇，在当时来讲，政治、家庭成分是很重要的因素。不过毛泽东的牵挂很快就有了喜庆的结局。

在新中国成立之后的一个周末——1949年10月15日，毛岸英和刘思齐在北京结婚。

婚礼隆重而简朴。

毛泽东亲自在中南海主持了婚礼。

周恩来和邓颖超，朱德和康克清，刘少奇和王光美，谢觉哉和王定国，李富春和蔡畅，陈瑾昆和梁淑华都来道喜，成了婚礼上的贵宾。在苏联国际儿童院一起学习过的同学、朋友纷纷把最心爱的礼物送来，向他表示祝贺。

在那个年代，谁要是能成为毛泽东的儿媳妇，是最大的幸福，要得到众人的羡慕。许多人常喜欢打听这其中的根底，如果真要寻根问底的话，这就要追溯到大革命年代。

1927 年 4 月 4 日下午，毛泽东在武昌出席了国民党中央农民运动讲习所的开学典礼。他回到武昌都府堤 41 号家中，得知夫人杨开慧刚生一子，亦即毛泽东的第三个儿子。毛泽东为三子取名毛岸龙。这时，五岁的长子毛岸英、四岁的次子毛岸青以及保姆陈玉英，也都跟毛泽东住在一起。

几天之后，一对青年男女前来拜访毛泽东。男青年是一位年轻的军官，叫刘谦初，山东人，中共党员，当时担任北伐军第 11 军政治部宣传科社会股长。女青年便是张文秋，湖北人，1924 年加入中国社会主义青年团，1926 年加入中国共产党。

当时，正处于蒋介石发动“四一二”政变的前夜，刘谦初向毛泽东请教有关国内外形势和农民运动问题，谈得很投机。杨开慧拿出花生米招待他们。张文秋抓了一把花生米给毛岸英和毛岸青，两个孩子都很有礼貌地向张文秋道谢。张文秋压根儿没有想到，毛泽东的这两个儿子后来都成了她的女婿。

当时，张文秋和刘谦初正处于热恋之中。由于发生“四一二”政变，武汉局势动荡，本来打算先订婚后结婚的他俩，也就决定在 1927 年 4 月 26 日结婚。新婚之后，刘谦初便和张文秋匆匆告别，奔赴前线。后来，他们在山东重逢，并肩战斗。

1929 年夏日，由于康生的小姨子（曹文敏）叛变自首，张文秋和刘谦初先后在济南被捕。这时，张文秋已经怀孕。她在狱中装成一个不懂政治的乡下女人，终于在 1930 年初获释。中共地下组织把张文秋送往上海。张文秋在上海海格路（今华山路）红十字医院生下了一个女孩。刘谦初曾事先给孩子取名“思齐”。“齐”，即山东，刘谦初的故乡。

遗憾的是，刘思齐未见过父亲一面。1931 年 4 月 5 日，刘谦初在监狱中被山东军阀韩复榘下令枪决。临刑时，刘谦初高呼“中国共产党万岁”。4月8日，正在上海中共地下机关工作的张文秋，忽然发现机关里那天的报纸都不见了。后来她在周恩来办公室的书柜里找到一份当天的《申报》，才明白为什么大家把这天的报纸收了起来，因为报上登载了《山东枪决红匪》的消息。张文秋一看，就昏了过去……

七年之后，刘思齐有了第二个爸爸。

张文秋带着刘思齐在上海、香港、南昌、北平等地长期从事地下工作，终于在1937年奔赴延安。那时，去延安几乎都要在西安七贤庄八路军办事处转关系。在那里，张文秋见到一位左腿残废的老红军，名叫陈振亚。陈振亚是湖南人，跟张文秋在同一年——1926年加入中国共产党。陈振亚在江西的战斗中，失去了左腿。经林伯渠介绍，张文秋和陈振亚相识。他们乘同一辆卡车前往延安。陈振亚是残疾军人，大家都让他坐在驾驶室里。他很喜欢七岁的刘思齐，一路上，让刘思齐坐在他的膝盖上。

1938年，张文秋和陈振亚在延安结婚。这样，陈振亚便成了刘思齐的继父。

中国人常常很讲究缘分。刘思齐与毛泽东一家也真有缘。在延安，一个很偶然的机会。八岁的刘思齐见到了毛泽东。毛泽东很喜欢刘思齐，居然认她为“干女儿”。从此，刘思齐与毛泽东一家结缘……

那是在1938年初春的一个夜晚。延安的中共中央党校大礼堂人头攒动，毛泽东、朱德、任弼时也来了。聚精会神地观看演出。那天上演的是话剧《弃儿》。《弃儿》写的是一对中共地下工作者在白区进行艰苦的斗争，不幸被捕了。他们的女儿在寒风中奔走呼号：“妈妈！妈妈！”

这个演女儿的小演员，便是刘思齐。刘思齐当时在延安的托儿所里很活泼，喜欢唱歌、跳舞，所以被选中。由于刘思齐有着剧中小女孩的类似经历，所以她演得非常投入，非常感人。

毛泽东深受感动，这大约是由于他也有着类似的经历：他的三个儿子在上海一度成了“弃儿”。

在剧终之后，毛泽东仍为《弃儿》所深深感动，建议把最后一幕再演一遍。于是，刘思齐穿着褴褛衣衫，又一次在舞台上奔走呼号：“妈妈！妈妈！”

1953 年 5 月，毛泽东与李讷、李敏、刘松林等在北京玉泉山（侯波 摄）

毛泽东很喜欢这个小演员。演出结束后，毛泽东把刘思齐叫到身边，抚摩着她的脑袋，问她叫什么名字。爸爸妈妈是谁。刘思齐指着坐在后边的陈振亚和张文秋说："那就是我的爸爸、妈妈。"

毛泽东朝他们招手，陈振亚和张文秋连忙走了过去。

陈振亚向毛泽东解释说："她是刘谦初烈士和张文秋同志的女儿，我是她的继父。"

毛泽东记起 1927 年 4 月在武昌来访的那对青年男女，对刘思齐说道："我做你的爸爸，你做我的干女儿，好吗？"

刘思齐回答说："好！"

毛泽东又说："你既然是我的干女儿，那就随我到家里去玩吧！"

于是，在演出结束之后，毛泽东牵着刘思齐的小手，带她回家去。

第二天，毛泽东又把刘思齐接去。

从此以后，刘思齐成了毛泽东家的小客人，常常去玩。

那时，毛岸英还在苏联。谁都没有想到，毛泽东的这位八岁的干女儿，后来竟成了毛泽东的长儿媳。

就在这年秋天，张文秋在延安生下一个女儿。这样，刘思齐有了一位异父同母的妹妹。陈振亚为女儿取名“少华”。照理，女儿应该叫“陈少华”，他们反“传统”，沿用母姓，叫“张少华”。后来，张少华在北京大学毕业，用“少华”的谐音取“邵华”为笔名。后来，她便以邵华为名。也许刘家天生就与毛家有缘，后来邵华又嫁给了毛岸英的弟弟毛岸青。

刘思齐第一次见到毛岸英时，是在八年之后——刘思齐已经是一个处于“16岁花季”的妙龄姑娘了。

刘思齐是在1939年随父母离开延安，前往苏联的。不料，在路过新疆迪化（今乌鲁木齐）时，陈振亚和张文秋被新疆军阀盛世才扣留。1941年5月，陈振亚在新疆遇难。

1943年4月，张文秋在新疆被捕，刘思齐和妹妹张少华也和母亲一起坐牢。同时入狱的还有毛泽东的大弟弟毛泽民、中共“一大”代表陈潭秋等等。

小小年纪的刘思齐坐了四年牢，经受了艰难困苦的严峻考验。入狱前，她只念过三年小学。在监狱中。刘思齐坚持文化学习。

直到1946年6月，刘思齐才随母亲出狱。

一个月后，刘思齐和妹妹随母亲回到延安。刘思齐又见到了毛泽东，见面的地方又是在中共中央党校。那是在她们回到延安的翌日，毛泽东专程前来看望新疆出狱的这批同志。

毛泽东一眼就认出张文秋，向她问好之后，问起了“干女儿”刘思齐。张文秋指了指身后的“细妹子”。毛泽东很惊讶，八年没见，刘思齐长得这么大了！

毛泽东对干女儿刘思齐说：“明天到我家来玩！”

第二天，毛泽东派人来接刘思齐。在毛泽东家，刘思齐第一次见到了毛泽东的长子毛岸英。

那时，毛岸英 24 岁，长刘思齐八岁，刚刚从苏联回到延安。

毛岸英从小就过着动荡的生活。1922 年 10 月 24 日，他生于湖南长沙，两岁时便随父母去了上海，三岁时回湖南韶山，四岁时去广州，五岁时到武汉。

由于蒋介石发动了“四一二”政变。大革命失败了。毛泽东不得不转入武装斗争，无法挈妇将雏。他只得把妻子杨开慧和毛岸英、毛岸青、毛岸龙以及保姆陈玉英，送往湖南板仓岳父家。

1930 年 10 月 24 日，杨开慧被捕。毛岸英和保姆陈玉英也被一起关进监狱。

20 天后，杨开慧被杀害。经熟人出面担保，八岁的毛岸英才和保姆陈玉英一起获释。

在中共地下组织的安排下，毛岸英三兄弟随外婆前往上海。

当时，毛泽东的大弟弟毛泽民和夫人钱希钧在上海从事地下工作。他们把毛岸英三兄弟送进了大同幼稚园。这个幼稚园是中共地下组织领导下的中国互济会主办的。

据毛岸英后来对刘思齐说，有一天早上他醒来，发觉原本睡在旁边床上的小弟弟毛岸龙不见了。从此，他再也没有见到小弟弟。

毛岸龙是在 1931 年 5 月底的那天夜里，突然腹泻，发高烧，由保育员陈凤仙（李求实夫人）抱到附近的广慈医院急诊，诊断为紧口痢。经抢救无效，当夜死去。翌日，由大同幼稚园工作人员姚亚夫买了棺材，料理后事。

不久，中共上海地下组织遭到大破坏，毛岸英、毛岸青曾流落街头……

在 1936 年 6 月，毛岸英和毛岸青兄弟，终于被中共地下组织找到。经中共地下组织精心安排，趁东北义勇军司令李杜将军赴西欧考察之机，把毛岸英、毛岸青从上海带往法国，再转往苏联。

毛岸英在苏联，取了个俄文名字，叫谢廖沙。

1938 年，有人从苏联去延安，给毛泽东带去毛岸英、毛岸青的照片。毛泽东欣喜万分。这是他 11 年来第一次见到两个儿子的照片。毛泽东当即给两个儿子写了一封信：

杨开慧和两个儿子毛岸英与毛岸青（佚名 摄）

亲爱的岸英、岸青：

时常想念你们，知道你们情形尚好，有进步，并接到了你们的照片，十分的欢喜。

现因有便，托致此信，也希望你们写信给我，我是盼望你们来信啊！我的情形还好。以后有机会再写信给你们。

祝你们健康，愉快与进步！

毛泽东

三月四日

毛岸英在苏联参加了反法西斯战争，在1943年1月加入了联共（布），还获得苏军中尉军衔。

斯大林曾接见毛岸英，还送给他一支手枪。

他阔别父亲19年，终于在1946年1月回到延安，回到毛泽东身边。

真是巧极了，可以说是“千里姻缘一线牵”，在半年之后，刘思齐也从新疆来到毛泽东身边。

这时的毛岸英，已是一位英俊的小伙子，长得比毛泽东还高。毛岸英真诚而直率，讲话从不拐弯抹角。

刘思齐曾回忆：“我对他的第一个印象是很随和，虽然相差八岁，可是能玩到一块儿。他的中国话讲得很好，不像是从国外回来的。我们小孩子的语言他也懂。”

就这样，刘思齐把毛岸英当成了大哥哥。她喊毛岸英为“大哥”。

不过，刘思齐只是与这位大哥见了一面而已。那时，毛泽东考虑到毛岸英在国外太久，不了解中国国情，让他到延安城南15里的吴家枣园参加劳动，所以他难得回家。

不久，1947年3月，胡宗南率23万大军进攻延安，正在延安中学上学的刘思齐，参加了部队，随部队离开了延安，前往山西。

毛岸英也离开了延安，参加中央土地改革工作团，前往晋绥解放区临县郝家坡进行土地改革工作。后来又调往山东。1948年4月21日，西北野战军收复了延安。中共中央没有回延安，而是迁入河北西柏坡。1948年5月27日，

毛泽东与毛岸青夫妇在中南海（吕厚民 摄）

毛泽东乘车来到西柏坡。

不久，在山东渤海地区参加土地改革运动半年多的毛岸英，也来到了西柏坡，在中共中央宣传部担任编辑助理。

也正巧，就在这时，刘思齐来到了西柏坡探亲。

刘思齐记得，她是在一天下午去毛泽东那里的，遇见了毛岸英——这是她第二次见到毛岸英。

梳着两条大辫子，18 岁的刘思齐已经是一位大姑娘了。毛泽东留她吃晚饭。那天夜里，毛岸英跟她一直谈到 11 点多。这是他俩第一次长谈。

此后，刘思齐在西柏坡住了将近一个月，跟毛岸英有了很多的接触，彼此产生了感情。

后来，刘思齐到山西长治北方大学学习，毛岸英跟她一直保持通信。

毛泽东知道长子爱上了自己的干女儿刘思齐，对这门亲事当然很满意。

1948 年 9 月，毛泽东跟张文秋见面时，提起了这桩儿女亲事，张文秋一口答应下来。于是，毛岸英和刘思齐订婚。就这样，刘思齐从毛泽东的干女儿，变成了长儿媳。

第三章

丰泽园的乡下客

人们说："入乡随俗"，可毛泽东却是不入乡也随俗。老乡们来了，除了好烟好菜招待一番外，临走还按乡俗打点一番，或送两丈布，或制一身衣。客人们笑眯眯而来，亦笑眯眯归去。由是来者益多，来者益频。

第三章　丰泽园的乡下客

◆李漱清说："见了中国最大的官我心里就慌。"可毛月秋不惊不慌

毛泽东与党中央在香山的双清别墅住了五个多月后，搬进了中南海，住在丰泽园的菊香书屋院内。

从此，毛泽东算有了个安定的家。

有了"家"就有客，乡里人如此，城里人如此，毛泽东自然也例外不了。

毛泽东进京了，他可不是一般的"城里人"，他同时还是一国之主席，可他出生在乡里，当年是乡下人，这样，即使他而今当了主席，乡里人还是认为他是乡下人，是"我们那里的"，于是，老乡们便来了，成了他屋里的客人。

偏偏毛泽东又是一个以乡里人自称的人，与乡亲们叙谈起来，天上地下，乡情乡音，极是融洽，老乡们轻松得很。人们说："入乡随俗"，可毛泽东却是不入乡也随俗。老乡们来了，除了好烟好菜招待一番外，临走还按乡俗打点一番，或送两丈布，或制一身衣。客人们笑眯眯而来，亦笑眯眯归去。由是来者益多，来者益频。

自 1949 年 10 月毛泽东的堂弟毛泽连和表弟李科来京后，一共来了多少乡下客人，没有统计，只知道最多的一次来过 11 人。

一边是韶山，一边是北京。韶山，虽说不上是最偏僻的地方，却也是一个小山村。而北京，却是一个泱泱大国的首都，是政治、文化的中心。不同的文化背景，就有不同的生活习惯和价值观念。于是冲突就产生了。只是，这种冲突不是老乡们和毛泽东的冲突，这被毛泽东以领袖的大度和乡下人的自认回避了，而是与社会意识的冲突。这里所谓的“社会意识”是指社会对中南海菊香书屋客人标准的认定，是一种“无意识”的意识，即认为毛泽东的客人应该是怎么样。但是，毛泽东的这些乡下客人依了他们自己的文化背景和生活习惯，却偏没有“怎么样”，这就产生了“意识”差异，表现出来，就是我们所谓的“笑话”。

当然纯粹的“笑话”我们这里不记，对于乡亲们进京的一些逸闻，却不想放过。因为它从另一方面反映的是毛泽东与人民群众血肉相连的关系。

李漱清是毛泽东少时的老师，他虽然没有在正式的学堂里收毛泽东做弟子，可他对毛泽东的影响颇大。在毛泽东因看“杂书”被逐出学校休学在家的日子里，是李漱清启发他，鼓励他，支持他的一些想法，并借阅了很多具有民主意识的书刊给他阅读。后来毛泽东在与斯诺的谈话中，称李漱清是一位“激进的”有民主意识的老师。

毛泽东是很念旧的，新中国成立以后，他多次带信，接李漱清来北京相见。

1952 年 9 月的一天，李漱清终于来了，毛泽东握着年逾古稀的李漱清的手，亲切地说：“漱清先生，一别几十年，想不到今天还能见到你啊！”

本来李漱清是老师，而且过去给毛泽东很多的帮助，很大的鼓励。此时相见，心情却十分的紧张，没有当年那种“激进”的影子了，气氛很有些沉闷。无论毛泽东怎么说话，就是活跃不起来。最后，毛泽东只好先自坐下，以减轻客人的压力。等客人坐下以后，毛泽东又亲切地问道：“你们来了几天啦，身体还好吗？”毛泽东的问话，也没有回音。好半天，李漱清才说：

“主席，我有点害怕！”

“害怕？怕什么呢？”毛泽东更随和地说：“老熟人，老朋友，随便一点，怕什么？”

谁知李漱清又认认真真地来了一句：“见了中国最大的官，我心里就慌！”

毛泽东真有些哭笑不得，如果是平时开玩笑，再诙谐一点，毛泽东也会乐呵呵地一笑。可本来气氛就这么拘谨了，这话又出自一个当年极力鼓励自己闹革命、去推翻封建统治的老师口中，简直是不可思议。但毛泽东还是轻松地说：“如今讲什么大官不大官啰，就是大官也是人嘛。”

毛泽东这句幽默的话，这才让气氛轻松下来。可不知为什么，李漱清又从一个极端来到另一个极端，刚才还是“见了大官就慌”，现在一下子又以姜太公自喻：“太公八十遇文王，如今盛世升平，我这老朽也是人寿年丰精神爽啊！”

毛泽东自然知道这个典故。太公者，姜尚也。姜尚曾在昆仑山从元始天尊学道，后奉师命下山辅佐周室。80岁时在渭水附近为周文王访得，拜为丞相；后又助武王起兵伐纣，统帅许多道术之士，经过与纣军的激烈斗法，终于完成了兴周的大业。李漱清在这里是借用周文王起用姜尚的故事，赞颂毛泽东的英明领导，也有自喻子牙的意思。转眼之间，谈话如此“跳跃”，可见其内心之紧张而手足无措了。

可毛月秋就不同。这位新中国成立后曾担任韶山毛泽东旧居管理员和讲解员的70岁老者，想什么就说什么，有什么就问什么：

“主席，现在死了人，是不是还可以做道场？”

一会又问：

“主席，乡下的庙里有神医开假药骗人，那庙要不要拆掉？”

毛泽东简直只有作答的份儿。

吃饭的时候，毛泽东让毛月秋坐上座。毛月秋连连摆手，声音大大地说道：

“咯何是要得，你是主席，天地君亲师，我们是老百姓，哪有老百姓坐上面，而主席反而坐下面的呢？”

毛泽东说：“那是旧习俗，现在是新社会了，老规矩要改哒！”

毛月秋倒像在乡下做客让座一样，一句接一句：“你平日开会，出席宴会，为什么又总坐在上面呢？”

毛月秋有些得意，他又找到了这么一条理由。关于谁坐上座，谁坐下座，

延安老邻居做客中南海，毛泽东亲自接待他（侯波 摄）

一位领袖，一位百姓，这么劝来劝去，倒是十分有趣。当然最后还是毛月秋坐了上座。

下午，毛泽东的两个女儿李敏、李讷放学回来了。毛泽东对女儿喊道："娇娇，李讷，快过来见见叔祖。"

按辈分毛月秋大毛泽东一辈，故毛泽东让女儿叫他"叔祖"。李敏、李讷过来叫了一声"叔祖"，又朝毛月秋鞠了一躬，便各自回房去了。这位"叔祖"突然觉得来了这么一整天未见到过屋里的女主人，便对毛泽东问道：

“主席您的堂客呢？怎么一天没有见过面？”“堂客”是湖南土话，指妻子。

毛泽东笑了一笑说：“她不在家，经常不在家的。”

毛月秋听了毛泽东的话，便接着问道：“那你原来那个堂客叫什么名字呀？”

“原来的堂客姓贺。”毛泽东给毛月秋递上一支烟，自己点了一支，抽了一大口，又介绍着说：“叫贺子珍，患了病，在苏联诊治，延安时就去了苏联。那时，中央考虑我身边不能长期没人照料生活，便批准我同现在的咯个堂客结了婚。”

李漱清在北京住了一些日子，想去的地方都去了，想玩的也玩了，那是十二分的尽意尽心。有一天，李漱清忽发奇想，给毛泽东写了一个便条托秘书带去。

主席，余年八十，欲试航空，不知可否？请主席批准。

毛泽东看毕字条，连忙歉意地说：“哎哟，你看这个事我还没有考虑到呢！”毛泽东自然能理解李漱清他们的心意，即吩咐秘书道：“我的老师和朋友没坐过飞机，让他们也坐坐飞机去长城转一转吧！”

飞机很快安排好了，李漱清他们飞瞰京城，不亦乐乎！

但并不是每个人都有这种“待遇”的，对待乡下来的客人，毛泽东始终把握着“亲者严，疏者宽”这么一个原则，不越规矩。

毛泽东的表兄文涧泉多次到北京。有一次，在菊香书屋，文涧泉见毛泽东为韶山来的很多乡亲添制了衣服，乡亲们一个个喜形于色，穿着新衣在丰泽园里走动。文涧泉看得眼热，即向主席提出要求：

“你给韶山的老乡每人做了一件，就把我这棠佳阁的表兄忘了，也给我缝一件长袍吧。”

毛泽东也不含糊，他摇了摇头说：

“不行，平均每人只有一丈布票，哪有这么多布来制长袍呢？”

毛泽东拒绝了他的要求，文涧泉闷闷不乐。

但毛泽东又是重情义的，亲戚不能制新袍，也不能让人家失望吧，便叫工作人员将他自己一件穿过的旧袍拿了出来，送给了文涧泉。

文涧泉来过北京几次了，像其他的乡下来客一样，他也想开开洋荤，坐一下飞机试试。这一次他在北京住了一个多月，临走时对主席说："我汽车、火车、轮船都坐过，只有飞机没有坐了，我想坐飞机回去。"毛泽东听了，觉得不行，如果这么多堂兄弟表兄弟来了都坐飞机，那如何得了，便劝说道："坐飞机太贵了，还是坐火车好。"

"你当主席的，说什么飞机太贵，我不相信就买不起一张飞机票。"文涧泉说。

"十一哥，不是我买不起飞机票，"毛泽东语重心长地对他说，"现在国家正在搞建设，缺钱花，大家都要节约。主席更应该带头啊！"

"那……"文涧泉还想说点什么，见毛泽东把话说得很透彻了，便没有再说下去了。

毛泽东为了安慰文涧泉，又从自己的稿费中支出300元钱给了他，作为返家路费。

有人想搭飞机却搭不成，有人让搭飞机却不敢搭。这人是毛泽东的少时同学毛裕初。

到底是几十年没有见面了，当毛裕初应毛泽东之邀来到中南海丰泽园相见时，毛泽东实在无法把他跟50年前那个小个子的毛裕初联系起来。他拉着毛裕初的手，凝视片刻问道：

"你是哪一辈的？"

"我是恩字辈的，谱名叫毛恩普。"毛裕初激动地回答。

这就巧了。毛裕初不仅比毛泽东大两辈，是毛泽东的祖父辈，而且毛裕初的谱名与毛泽东祖父的谱名一字不差，毛泽东"呵"了一声，有些惊喜地说："搞了半天还是我的叔祖父啰！"

毛裕初不知所措。

坐下后，毛泽东便问起乡下的一些情况：现在农村的情况如何？社员生活过得好不好？心情舒畅不舒畅？

"自打农民翻了身，现在的日子算是好多了。农村现在没有讨饭的了。"

问到乡下事情，毛裕初利索地答道。

毛泽东又关切地问道："现在每人每年能吃多少谷？每人能吃多少米？"

"平均 500 斤。"

毛泽东算了算说："这是不够的，每天只能吃一斤三两多谷，才斤把米。我们的政策是每人每年至少要吃 500 斤米，这样才能不让大家饿肚子。"

"是少了点，但比要饭讨米就不知强到哪里去了。"

"我知道呵，我是农村来的。"毛泽东感叹道，"农民辛苦呵，一年四季，泥里水里，风里雨里，到头来连肚子都吃不饱，真叫人过意不去。"

"您可莫这么说，"毛裕初见主席动了真情，便劝道，"您比我们还辛苦哩。"

毛泽东摇了摇头说："我这个主席没有当好呀。"这时，主席秘书过来，见主席眼圈有些发红，又说自己"没有当好"这类的话，便插言说："现在正是过渡时期，今后的日子会慢慢好起来的。"毛泽东接着说："对，说得好，只要大家奋发图强，搞好生产，会有希望的。"

到中午了，毛泽东请毛裕初共进午餐。

吃饭时，毛泽东不断地给毛裕初敬酒、敬菜。毛裕初说："主席给我敬酒，真是不敢。"毛泽东笑着说："你是我的叔祖呀，是我的长辈，这也算是敬老尊贤嘛！"

毛裕初一连喝了两小盅，这酒喝起来真是舒心畅意。

在北京住了些日子，毛裕初想回去了，毛泽东问："你这次来北京到处都看了吗？"

毛裕初确实到处都看了。"感谢主席的关照，我这次来，什么都看了，什么地方都玩了，不过……"毛裕初停了一下没有往下讲。

"有什么东西还不好讲？"毛泽东感到奇怪地问道。

"我还有一件东西没有看到。"

"什么东西没有看到？"

"我到过飞机场。"毛裕初有些惋惜地说，"因隔得远了些，那飞机没有看清。"

1959 年毛泽东首回故乡韶山，与私塾老师相见（侯波 摄）

"呵——"毛泽东仰着头感慨了一句，"难得来一次，飞机没有看清真是划不来。这样吧，你就坐飞机回去吧，从北京看到长沙，看它一个饱。"

毛裕初连连摆手："不，不不，我只是要看飞机，没说要坐飞机。"毛裕初确实只是想看看飞机，他的要求不高，想法很简单。

"坐飞机不是更好吗？"毛泽东又感到有几分奇怪。

"坐不得呀，"毛裕初有几分紧张地说，"我年纪这么大，飞机飞得这么高，会不会扮（跌）下来？扮下来了还种得田吗？"

真从飞机上"扮"下来了恐怕就种不得田啰！毛泽东对少年时代同学的天真想法觉得很有趣。便笑着说："不会的，你放心坐就是！"说完，让秘书替他拿来 200 元钱，交给毛裕初说："这点钱，给你作零用。"

毛裕初连连说："那怎么要得呃？主席你开支大，人客又多，我不能要你的钱。"

"没关系没关系。"毛泽东将钱硬塞在毛裕初手中，"你暂时拿200元回去用。回去后，如果有困难，你写信来，我再多少寄一些给你。"

毛裕初非常感激地说："感谢主席。我生活还算过得去，不麻烦主席了！"

说到这里，毛泽东又记起关于飞机的事。毛泽东做牢靠事，问道："这飞机还是搭不搭？"

毛裕初连连摇手说："不搭了，万一扮下来，连走都走不回去了。"

◆毛仙梅来到丰泽园里，就像是在自己的菜园子里一样

韶山人太特殊了，其所以特殊，是因为他们那里出了个毛泽东。

韶山冲有多大，新中国成立前的韶山有多少人？这实在是不难估计的。正因为地方不大，人口不多，互相间才都熟悉，甚至曲里拐弯，还都是亲戚，或是亲戚的朋友，或是朋友的亲戚。总之，大家都彼此相熟。

毛泽东在中南海颐年堂接见家乡的亲属。每当家乡来人，毛泽东都叫秘书安排在机关招待所，吃、穿、往返车票，都有秘书向毛主席汇报取钱，不花公家一分钱。毛泽东是从上屋场走出来的，他属于韶山，他属于韶山的父老乡亲。正因为这一关系，父老乡亲中的每一位都有理由来北京看望他，都有理由到菊香书屋做客。

毛仙梅就是这样来的。

当然毛仙梅也有他"该来"的其他理由。韶山虽然不大，烈士却出了不少。提到韶山的烈士，除了毛泽东一家六位亲人外，还有毛福轩、庞叔侃、李耿侯、钟志申、毛新梅等人。

毛新梅是谁？毛新梅就是毛仙梅的哥哥。

烈士的弟弟想见见毛泽东，那是完全可以的，更何况，他还不仅仅只是"弟弟"，早年大革命那如火如荼的岁月里，毛仙梅在六哥毛新梅的带领下与长

兄毛学梅、三兄毛望梅还一起参加了农民协会哩。1927 年 6 月底，毛新梅被敌人杀害后，毛仙梅为了躲避敌人的追杀，流浪他乡多年，直到 1932 年才回到韶山。这样的一个乡亲，对革命也是有功劳的。

1950 年冬，毛仙梅的嫂子沈素华被接到北京，一住就是半年。毛仙梅也想去北京走一走，看看毛泽东，便写信表达了这一愿望。

毛泽东当然同意，毛仙梅就这样来了。

毛仙梅应该知道他来的是什么地方，这里是北京，他做客的地方是占世界总人口四分之一的人民所景仰的地方，是中国人民的领袖毛主席的家。

可毛仙梅却觉得这就是到上屋场那人家走一走，只是上屋场的主人毛泽东已经搬到这里来住了。

上屋场是韶山的，到韶山人家做客有什么可讲究的。

于是，他在腰间系了一条旧围裙来了。

于是，他将他那酱黄的小烟袋也带来了。

这一切都很自然，自然得在丰泽园里走动就像在他家的菜园子里走动一样。

“好气派哟，三弟住的这地方！”他围着看了一周，用烟袋脑壳点了点，发表感想说。

他觉得这里的房子气派，却感觉不出自己的土气。他本来就是这样的。毛泽东第一眼见到他，一下便感到了纯朴的乡情，并伴有一种对故乡的依恋之感。望着毛仙梅那一身补丁加补丁的衣服以及那条乡下喂猪种田的围裙，毛泽东没有嫌他，相反感觉出了一种被乡亲信任的荣誉。

毛泽东最喜欢真诚。他知道毛仙梅并不是故意向他显示寒酸，他本来就是这样，但是这样已经够寒酸了，毛泽东感到了一丝沉重，立即让秘书去找了自己的衣服来，给毛仙梅换上。毛仙梅穿上了主席的衣服，马上精神了很多。

这次与毛仙梅同来的还有毛泽东的堂弟毛泽嵘，毛泽东的表侄文炳璋等。文炳璋是毛泽东表兄文南松的次子，一年前他曾写信给毛泽东，反映他伯父文运昌“骄傲自满”“不大服政府管”的事，受到毛泽东的表扬。这次邀请这位表侄来京，是想向他询问一些乡下情况的。

毛仙梅不大做声，只是听毛泽东和文炳璋谈着。

“农村的粮食够不够吃？”毛泽东最关心老百姓吃饭的问题。

“农村比较富裕，农民有饭吃，只有个别的没有饭吃。”文炳璋不知因为是拘谨还是什么，说的话并不很真实。

毛仙梅一听，觉得此话有假，又不想让人拿不下面子。便点上了他的水烟袋，烟雾腾腾。

“哪些人没饭吃？都是些什么人？”毛泽东没有顾及到毛仙梅的反应，盯着文炳璋问。

“地主，富农。”文炳璋回答说。

毛泽东似乎有些不相信文炳璋的话，像是批评，又像是对旁边的其他人说：“讲话要实事求是，不要讲假的。”

毛仙梅的水烟袋发出“咕嘟咕嘟”的响声，那低劣的乡下叶子烟，让满房飘满了呛人的烟气。

毛泽东本来听了文炳璋说的不真实的话心里就有些不快，又见毛仙梅在一个劲地吧嗒吧嗒吸那叶子烟枪，难受得很，便对他说道：

“仙梅十哥，你还是把那烟袋脑壳丢了，抽纸烟吧！”

毛仙梅住了不久，却发生了一件不愉快事情，他一直闷闷不乐。

一天中午，毛仙梅来到了菊香书屋，刚起床不久的毛泽东正在院中散步。

毛仙梅有些不悦地：“三弟，我在北京住不习惯，我要回去了。”

“回去？”毛泽东有些诧异，“不是说好了，来了就住一个月吗？怎么才来没几天就要回去呢？”毛泽东追着问。

毛仙梅却不答话。

“怎么，生活不习惯吗？是这里生活不好吗？”毛泽东追着问。

“生活也过得好。”毛仙梅如实说。

“那是什么原因呢？”毛泽东想了想，是不是工作人员中或是别的什么人嫌弃了毛仙梅的土气？便问道：“是不是有人对你说了不好听的话？”

“不是。”

毛泽东释然了。笑着说道："那还有什么呢？"

毛仙梅见三弟在活动着腰关节，似乎不再关心他了，便有几分不解因由地说道："跑到你这里来只说是好神气好不得了，谁知道在你这里还丢东西哩！"

毛仙梅不好说别人偷了东西，但毛泽东帮他把这个"偷"字说出了口："是不是你的东西被'偷'了？"

毛仙梅扳着手指说："一件是叶子烟袋，一件是围裙子。"

毛泽东听了哈哈大笑："呵，还是那两件宝贝。我不是都给你换掉了吗？"

毛仙梅这才知道不是被人"偷"了，而是三弟给换了，有些不好意思地说："唉，用惯了，还真舍不得呀！"

毛泽东停止了散步，扶着毛仙梅说："十哥，进屋去坐坐。"

进了屋，毛仙梅再也没有水烟袋抽了，只好抽纸烟。卫士又沏来了香茶。

"三弟，你还记得油榨塘吗？"

"是杨林联邑村那个油榨塘么？"毛泽东问。

"是的，油榨塘的蒋梯空你还有印象吗？"毛仙梅一步一步地诱问着。

"怎么不记得呢？"毛泽东说，"他还是革命烈士嘛。"

蒋梯空的情况毛泽东是清楚的。他们不仅是同乡，也可算是同学。一同就读于"妙高峰"。蒋梯空的父亲在世时，与毛泽东的父亲毛顺生有很深的友谊。梯空也早就认识毛泽东。因此，在长沙读书期间，他打听到毛泽东的住址，经常去登门求教。在毛泽东的教育、帮助下，蒋梯空的思想进步很快。1925年，毛泽东回韶山开展农民运动时，蒋梯空成为了毛泽东的得力助手。在尔后成立的韶山"雪耻会"里，在蒋梯空和其他一些同志的努力工作下，韶山的农运如洪流波涛，汹涌向前发展，农会会员由原来的两万人发展到四万多人，声势浩大。1927年5月21日，长沙发生"马日事变"，蒋梯空等接中共临时湖南省委的通知，迅速组织韶山等地农民武装，参加进攻长沙的战斗，并与敌接火。这以后，形势更加严峻，蒋梯空被反动派严密追捕，不幸于同年年底被捕并杀害。

对蒋梯空，毛泽东是很了解的，他牺牲后毛泽东曾多次托人对其家属慰问。新中国刚成立不久，毛泽东还写信给他的长兄蒋浩然，赞扬蒋梯空“为国牺牲，极为光荣”。

今天毛仙梅提到蒋梯空，毛泽东不知何意，便问道：“烈士的家属有什么困难吗？”

毛仙梅叹了一口气说：“蒋梯空搞绿了（意思是说被人败坏了），他人是烈士，如今却划成了地主成分！”

毛泽东有些震惊。

“当年，蒋梯空被人杀了，一家人惶惶然逃命，日子过得几多凄惨，而今可好，还戴上个地主帽子了。蒋家人心里不服呵！”毛仙梅有些激愤地说。

毛泽东怔怔地望着毛仙梅。毛仙梅从口袋里摸出一封信来，递给毛泽东：“这是他的胞兄蒋浩然写给你的信，你看一下吧。”

毛泽东接过信，认真地看了起来。香烟在他的手上悠悠地燃烧着，烟灰掉在地毯上了，他全然不觉。看完信后，他将烟猛猛地抽了几口，一言不发地望着天花板。

毛仙梅见三弟没有做声，也不好做声。

“十哥，你到过蒋浩然家吗？”

“怎么没去过？”毛仙梅回答说，“我来北京时就去过他家，这封信就是那时交给我带来的。”

“蒋浩然家目前的情况到底怎么样？”

“那还会怎么样，”毛仙梅叹惜地，“连饭都冇（mao，没有）得吃，困难呵，蛮作孽（意指困难，穷苦）呵！”

“那他家怎么划成了地主成分呢？”毛泽东感到不正常，望着毛仙梅问。

“一开始，也就是解放后土改中，他并冇划，而是定的贫农，可是，后来有人公报私仇，说他家解放前有田产，几兄弟都上了学，属富裕户，就又给他改划了地主成分。”

“呵，是这样！”毛泽东再也没有做声了。

毛仙梅受人之托，想把事情给人办好，便催问了一句：“三弟，我也不知道事情该不该管，你能管就管一下，人家心里硬是有怨气呵！”

毛泽东点了点头。

日子过得真快，转眼将近一个月了。辛苦惯了的毛仙梅横竖总觉得不是味道。那天吃过午饭，便让人打电话找主席的秘书，无非是坐不住，要见见“三弟”。

“三弟”很快安排了见面，毛仙梅坐下不多久就说：“这下我真的要回去了。”

毛泽东开着玩笑说：“是不是又丢了东西了？”

“东西倒冇丢，一颗脔心放在屋里（指老家）了。”

毛泽东乐呵呵地说：“锦城虽云乐，不如早还家呵，看来十哥是真想家了哟！”毛仙梅仿佛周身不舒服似的说：“住在这个地方，热是热闹，就是听不到猪叫鸡叫，心里不踏实，还是早点回去好些。”

毛泽东表示理解地点了点头。毛仙梅急着问：“三弟，你看我什么时候动身好些？”

毛泽东不急不慢地问：“北京都看完啦？”

“看完啦。”

“故宫去了吗？”

“去了。”毛仙梅不大以为然地说，“不就是一把椅子放在那里吗，我以为还可以看到皇帝爷哩！”

“真正看到了皇帝爷，只怕还要让你下跪磕头哟！”毛泽东幽默地说着。

毛仙梅说：“解放那阵子韶山人说，这一次江山就姓我们的‘毛’姓了。不过那时候我就讲，三弟坐了龙椅，我就不想磕头。”

毛泽东仰头大笑。笑过之后，转了话题问：“十哥，你到过中国风景最好的地方吗？”

“哪里？”毛仙梅好奇地问。

“杭州。”

毛仙梅一辈子务农，大革命失败后，为躲避国民党的追杀流落到过外地，但也没有走出大山，更不敢去城里，可说是没见过世面。他说：“我没有到过杭州，我只到过北京，路过长沙，街面是什么样子都冇看清白。”

“那好，你还先住两天，两天后我要去杭州开会，你跟我一起搭飞机去吧。”

真没想到还拣了个搭飞机的便宜，毛仙梅喜不自禁。回到住处就将这消息告诉了同住在一起的毛泽嵘。

两天后，他们果真坐上了飞机。

这飞机真大呀，像三间大堂屋那么宽敞。毛仙梅毕恭毕敬地坐着，好像怕自己身子的倾斜影响了飞机的平衡似的。

“泽嵘老弟呀，这硬不是闹着玩的，你要抓紧两边的杆子呵！”毛仙梅嘱咐坐相还不太端正的毛泽嵘。

飞机在这两位乡下客人还紧张地互相提醒的时候，就飞到了杭州上空。遵照毛泽东的嘱咐，飞机绕着西湖、钱塘江、六和塔等风景点在上空盘旋。毛泽东对毛仙梅说：“十哥，杭州到了，你使劲看吧！”

毛仙梅这才敢斜着朝下看，不过扶把上却渗出了一抹汗水。

在杭州呆了几天后，毛仙梅、毛泽嵘又随毛泽东的专列沿浙赣铁路到达南昌，再沿湘赣铁路到达长沙。

车近长沙，毛仙梅突然记起蒋浩然所托的那件事，毛泽东尚未回音。便问道：“蒋浩然家划地主成分的事，你没忘记吧？”

“没忘记。”毛泽东从衣袋里掏出那封信，扬了扬说，“你看，我刚才还看了两遍呢。”

毛仙梅非常得意，托办的事三弟没有忘记。

毛泽东说：“等下到了长沙，我会跟湖南的省委书记谈话，你就坐在我旁边，为蒋家多讲几句话。”

“省委书记也在场？”毛仙梅觉得有些不自在。

“十哥呀，主席的屋里你都是客人，省委书记的家里还不敢去？”毛泽东偏着头问。

“那不同呀。”毛仙梅认真地说，“主席是韶山人，哪个晓得他是何处人？”

“总不是外国来的吧？”和这位朴素的农民在一起，毛泽东的情绪总是很高。

1959年毛泽东首回故乡韶山，在父母墓前致哀（侯波 摄）

专列缓缓地在长沙车站停住。毛泽东走出车厢，早有省委领导在月台上迎候，是晚，毛泽东等人下榻蓉园，省委书记周里等来主席的住处汇报湖南的工作。毛仙梅也不声不响地坐在一边。

汇报的事情一件接一件，毛仙梅生怕三弟把那件事忘了，便插言道：

“主席，我先天跟你讲的那件事呢？”

正在汇报的省委领导人见一位乡下老倌子坐在主席身边，而且冷不丁地插言打岔，不知道怎么回事。正感到莫名其妙时，毛泽东对周里说：

“周书记，韶山杨林有个蒋浩然，是个烈属，土改时划的贫农成分，现在又改划成了地主，不知是什么原因，他们家属意见很大，这个问题请你查一下。”

说毕，将蒋浩然的那封信递给了周里。

毛仙梅这才放了心，笑眯眯地跨出了房门。

毛仙梅这次硬是要回家了，可是想到去北方做客，却是从南方归来，南北跑了一大圈，北京也住了这么几十日，可自己的困难主席一点也没有表示，还丢掉了一个烟袋脑壳和围裙，在和毛泽东告别时，毛仙梅心里老想着这些事，又不好开口明讲。

毛泽东自然十分明白他的心思，但也不做声，临分手时，毛泽东对毛仙梅说：“这里有一口箱子，里面有一点东西，算是三弟我的一点小意思，就送给你了。”

毛泽东在中南海接见老乡（佚名摄）

毛仙梅接过皮箱，不知道里面装的什么家伙，他愣愣地看了很久。

警卫员走过来，帮毛仙梅提着箱子，将他送至长途汽车站，找好车号座位后下车走了。毛仙梅回到家里，急匆匆把那皮箱打开，只见里面放着一床鸭绒被。毛仙梅心想，什么东西不好送，送这么个东西做什么呢？他再把被子打开，里面整整齐齐放着一叠钱，一数 100 元。再往下翻，那个久已不见的围裙烘干了叠着，还有那个烟袋脑壳，擦得铮亮铮亮……

不知为什么，毛仙梅的眼眶一下红了，眼泪不知不觉地掉了下来……

◆北平人多事杂，希望你在长沙找到工作

1949 年 8 月 10 日，即长沙和平解放后的第六天，毛泽东致电杨开慧的哥哥杨开智，向杨老夫人及其他亲友表示问候。向三立闻讯后欣喜地跑到杨家，看到了这份电报。然后，同年近八十的姑母向振熙（即毛泽东的岳母）、表兄杨开智商量，准备上北平向毛泽东表示祝贺。他说："我以前多次想参加革命，几次去延安都没去成。现在解放了，我终于能够到北平去了！"杨开智母子二人也都表示同意。走之前，向三立再次给毛岸英写信陈述自己的意见。岸英接信后正待回信，恰值王稼祥的夫人朱仲丽受毛主席委托返湘省亲，他便给向三立写了一封信托朱仲丽带回，信中说："来信收到，北平人多事杂，希望你在长沙找到工作，暂时不要来北平。"并委托朱仲丽和他当面谈，劝其不要去北平。

9 月中旬，朱仲丽回到长沙，带回毛泽东父子的信及给杨老太太的礼物。可是向三立已动身去北平，没有同朱仲丽相见，也未见到毛岸英的信。抵达北平后，他才获知此事，后悔莫及。

到北平后，向三立住在三福旅馆，当即给毛泽东和毛岸英分别写了一封信，告知自己来北平的目的和打算。当时岸英没有住在城里，与毛泽东住在香山双清别墅。一个礼拜后，岸英收到向三立的信，便立即到三福旅馆去找

向三立。

自从1930年在长沙分别后，甥舅俩已是20年没有见面了，而今一朝相见，真是格外亲切。岸英详细地询问了分别后的情况，然后又拉起了家常。谈起童年时的往事，向三立对毛岸英说："你小时候在外婆家读书，到过我的老家平江，还住过一段时间哩。"

毛岸英点点头，回忆说："我小时候在板仓住过、上过学。但对板仓的记忆我已经模糊。只记得板仓屋场前面有一口塘，塘边有一棵大树。对面的山上还有一座庙，庙里办了一所学校，叫杨公庙小学，我在那里上过一年多学。"

毛岸英仅比向三立小五岁，在向的印象中，岸英小时候是一个天真活泼、诚实质朴，令人喜爱的孩子。

1928年春，杨开慧带着岸英、岸青、岸龙三兄弟来到舅舅向理卿家。当时岸英才七岁，身材壮实，圆圆的脸，炯炯有神的眼睛，显得活泼可爱。从此，向三立便与岸英朝夕相处了近一年时间，两人结下了很深的友情。

"岸英，你还记得板仓乡下的那些同学和亲戚吗？"向三立问道。

"记得。"毛岸英深情地说，"他们都还好吗？"

"都好！解放了，翻身了，他们都能过上好日子了。"

"几十年过去的很快，时光如白驹过隙，真是记得少年骑竹马，看看又是白头翁。"向三立深有感慨地说。此时此刻，童年的往事，仍历历在目。向三立谈及他记忆中印象最深的一件往事，就是向家"鸡蛋失踪"的故事。

那时，向家养了两只母鸡，每天上午，母鸡一鸣叫，就意味着下蛋了。岸英那时正随母亲来向家暂住，他很喜欢这只母鸡。一天，母鸡下蛋后，"咯咯哒、咯咯哒"地照例叫了一阵。可大人去鸡窝取蛋时，却不见了鸡蛋，于是四处寻找。岸英见状，连忙跑过来，对大人说："不用找蛋了，在我这里。"并用小手举起一只空蛋壳。杨开慧见是儿子淘气，把鸡蛋砸了，顿时面露愠色，把岸英唤到跟前，训责道："你没有告诉大人，怎么去鸡窝取鸡蛋玩啊！"岸英睁大了一双聪慧的眼睛，眼里充满了稚气和委屈，对母亲说："妈，你说鲜蛋最营养，我就尝了一个鲜鸡蛋。"原来如此，杨开慧又好气又好笑，告诫儿子说："做事先要征得大人的同意，不能自己随意去做。这鸡蛋是准

毛泽东和青年时代的老师符定一（侯波 摄）

备孵小鸡的啊！”岸英懂事地点了点头，说：“妈，我明白了！”

杨开慧在向家住了一段时间后，便带着三个孩子回到板仓故居去了。

1930年10月下旬的一天，向三立去板仓杨家看望杨开慧一家，途中遇到农民缪仲和，得知霞姐（即杨开慧）已被军阀何键派人逮捕；姑妈向振熙已去南京找国民党一些要员和元老——杨昌济生前的一些老熟人从中斡旋，营救杨开慧出狱。向三立听了，不禁心头一紧，深为开慧的安危而担忧。向三立到达板仓后，方知是前天晚上发生的事情——福临铺乡团总范振西、梁震球，率领乡丁、特务数十人包围了杨家住宅，当即闯入杨家将杨开慧捆绑起来，并将保姆陈玉英及岸英兄弟三人一齐带走，家中只留下向振熙和她的姐姐两位老太太。家里也被洗劫一空，搞得乱七八糟。向三立见此情形，内心感到十分沉重和愤慨。

杨开慧母子被捕后，音信渺茫，向三立也没能去探监，因此再未见到过岸英。

抗日战争爆发后，国共第二次合作，向三立拥护共产党的抗日主张，打算投奔延安参加革命。当他来到长沙，与表侄女杨展等人去寻八路军驻湘通讯处时，正值长沙发生“文夕大火”，驻湘通讯处已经转移，没有找到负责人徐特立、王凌波等人。党组织找不到，延安去不了，向三立只好在长沙另谋他业。

1938年8月间，日军大举进攻长沙以北的新墙河，日军飞机在长沙城上空狂轰滥炸，向三立生活无着，在长沙无法待下去了。加上他大哥向钧牺牲前留下的一些书籍、照片急需处理，向三立又舍不得烧掉，只好把这些烈士遗物迅速清理好，送回平江乡下去。

回到乡下，仅过了两三天，他又急急忙忙赶回长沙。这时，杨展等人已离开长沙去了延安。向三立十分焦急，后悔自己不该去平江而错过了去延安的机会。他想经武汉去郑州，再转道西安去延安。可是，日军大举进攻中原，通往郑州的铁路早已中断，路上封锁极为厉害，交通十分困难。他只好打消了去延安的念头。

正在茫然不知所措时，向三立遇到长沙修业学校一位姓陈的老师。陈老师告诉他：“湖南高级农业学校已搬到安化。你在高级农校没有毕业，还差一年时间，还是去安化继续读书，完成学业吧。”

向三立听从老师的吩咐，来到了安化。在这里，他边读书，边阅读一些进步书刊，接触一些进步思想。他仍没有放弃去延安参加革命的念头。待他完成了高级农校最后一年的学业后，他便与在湖南辰溪谋职的二哥向复取得了联系，提出想去四川谋职，借此转道重庆再去延安，并问二哥有否便车去四川。向复当时在辰溪县政府当科员，叫他去辰溪，劝他暂时不要去四川，因为四川山高路远，交通不便，而且国民党盘查很严，很难通过。向三立对二哥说：“杨展已经去了延安，写信回来，说那里很好，工作、生活都很愉快。”

向复还是劝向三立不要去了，因为延安条件极其艰苦，去了也未必能找到差事，何况路上关卡很多，万一查出向三立是“共产党要犯”向钧的胞弟，那可是性命攸关的事情。二哥毕竟是二哥，关爱之情溢于言表。他对向三立说：“如果你要找事做我可以介绍你去广东韶关，那里我有个同学，在韶关盐务局当差。如今食盐紧俏，那里人手少，你可以去韶关给他帮忙，混一碗饭吃。”

向三立同意了二哥的主张。回到长沙，他打点行装，告别家人，便登车南下，来到了韶关。后来，二哥向复也来了。兄弟俩在这里干了一段时间后，工作并不遂意，又去了江西赣州，从事盐运。 不久，向三立获知广东粤中盐务局正在招聘财会人员，便去广州报名参加考试，被录取为正式职员。后来，粤中盐务局改为两广盐务局，迁往汕头、梅县等地。向三立一直干了十余年盐务。1949 年 4 月，向三立调广州盐务局任会计和统计。此时，南京、上海均已宣告解放。很快，武汉解放。正好有人要去武汉参加人民解放军，向三立异常兴奋，便给毛岸英写了一封信，托人带去武汉，再转寄毛岸英。信中主要是向毛岸英问好，并请岸英转达对毛主席的问候。信中还叙说了他童年时与岸英相聚的往事，并表示要好好学习，努力工作，迎接新中国的到来。

同年 5 月，向三立由广州回到长沙，想去武汉，但此时长沙城内一片混乱，桂系军阀白崇禧已经控制了湖南局势，城内交通阻塞，人心混乱。与此同时，长沙掀起了反饥饿、反迫害，争民主、争自由的学生运动，革命斗争的浪潮一浪高过一浪。向三立深为这场斗争所感染，便毅然留在了长沙，参加迎解放运动，直到 8 月 5 日长沙和平解放。

没想到，而今他们竟在北京相聚了，真是惊喜交集，感慨万千！

岸英又说了他从苏联留学回国后的一些情况，如父亲要他去农村参加劳动锻炼，接着又参加了乡下土改工作等等。向三立提出要在北平留下来，继续学习或参加工作。比如去华北军政大学、中国人民革命大学学习。岸英考虑了一下，说：“你已经三十多岁了，又在湖南成了家，有了妻子儿女，家里有一定的负担。考虑到你的具体情况，我认为应当留在当地工作，不宜到北平来。”

向三立却坚持说："岸英，我早就想到北平来，参加革命工作。而今既然来了，你就替我想想办法找个工作吧。这样我回去也好对家里人有个交代。"岸英见表舅言辞恳切，便说："现在机关正开展工作，许多单位才刚刚组建，是需要一些有特长的工作人员。表舅有会计的技能，我还是帮你联系一下，尽量安排吧。"接着，又叫向三立写一份自传交给他。

临走时，岸英还留下一些报刊书籍和中央领导同志的讲话材料稿，叫向三立好好学习，认真领会。他还给向三立留下了田家英的电话号码，并说："这是我父亲的秘书，你有事，可找这位同志联系。"

毛岸英回去后，又把此事同田家英讲了，请他帮助向三立联系工作。

过了几天，田家英来到北京前门三福旅馆看望向三立，他说："关于你的工作问题，岸英已同我说了，我正在联系，不久就会有结果。你放心吧！"见旅馆住宿条件较差，田家英又说，"华北友谊招待所条件好一些。你是不是愿意搬到那里去？"但田家英见向三立带了不少书，还有行李，便说："你带了这么多东西，搬起来不方便，还是不要搬了。"

事后，在毛岸英和田家英的细心安排下，向三立的工作问题解决了，其他几个从广州与向三立一起北上的同志的工作也都得到了妥善安排。

1949 年 10 月下旬，向三立来到新组建的中央人民政府财经委员会报到。从此，他在国家机关成为了一名普通的财会工作人员，直到离休。

◆毛泽东见到向三立特别高兴，他把故乡的情况仔仔细细地问了个遍

1949 年 11 月 13 日，来北京两个多月的向三立，在中南海丰泽园见到了毛泽东。会见时间长达六个多小时，这次会见让向三立终身难忘。

会见前几天，向三立见到了毛岸英。他对岸英说："我和你父亲分别几十年了，我很想见见他。"岸英说："我父亲工作很忙，一时难以抽出时间接见你。不过，我会设法转达你的意愿。"向三立表示理解，说："看主席

什么时候能抽出点时间来吧。”岸英告诉他：“父亲每晚坚持工作到深夜，有时要到凌晨 4 点才入睡。白天需要休息，一般不会客。会客一般是下午或晚上进行。”

没过几天，岸英便与父亲商量好了，毛泽东答应在百忙中接见向三立。

这天，岸英打来电话，叫向三立下班后不要外出，在家等着。下午 5 时许，向三立下了班。一会儿，毛岸英来了，二人一起乘车去中南海。

来到丰泽园时，天色还早，夕阳西下，中南海的湖水荡漾着碧波，晚霞映着岸边的垂柳，风景优美极了。这时候，毛泽东外出散步去了，院子里只剩下几位工作人员。毛岸英叫向三立稍事休息，自己则去倒茶。

一会儿，江青回来了，她身后拥着李敏、李讷，还有刘思齐。毛岸英把向三立向江青作了介绍，并叫李敏、李讷喊“表舅”。

又过了一会儿，毛泽东外出散步回来了，他兴致勃勃地走进菊香书屋，来到会客厅。毛岸英连忙迎上前去，指了指已从座位上站起来的向三立，对父亲说：“爸爸，三立表舅来了。”

“主席。”向三立亲切地喊了一声。

“向先生。”毛泽东朝他点点头，热情地向他伸出手来，说道，“你是开慧的表弟，来北京多久了？”

向三立答道：“报告主席，我来北京已经两个多月了。”

“现在哪里工作？”

“在中央财经委员会。”

“呵，对了！你会打算盘。”毛泽东好像想起什么似的笑着说，“听岸英和田家英秘书讲过，你擅长财会工作，便推荐你到了中央财经委员会。”

向三立说：“谢谢主席的关怀！我一定好好工作，为人民服务。”

“你初到北京，工作和生活习惯吗？”毛泽东又关切地询问起向三立的工作和生活情况。

“工作愉快，生活也习惯。”向三立说，“只是餐餐吃馒头有些不习惯。不过我想以后慢慢会习惯的。”

正谈着，有人进来向主席报告，说东北有一位领导同志来看主席。毛泽东简单扼要地向那位领导同志询问了一下东北的情况，很快结束了谈话。

送走东北那位领导同志，毛泽东又同向三立谈家常。这时，江青走了进来，毛泽东向她介绍说："这位是向三立同志，是杨开慧的表弟，是湖南来的。"又对向三立介绍说："她是江青。"江青说："刚才我们已经见过面。"向三立连忙喊了一声："江青同志。"江青笑着同他握了手。

谈了一会儿，外面来人报告："主席，开餐了！"毛泽东对向三立说："吃饭去吧，等会我们再谈。"

来到餐厅，毛岸英、刘思齐夫妇正和妹妹李敏、李讷在说笑着。李讷见父亲来了，忙说："我们家院子里放了许多瓜。你们看，爸爸像个瓜吗？"说得大家都笑了。

向三立听了，心里暗暗吃惊，想不到孩子们在毛主席面前竟敢如此"放肆"！

毛泽东却毫无愠色，依旧满面春风，和蔼地对孩子们说："瓜有许多种，是南瓜？冬瓜？葫芦瓜？"

孩子们一时没有回答，还是李讷聪明伶俐，反应敏捷："爸爸的肚皮像南瓜。"说得大家又笑了起来。这位毛泽东的爱女，生性活泼，最受父亲宠爱，只有她对父亲了解最多，也许她觉得父亲身体正开始发福，渐渐隆起的肚皮像个南瓜或葫芦瓜。向三立被他们父女之间这种和睦、融洽、欢乐的气氛感染了、打动了。

晚餐就在这样欢乐的气氛中，无拘无束地进行着。

席间，毛泽东对向三立说："今天是星期六，有客人来，特意叫厨师加了两道菜。辣味菜你习惯吃吧？"

向三立是湖南人，家乡风俗嗜辣，他怎么不习惯吃辣椒呢？

"吃吧。"毛泽东边招呼吃饭边夹了一块红烧肉和几片鲜蘑菇，说，"多吃菜，随便吃吧。"接着又对毛岸英说："你照顾三立表舅一下。"

岸英准备给向三立斟酒，向三立忙说："我不太爱喝酒，请上饭。"岸英便招呼服务人员给向三立上饭。

毛泽东吃了几口饭，喝几口葡萄酒，又给向三立敬酒。向连忙起身致谢，并说："主席，我已用饭。"又说："我们湖南老家的习惯吃饭后不再喝酒。"

毛泽东说："老习惯也可以打破呀，吃饭可以喝酒，边吃饭边喝酒也行。"向三立这才喝了一口酒。

吃完饭，回到客厅，李讷端来一盘又红又鲜的苹果，递给向三立一个。毛泽东见了，嘱咐道："给客人吃水果要拣大一些的。"李讷便按照父亲的意思，选了一个又大又红的苹果递给向三立，说："表舅吃这个。"向三立点头致谢，高兴地吃了苹果。

饭后，毛泽东兴致仍然很高，他没有急于去办公，而是继续陪着客人，谈笑风生。向三立知道，今天是周末，家里人都回来了，主席难得有兴趣从百忙中抽出时间，和家人共度良宵。他一边吃水果，一边同大家说着笑话。

刘思齐给主席沏了一杯茶，主席喝了口茶，跟她讲了一个故事。他说：古时候有两个秀才，一个姓刘，一个姓李，两个人都爱作对联，一见面就想对对子。一次，两人又见面了，商定对对子，谁对不出谁就要受罚。李秀才先出上联："骑青牛，过函谷，老子姓李。"刘秀才知道李秀才用了老子李聃骑青牛过函谷的典故，心想："他想占我的便宜，没门！看我非损他一下不可！"于是他略加思索，对了下联："斩白蛇，兴汉室，高祖是刘。"刘秀才以汉高祖刘邦自比，来对"老子"，高过李秀才一筹，李秀才不得不服了，连说："高明，高明！你赢了，我服输！"

刘思齐觉得这个故事很有趣，称赞道："爸爸，那个刘秀才真有学问！"

"思齐呀，那个刘秀才是你的祖先，他崇拜汉高祖刘邦。那个李秀才也可算是我的本家，因为我在延安时曾化名李得胜，但我不信李聃学说，他提倡出世思想，清静无为。"毛泽东对刘思齐说，"你说得对，人家多有学问，对历史掌故如此熟悉，能运用到实际生活中来，并且一用就活，一下把人家给吓倒了。这就是知识的力量！"

刘思齐和姊妹们听得很认真，向三立也听得津津有味。

毛泽东又对孩子们说："知识一旦灵活运用，就可以变成武器，用来保卫自己，所以，你们要努力学习，积累丰富的知识。尤其是要学好历史和古典文学。"接着，毛泽东又把学习历史同治国联系起来。他说："刘邦出身贫苦，没有多少兵力，没有万贯家财，却能称霸一方，统一天下，并且使汉朝长治久安。其原因主要是他善于用人。他手下两个重要的谋士，一个是张良，另一个是韩信，这两个人都能够为他所用。刘邦的对手楚霸王项羽却是个孤家寡人。当初，他的势力比刘邦大多了，拥有庞大的军队，统治着楚国这块富庶之地，兵强马壮，不可一世。但他有勇无谋，刚愎自用，不听谋士的进言，鸿门宴放走了刘邦。当然，项羽心肠好。鸿门宴项庄舞剑，意在沛公，项羽却不肯杀刘邦，刘邦说了几句好话，他就心软了。范增向他进言，他却不杀刘邦，而把刘邦放了，等于放虎归山。项羽没有理睬他的话，结果被范增言中。刘邦逃走后，势力不断扩大，与项羽争雄，结果打败了项羽。项羽被围在垓下，只得别姬自刎。项羽不善用人，也不会招贤纳士。韩信去拜访项羽，项羽却看不起韩信，结果韩信却为刘邦所用，为建立汉朝立下了汗马功劳。”

毛泽东会见天津劳模张恒（钱嗣杰　摄）

毛泽东说到这里，把历史掌故引到现实生活中来，他说：“殷鉴不远。前车之覆，后车之鉴。我们要记住项羽的教训，切不可骄傲自满，对敌人更不要心慈手软。‘宜将剩勇追穷寇，不可沽名学霸王’。现在新中国刚刚成立，百废待兴，蒋介石逃到了台湾，还想要反攻大陆。我们一定要解放台湾，将革命进行到底！”毛泽东停了停，又说：“刘邦的治国之道，任人唯贤，广纳贤才，治理好

国家，实现长治久安，也是值得我们借鉴的。”

毛泽东的故事说完了，道理也讲得清清楚楚。孩子们终于带着收获满意地走了，屋里只剩下毛泽东、向三立、毛岸英、江青等人。

毛泽东喝了一杯茶，继续同向三立交谈。他首先询问了向钧被捕和牺牲的情况，并谈了向钧在衡山工作时的积极表现，他对向钧的牺牲表示惋惜。

渐渐地，毛泽东开始沉浸在对往事的回忆之中。他首先谈到自己的母亲，说：“我小时候在家里，母亲对我非常好，她心地善良为人厚道、同情穷人，常常和我背着父亲接济那些生活困难的亲戚和穷苦人。我离开家乡后，母亲得一种病，叫淋巴腺炎，脖子上长着瘤子，全身奇痒，这病现在并不难治，可惜那时候医学不发达，没有药物治疗，母亲就因为这过早地去世了！”

说到这里，毛泽东似乎有些哽咽了，他说：“我母亲要是还活在世上，那该多好啊！她死的时候，才 53 岁，要是到现在，也才 80 多岁。”毛泽东为那场小小的疾病无情地夺去母亲生命感到深深的痛惜。假若母亲健在，他一定会亲自回到韶山去把母亲接到北京来，过上一段好日子的！

向三立被主席对母亲的怀念之情深深地感染了，他说：“主席，您不必难过！您没有辜负您母亲的希望。您母亲若是九泉有知，一定会感到欣慰的！”

沉默了一会，毛泽东又谈到自己的父亲。他说：“我父亲勤劳俭朴，精打细算，善于持家。但他为人固执、严厉，吝惜钱财。他每天起早贪黑，自己推脚车，贩运粮食，为家里积攒了一些钱财，他会做生意，那时候经常贩卖谷米，运到湘潭、长沙去销售，运货回来，销售给乡亲们。赚的钱，用来买田、放高利贷、利滚利。只几年，我们家就发了，由几百银洋发展到十几亩田，几十亩田，成了当地的一个富户。”

毛泽东继续说：“父亲对我们总是叫我们劳动，很严厉，不准我们躲懒，并说他辛辛苦苦地劳动都是为了发家致富。都是为了替我们兄弟造福，可我们都没有继承他的财产。父亲真是用心良苦啊！”

说到这里，毛泽东深情地对向三立问道：“你知道韶山那边的情况吗？我家那座房子还在不在？是不是破了？”向三立说：“听韶山的人说，那房子还在。过去国民党没收了，现在人民政府又收回来了，并且做了一些修理。”

毛泽东点点头，又谈到给家里划成分的事情。他说："我家里过去很穷，祖父是贫农。到父亲手里，积攒了一些钱财，买了一些田，家里逐渐富了。我父亲可算是一个富裕中农……"

"主席家总不能划富农吧！"向三立说。

"不对！我们应当实事求是，按政策办事，该划什么成分就划什么成分。"毛泽东郑重地说。

向三立见主席陷入沉思，便问道："主席是不是想家了？想回家去看一看？"

"是的！"毛泽东深情地说，"我很想回去看看，只是现在没有时间。新中国刚成立，百业待兴，有很多事情要做。下一步怎么走，还有待研究和探讨。总之，要把国家治理好，暂时没有时间去考虑别的。"

江山初定，共和国还有许多大事需要毛泽东擘划、操劳！

毛泽东接着谈到自己的一些经历，如自己是怎样走出韶山冲的，怎样到长沙去读书的，受过哪些老师的影响。他说："杨怀中先生其实是个伦理学家。他留学多年，在日本、德国念了不少书，治学严谨，在逻辑学、伦理学方面有很高的造诣，对王阳明的理学也有很深的研究，他是一位好老师。"

接着，毛泽东谈到理学渊源，从胡安国、周敦颐，谈到朱熹、张轼，谈到王阳明等等。向三立对毛泽东的学识深表赞叹，说："杨姑爷在世时酷爱读书、藏书，去世后没留什么家产，却留下了不少藏书。原来，1937年抗战之前，杨姑爷还留有不少书，放在板仓那座阁楼上。我过去到板仓去，常见到那些书，都是很有价值的书。"毛泽东忙问道："那些书还有吗？"向三立说："解放后我就不知道了。"毛泽东说："那些书如果散失了，多可惜啊！"

话题又转到杨开慧身上。毛泽东说："开慧是很坚强的，为了革命，她献出了生命。其实她可以不死啊，但是为了坚定的信念而壮烈牺牲，是了不起的，死得光荣，死得其所！"

"开慧是怎样牺牲的？"毛泽东又问道，"她牺牲时，你在哪儿？"

向三立回答说："霞姐牺牲时，我才13岁，在板仓附属实业高小上小学。"

并谈了杨开慧被捕的经历及家人营救的情况，但没有提姑妈向振熙去南京找章士钊、蔡元培等国民党元老营救杨开慧的情况。他说："霞姐带岸英兄弟到我家住了一年多时间，住到 1930 年，其间何键几次派人追捕，均躲脱了。后回板仓去了。不久，她就被何键逮捕了。同年 10 月，被杀害在长沙浏阳门外的识字岭。"

毛泽东听了，不禁黯然神伤，沉默不语。江青见状，便起身离开了客厅。半晌，毛泽东抬起头来，沉痛地对向三立说："开慧要是在你家，就不会出事的啊！"

向三立同意地点了点头："是啊！如当时霞姐不回板仓，继续在石洞住下去的话，多少受一些保护，不至于那么容易遭到何键的包围、逮捕，乃至杀害。可她不想连累向家，更不想亲戚为她而担惊受怕，毅然带着孩子回到了板仓。"杨开慧万万没想到，何键出于对毛泽东对红军的刻骨仇恨，竟会像疯狗一样对她下此毒手，甚止连孩子都遭一起逮捕……

时间不知不觉地过得真快，一晃六个小时过去了，为了不打扰毛泽东的休息和工作，向三立起身告辞。毛泽东紧紧地握着他的手说道："在我有空的时候，欢迎你再来玩哟。"

◆共产党讲的是另一种人情，那是对人民的无限热爱，其中包括对父母子女亲戚的爱

向三立到中央人民政府财经委员会上班后，便搬出了三福旅馆，此时毛岸英也搬到了朝阳门大街 344 号。两人相距很近，时常见面或打电话，互通音讯，互相鼓励。

毛岸英对向三立的工作和生活非常关心，时常劝他安心工作，注意饮食起居，生活有规律。并经常送来一些新出版的报刊书籍供他学习，帮助他提高思想觉悟。

在同毛岸英的接触中，向三立感到，他为人诚实、谦逊、平易近人。两

人在一起的时候，岸英总是耐心地倾听他的意见，有时也谈一些自己的看法，谈完以后，总是谦虚地说："这是我个人的一点看法，仅供你参考"等等，十分客观，从不将自己的观点强加于人。

岸英思想境界很高，对自己要求十分严格。在北京机器总厂工作时，岸英担任党委副书记，总是严于律己，刻苦学习，勤奋钻研业务。他经常说："自己没有干过技术、经济、工业这一行，对企业管理一窍不通。现在要进行大规模的工业建设，一切都需从头学起。"他找来不少机械技术方面的书籍，埋头苦学苦钻，同时向工人虚心求教。

毛岸英生活俭朴，衣着简单朴素，吃大灶，吃粗粮，从不搞任何特殊。他说："青年应该有正确的政治方向，在生活方面应注意保持艰苦朴素的作风。"早在延安时期，岸英就去陕北吴家枣园参加劳动，与农民"四同"，不进老少队，而进突击队开荒，手掌磨出老茧，从不叫苦。进入北京城以后，他参加排雷队，不顾个人安危，勇挑重担。他乐于助人，总是把方便让给别人，把困难留给自己。他从不用小卧车，每次乘坐电车、公共汽车，总是把座位让给老弱病残孕者，自己站着，挤着……岸英的这些优良作风和优秀品质，无不深深地感染着、影响着作为表舅的向三立。

更令人敬佩的是，毛岸英像他父亲那样，严格要求自己不谋私利，不徇私情，坚持立党为公，甘愿背"不孝""无义"的"骂名"，而置亲情、友情于不顾。这对向三立来说，更是深受教益，感触颇深。

1949 年 10 月 24 日，毛岸英给向三立写了一封长信。信中开始写道：

三立同志：

来信收到。你们已参加革命工作，非常高兴。你们离开三福旅馆的前一日，我曾打电话与你们，都不在家。次日再打电话时，旅馆职员说你们已经搬走了。后接到林亭同志一信，没有提到你们的"下落"。本想复他并询问你们在何处，却把他的地址连同信一齐丢了（误烧了），你们若知道他的详细地址，望告。

接着，毛岸英提到他舅舅杨开智要求解决工作或安排职务的问题，对舅舅提出了严厉的批评：

来信中提到舅父“希望在长沙有厅长方面位置”一事，我非常替他惭愧。新的时代一步登高的“做官”思想已是极端落后的了，而尤以为通过我父亲即能“上任”，更是要不得的想法。新中国之所以不同于旧中国，共产党之所以不同于国民党，毛泽东之所以不同于蒋介石，毛泽东的子女妻舅之所以不同于蒋介石的子女妻舅，除了其他更基本的原因以外，正在于此：皇亲贵戚仗势发财，少数人统治多数人的时代已经一去不复返了。靠自己的劳动和才能吃饭的时代已经来临了！

在这一点上，中国人民已经获得根本的胜利。而对于这一层，舅父恐怕还没有觉悟。望他慢慢觉悟，否则很难在新的中国工作下去。翻身是广大群众的翻身，而不是几个特殊人物的翻身。生活问题要整个解决，而不可个别解决。大众的利益应该首先顾及，放在第一位。个人主义是不成的。我准备写封信将这些情形坦白告诉舅父他们。

毛岸英在信中进一步写道：

反动派常骂共产党没有人情，不讲人情，如果他们所指的是这种帮助亲戚朋友、同乡同事做官发财的人情的话，那么我们共产党正是没有这种人情，不讲这种人情。共产党有的是另一种人情，那便是对人民的无限热爱，对劳苦大众的无限热爱，其中包括自己的父母子女亲戚在内。当然，对于自己的近亲，对于自己的父、母、子、女、妻、舅、兄、弟、姨、叔，是有一层特别感情的，一种与血统、家族有关的人的深厚感情的。这种特别感情，共产党不仅不否认，而且加以巩固并努力于倡导它走向正确的与人民利益相符合的有利于人民的途径。但如果这种特别感情超出了私人范围并与人民利益相抵触时，共产党是坚决站在后者方面的，即“大义灭亲”，亦在所不惜。

我爱我的外祖母，我对她有深厚的描写不出的感情，但她也许现在在骂我“不孝”，骂我不照顾杨家，不照顾向家；我得忍受这种骂，我决不能也决不愿违背原则做事。我本人是一部伟大机器的一个极普通平凡的小螺丝钉，同时也没有“权力”，没有“本钱”，更没有“志向”来做这些扶助亲戚高升的事。至于父亲，他是这种做法的最坚决反对者，因为这种做法是与共产主义思想、毛泽东思想水火不相容的，是极不公平、极不合理的。

无产阶级的集体主义——群众观点与资产阶级的个人主义——个人观点之间的矛盾，正是我们与舅父他们意见分歧的本质所在。这两种思想即在我们头脑里也还在尖锐斗争着，只不过前者占了优势罢了。而在舅父的脑子里，在许多其他类似舅父的人的脑子里，则还是后者占着绝对优势，或者全部占据，虽然他本人的本质可能不一定是坏的。

毛岸英的这封信写得很长，共有三千多字。在谈了舅父谋职的问题之后，他又谈到向家烈属抚恤问题。毛岸英继续写道：

关于抚恤烈士家属问题，据悉你的信已收到了。事情已经转组织部办理。但你要有精神准备，一下子是办不了的。干部少事情多，湖南又才解放，恐怕会拖一下。请你记住我父亲某次对亲戚说的话：“生活问题要整个解决，不可个别解决。”这里所指的生活问题，主要是指经济困难问题；而所谓整个解决，是指工业革命、土地改革，统一的烈士家属抚恤办法等。意思是说应当与广大的贫苦大众一样地来统一解决生活困难问题，在一定时候应与千百万贫苦大众一样地来容忍一个时期，等待一个时期，不要指望一下子把生活搞好，比别人好。当然饿死是不至于的。

最后，毛岸英希望向三立努力工作，好好为人民服务。他写道：

你现在可能已开始工作了罢，望从头干起，从小（事）干起，不要一下子就想负个什么责任。先要向别人学习，不讨厌做小事，做技术性的事。我过去不懂这个道理，曾经碰过许多钉子，现在稍许懂事了——即是说不仅懂得应该为人民好好服务，而且开始稍许懂得应该怎样好好为人民服务，应该以怎样的态度为人民服务了。

为人民服务说起来很好听，很容易，做起来却实在不容易，特别对于我们这批有小资产阶级个人英雄主义的没有受过斗争考验的知识分子是这样的。

信口开河，信已写得这么长，不再写了，有不妥之处望谅。

祝你健康！

岸英上

10月24日

毛岸英给表舅向三立的信，鲜明地指出了无产阶级政党立党为公，不谋私利的根本性质，体现了共产党为民执政、为政清廉的优良传统和作风以及全心全意为人民服务的宗旨，具有深刻的教育意义和深远的现实意义。

11月7日，毛岸英再次写信给表舅向三立。信曰：

三立同志：

来信收到，你的意见很好，亦即是说接近共产党，接近人民的意见。陈同志信亦收到，请代我问他的好。林同志处亦问候。你们的工作忙吗？我这里有你的几封信，怎样转给你？我看星期六下午我到财经委员会来找你，或者你到我处来一下，顺便把书带来。我离你处很近，在朝阳门大街三四四号。不过，来前（本星期六下午四时左右）请打电话告我，以免手续上的麻烦。

舅舅曾有信来，思想似已有些转变。

专此。祝你工作进步，精神愉快！

岸英上

11 月 7 日

写完信，署上落款和日期，岸英发觉这天是俄国十月革命的纪念日，便在信中附上一句：“今天是十月革命节，衷心地热烈地祝贺你们！”

当 1950 年元旦即将到来的时候，毛岸英又于 12 月 27 日写信给向三立，向他表示新年的祝福：

三立同志：

好久没有听到你的音信，我曾到过你处。收发室同志说，难以寻找。就此作罢。你近来还好吗？工作成绩如何？我一切尚好，勿念。外婆已迁长沙，与舅父同住。这是一件好事，你可写信慰问她老人家吗？请问候陈同志！

谨以至诚之心祝你新年顺利！

岸英上

1949 年 12 月 27 日

1950 年 4 月下旬到 5 月上旬，毛岸英奉父亲之命回到湖南省亲，看望了外婆、舅舅及毛家、文家等亲戚，返回北京后，便响应党中央、毛主席的号召，报名参加了中国人民志愿军，于 10 月跨过鸭绿江，开赴抗美援朝前线。岸英一去数月，好久不通音讯，令向三立思念不已。1951 年春天来了，北京微风拂面，春寒料峭。一个晴朗的星期天，向三立突然感到心中郁闷。他想：岸英去了好几个月，怎么一点消息也没有？他感到似乎要出什么事。正在这时，新华社记者林亭匆匆来到向三立家。寒暄几句之后，向三立见林亭面色不悦，便问：“最近有什么心事不快？”林亭先是摇头不语，沉默了一会，才沉痛地说：“岸英牺牲了！”

“啊？”如晴天一声霹雳在向三立头上炸响，他不敢相信这是事实，急忙问道，“这是真的吗？你这消息确实吗？”

“确实。”林亭回答说，“周恩来总理已接到志愿军司令部从朝鲜前线发来的电报，只是尚未把这一噩耗告诉主席。”

向三立终于相信了这一残酷的事实。他悲恸万分，默默地回忆着岸英短暂的一生，岸英的童年，以及他与岸英相处的日子，顿时百感交集，思绪万千，泪如泉涌。

向三立清楚地记得，岸英出发前的一天，曾向他辞行。岸英说，要出远门，暂不会回来。向三立依依不舍地送了他一程。临别时，岸英说：“你的学习和进步，我也知道，应该继续努力，克服困难，向组织靠拢，争取早日成为一名优秀的共产党员。”向三立祝他一路平安。谁料几个月后，这一次见面竟成了他们的永别！

几十年过去了，毛岸英的音容笑貌，至今仍然时常浮现在向三立的眼前，岸英对他的关怀、帮助将使他永生难忘。在几十年的革命工作中，向三立一直牢记岸英的话，“靠拢组织”，始终不渝地追求进步，曾多次向党组织提出他的迫切要求，直到晚年，年逾古稀，一直希望成为一名共产党员的信念从未动摇过。1991 年“七·一”前夕，他终于加入了中国共产党，实现了自己的宿愿。这天，他在给友人的信中写道：“今天是我难忘的一天，生平最愉快的一天。”向三立十分怀念毛岸英烈士，经常向人谈及毛岸英的往事。每当谈到 1949 年岸英写给他的那封富有教育意义的信，他便情不自禁地说：“岸英是毛主席的好儿子，更是党的好儿子！”1991 年，当中国共产党诞辰 70 周年到来的时候，向三立在家中赋诗一首，表达对毛岸英烈士的无限怀念之情：

童年情谊最难忘，板仓一别叶正黄。
四十年前奔异域，忠骸侠骨葬他乡。
每读遗书添惆怅，情真义重何感伤。
振兴中华不畏险，改革开放正翱翔。

第四章

丰泽园里的“布衣”元首

然而他并没有摆起国家元首的架子，他的简朴的生活依旧和过去一样。他总是严于律己，把自己的生活标准降到最低限度。在衣着上，毛泽东极为简朴，从不讲究。他常说：“我的标准，不露肉，不透风就行。”他还说过：“我节约一件衣服，前方战士就能多一发子弹。”

第四章　丰泽园里的“布衣”元首

◆“我的标准，不露肉，不透风就行。”

1954年9月15日至28日，中华人民共和国第一届全国人民代表大会第一次会议在北京中南海的怀仁堂内隆重举行。这是中国近代以来全国人民代表大会制度行使人民权力的标志。从此，也开始了设立中华人民共和国主席制度的历史。

毛泽东主持了这次会议，并作了开幕词。他说：

> 我们这次会议具有伟大的历史意义。这次会议是标志着我国人民从一九四九年建国以来的新胜利和新发展的里程碑，这次会议所制定的宪法将大大地促进我国的社会主义事业。
>
> 我们的总任务是：团结全国人民，争取一切国际朋友的支援，为了建设一个伟大的社会主义国家而奋斗，为了保卫国际和平和发展人类进步事业而奋斗。

上述论断是十分正确的。由于第一届全国人民代表大会第一次会议通过了《中华人民共和国宪法》《中华人民共和国全国人民代表大会组织法》，选举了中华人民共和国主席、副主席，以及第一届全国人民代表大会常务委员会委员长，从而结束了由中国人民政治协商会议代行全国人民代表大会职能和以《中国人民政治协商会议共同纲领》代替国家宪法的历史时期，使我国在国家制度上开辟了由全国人民代表大会行使国家最高权力的历史新时期。1949 年 9 月召开的中国人民政治协商会议第一届会议是中国人民的统一战线性质的政治组织，它不是政权机关。在 1949 年的历史条件下，只具备召开政治协商会议的条件，而不具备召开全国人民代表大会的条件。当时摆在全国人民面前的迫切任务，是要成立中华人民共和国，组织中央人民政府，宣告中国人民的独立解放、中华人民共和国的成立。这是中国民主革命胜利后的必然结果，也是全国各革命阶级、阶层、党派、团体和各民族的共同愿望。所以，在取得各方面同意和支持后，召开了中国人民政治协商会议第一届会议，代行了全国人民代表大会的职权，选举了中华人民共和国中央人民政府主席、副主席及委员会委员。讨论通过了《中国人民政治协商会议共同纲领》，起着临时宪法的作用，从而宣告了中华人民共和国的建立、中央人民政府的诞生。这是在特殊的历史条件下的做法。这做法也明显地表现了它的临时性和过渡性的特点。经过几年的努力，召开全国人民代表大会的条件日益成熟。国民经济的恢复，人民民主专政的巩固、各级人民政府的建立与完善，特别是从 1953 年起，我国的经济建设已走上了正常轨道，开始执行第一个发展国民经济的五年计划。所以在中国共产党的努力下，尤其是毛泽东做了充分的准备工作以后，于 1954 年 9 月顺利地召开了第一届全国人民代表大会第一次会议。这是在共和国史上具有重大意义的一次大会。

毛泽东在大会上的开幕词中指出：

> 领导我们事业的核心力量是中国共产党。
>
> 指导我们思想的理论基础是马克思列宁主义。
>
> 我们有充分的信心，克服一切艰难困苦，将我国建设成为一个伟大的社会主义共和国。我们正在前进。我们正在做我们的前人从来没有做过的极其光荣伟大的事业。
>
> 我们的目的一定要达到。我们的目的一定能够达到。

毛泽东还指出，这次会议所制定的宪法将大大地促进我国的社会主义事业。宪法是一个国家的总章程，是一个根本大法。用宪法的形式，把人民民主原则和社会主义原则固定下来，使全国人民有一条明确的社会主义前进轨道，沿着这轨道，迅速地朝着繁荣昌盛的社会主义道路迈进。这次会议通过的宪法是以 1949 年 9 月通过的共同纲领为基础的，又是共同纲领的发展。

在这第一部《中华人民共和国宪法》的序言中宣告：

> 中国人民经过一百多年的英勇奋斗，终于在中国共产党的领导下，在 1949 年取得了反对帝国主义、封建主义和官僚资本主义的人民革命的伟大胜利，因而结束了长时期被压迫、被奴役的历史，建立了人民民主专政的中华人民共和国。

宪法还规定：

> 中华人民共和国的人民民主制度，也就是新民主主义制度，保证我国能够通过和平的道路消灭剥削和贫困，建设繁荣幸福的社会主义社会。

会议选举毛泽东为中华人民共和国主席、朱德为副主席，选举刘少奇为全国人民代表大会常务委员会委员长，周恩来为国务院总理。

毛泽东当选为中华人民共和国的第一任主席，是全国各族人民的共同心愿。这在毛泽东一生的历史中是一件大事。他不仅是中国共产党的主席，而且又是中华人民共和国的主席，是国家的元首了。根据宪法规定，中华人民共和国主席对外代表国家，接受外国使节，批准同外国缔结条约；对内根据全国人民代表大会决定和全国人民代表大会常务委员会决定，公布法律和法令；任免国务院总理、副总理、各部部长、各委员会主任和秘书长；统帅全国武装力量，担任国防委员会主席；任免国防委员会副主席、委员；授予国家勋章和荣誉称号；发布大赦令和特赦令；发布戒严令，宣布战争状态，发布动员令等。

党的权力、国家的权力、军队的权力，集于毛泽东一身了。这种政治体制的形成有它的必然性和必要性。在新中国成立初期，毛泽东担任这三方面的最重要的职务，不仅是人民的需要，而且也是胜利的象征。对于稳定国内政治局势，提高中华人民共和国在国际上的地位和威望，具有重大的意义。尤其是在当时的历史条件下，确实需要有一个革命家、思想家、理论家、战略家、军事家作为党和国家的领袖，才能将中国真正地统一和发展。

毛泽东担任中华人民共和国主席以后，工作比过去繁忙多了。尤其是大量的国际事务活动，必须由他参加。然而他并没有摆起国家元首的架子，他的简朴的生活依旧和过去一样。他总是严于律己，把自己的生活标准降到最低限度。

在衣着上，毛泽东极为简朴，从不讲究。他常说："我的标准，不露肉，不透风就行。"他还说过："我节约一件衣服，前方战士就能多一发子弹。"

那还是1937年的事。1月4日，毛泽东率中央机关离开保安去延安。6日晚，毛泽东住在寺儿台老百姓的窑洞里。

毛泽东对刚烧好炕的警卫员吴清华说："外面人多地方小，睡不下，今晚你就跟我一起睡吧！"小吴不好意思。毛泽东笑着说："这么大的人了还害羞？"一句话把小吴逗笑了。

经过两天行军，确实太累了，小吴一上炕就进入了梦乡。毛泽东脱下大衣，给他盖好，继续办公。突然，炕上着火了。毛泽东唤醒小吴，同他一起把燃着的褥子扑灭。原来炕皮薄，下面烧的火太旺了。小吴心里很难过，感到自己失职了。毛泽东连忙安慰说："没有关系……补补就行了。"

这条烧了窟窿的粗布补丁褥子，伴随毛泽东入延安、转战陕北、进北京，最后珍藏在中国革命军事博物馆里。

抗日战争时期，从中央首长到每个炊事员，都是三年发一套棉衣，两年发一套单衣，每人每月五角零用钱。为了节约开支，大家的棉衣或单衣都是补了又补，到换装时都争着不领新的。有一次，到了换装的时候，毛泽东仍

毛泽东在丰泽园前
（侯波 摄）

穿着旧棉袄就是不肯换新的。警卫员没办法，找到管理局，管理局想办法搞了几尺阴丹士林布，请被服厂做了件体面暖和的新棉衣。警卫员知道，当面把新衣服交给毛泽东，他肯定不要。于是警卫员趁毛泽东休息时，把新棉衣放进去，把旧棉衣取出来。他们原想把那件旧袄拆洗干净，可是，没想到布都糟了，一拆便缝不起来。

毛泽东一觉醒来，发现棉衣被调换了，立即把警卫员叫来，问道：“这是哪里来的？”

警卫员解释说是管理局做的。

毛泽东不高兴了：“为什么？我有棉衣穿嘛！”他指着新棉衣说：“这件棉衣太好了，我不要。还是把我的破棉袄拿来吧。”

警卫员说，那件棉衣已经拆了，就是洗干净，也破得缝不起来。毛泽东无可奈何地笑了：“那么，你看怎么办？”

“主席，已经做好了，就穿它吧！”警卫员抓住这个机会，把自己的打算和盘托出。他满以为，毛泽东是一定会同意的。

可是，毛泽东却轻轻一摆手说：“这样吧，给我领件普通灰布棉袄，和你身上穿的一样。”

旧衣服愈穿愈破，但同时也对它愈有感情，因为留有历史的记忆，毛泽东舍不得换下它。

在陕北杨家沟时，有一次李银桥拿着一件磨得薄如蝉翼而有些部位又补丁摞补丁厚如硬纸块的灰布军装给毛泽东看，并对他说："主席，你看看吧，再穿就该出洋相了。说不定你做报告，在台上一做手势，它就会碎成布片呢。"

毛泽东接过衣服，小心翼翼地放在腿上，像抚摩伤病员一样轻轻地抚摩着旧军装，抚平上面的皱纹。他对李银桥说："它跟我参加过洛川会议呢。这样吧，用它补衣服。"

转战陕北期间，卫士李银桥发现毛泽东只有一条毛巾，而且已经用得很旧，毛巾上根本没有什么毛圈了，就像块麻布片。可是，毛泽东好像没有看见似的。仍然用它擦脸、擦脚。李银桥很想给毛泽东领条新毛巾，可他知道，如果不经过毛泽东的同意就擅自领东西，毛泽东准会批评他的。可是，也不能让毛泽东将这条旧毛巾一直用下去啊。

一天，李银桥拐着弯对毛泽东说："主席，再领条新毛巾吧？这条旧的擦脚用。擦脚、擦脸应该分开嘛。"

毛泽东想了想，幽默地对李银桥说："分开就不平等了。现在每天行军打仗，脚比脸辛苦多了。我看不要分了，分开脚会有意见。"

李银桥被逗笑了，说："那就新毛巾擦脚，旧毛巾擦脸。"

毛泽东摇了摇头，语重心长地说："账还不能这么算。我领一条新毛巾，好像不值多少钱，如果我们的干部、战士，每人节约一条毛巾，这笔钱就够打一个沙家店战役了。"

毛泽东的衣着俭朴，非亲眼所见是难以想象的。毛泽东有一件毛衣和一件毛裤，不知穿过多少年了，也不知补过多少次了，转战陕北时就已经破得不成样子。到了西柏坡后，1948 年秋天，大家看到毛衣毛裤上都有好几个大窟窿，不少地方都脱了线，实在不好再补了，就商量着，想给他到石家庄去买身新的。

李讷的阿姨韩桂馨接过破毛衣，忍不住提出了建议："今年和去年的情况不一样了，去年陕北的条件困难，现在的条件好了，西柏坡离石家庄这么近，那里毛衣毛线都有，如果买毛衣毛裤怕不合身，你们买来毛线，我可以给主席织，保证天冷的时候让主席穿上。”

大家都同意小韩的建议。可是李银桥知道毛泽东有个不成文的规定，不经他本人同意，谁也不能花钱给他添置东西。李银桥想拉小韩去给毛泽东做工作，就说：“小韩，你去请示主席吧，因为你年龄最小，什么话你都可以讲。”

“这不是我的工作，也不是小李讷的事。如果是小李讷的事情，你们不去，我就敢去。这些都是你们的事，不应当由我去问主席。”小韩的职责范围观念很强。

最后大家搞了一个折中方案，一致推荐李银桥和韩桂馨一起向毛泽东请示。

补丁摞补丁的睡衣伴随了毛泽东一生（佚名　摄）

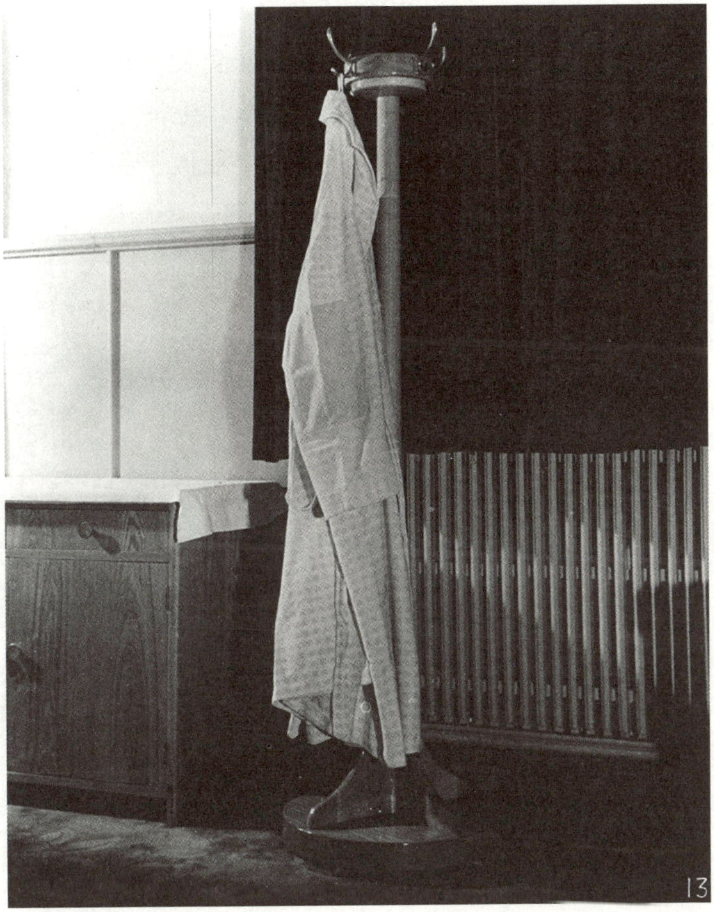

那天，毛泽东正坐在沙发上看资料。李银桥和韩桂馨便向毛泽东说明了大家的想法。

毛泽东听后，慢悠悠地说：“我的衣服破了，补一补还可以穿。就是这样，我们从生活上来说，比前线也好多了。”

毛泽东又对小韩说：“小韩，你把李讷照顾好了，又为我们做了缝缝补补的工作，给你增加麻烦了，我非常感谢你。还是请你辛苦一点，把我的毛衣毛裤织补一下，能穿就行了。”

小韩不甘心地说：“你的毛衣毛裤实在太破了，就是能补上，穿上多么难看呀！”

毛泽东对她说：“唉，穿在里面不讲什么好看难看，能穿就行了。外衣破了，补补还不是可以穿嘛！艰苦奋斗是我党我军的光荣传统呀！”

毛泽东还是坚持自己的意见，李银桥知道再说也没用了，就向小韩使个眼色，暗示她不要再耽误毛泽东的时间了。于是，警卫人员想给毛泽东添置新毛衣的计划又告吹了。

1949 年 3 月，毛泽东进了北平。一次要在香山双清别墅接待各民主党派负责人、各界代表和知名人士。其中有张澜。在见张澜前，毛泽东对李银桥说：“张澜先生为了中国人民的解放事业做了不少贡献。在民主人士当中享有

毛泽东、刘少奇、周恩来与民主人士合影（侯波摄）

很高威望，我们要尊重老先生，你帮我找件好些的衣服换换。”

李银桥把毛泽东的全部家当都翻了个遍，翻来翻去，就是找不出一件不破或者没有补丁的衣服。他十分为难地对毛泽东说：“主席，咱们真是穷秀才进京赶考了，一件好衣服都没有。现做衣服也来不及了，要不，去借一件？”

1965 年毛泽东在湖北东湖宾馆漫步（钱嗣杰摄）

毛泽东回答说：“补丁不要紧，整齐干净就行。张老先生是贤达之士，不会怪我们的。”

就这样，毛泽东穿着带补丁的衣服会见张澜。

后来，毛泽东又穿着这件衣服会见了沈钧儒、李济深、郭沫若、陈叔通等社会名人。

即便是这样，毛泽东还是一直没让人给他做新衣服。他常对大家说：“现在国家还穷，不能开浪费的头。”“没条件讲究的时候不讲究，这一条好做到。经济发展了，有条件讲究仍然约束自己不讲究，这一条难做到。共产党人就是要做难做到的事。”

共产党带领劳苦大众打下了天下，让人们过上了幸福的生活。但是，共产党的主席竟连一件没补丁的衣服都没有。毛泽东身边的工作人员每想到此，心里总有些难过。

直到准备上天安门宣布中华人民共和国中央人民政府成立时，毛泽东才让李银桥找人为他做了一件中山服。料子是生活秘书叶子龙送来的黄色美国将校呢。李银桥拿到王府井请从法国留学回来、专门剪裁服装的王子清师傅做。

1949 年 10 月 1 日，毛泽东穿着这套黄呢子制服，登上了天安门城楼。宣告中华人民共和国中央人民政府诞生了。那时，人民解放军的军衣还没制订统一式样。人们对军装的概念似乎只是以黄色为标准。所以，毛泽东对他那套开国大典的黄呢子制服也视为“军衣”。参加大典之后，因为叶子龙送来的黄呢子料还有不少，李银桥又请王子清师傅为毛泽东做了三套相同式样的制服。朝鲜战争停战协定签订后，毛泽东对卫士们说：“我们可以脱军衣了。我脱，你们也脱。”此后，卫士们都脱下了军衣，再不曾穿过。毛泽东也再不曾穿过那套开国大典穿的“军衣”。毛泽东登上天安门城楼时穿的那一套黄呢子制服送给了李银桥，其余的三套都送给了卫士们。后来，李银桥将这套毛泽东开国大典时穿过的衣服送给了天津历史博物馆。

新中国成立后，中山服被定为“国服”。毛泽东及其他中央领导人在公开场合一般都穿中山装。毛泽东对衣服要求不高，有什么穿什么，从不挑剔，但他对中山服的颜色却只认准了一个颜色——灰色。这大概是灰色显得庄重严肃，更或许是毛泽东在长期革命战争年代穿惯了灰色军服的缘故。从井冈山到延安到西柏坡，毛泽东一直穿的就是深灰、浅灰的灰色系列军服。

为了使毛泽东的穿着形象更完美，专为毛泽东等中央领导人制作服装的红都服装店的师傅田阿桐经过多次修改，设计了一种新型衣领，把领放矮些，领尖阔而长，适合毛泽东高大的体形和非凡的气质风度。毛泽东穿上后非常满意，于是毛泽东的中山服便不同于普通的中山装了。

毛泽东的衣服基本上是由红都服装店制作，它的前身叫雷蒙服装店，专为党和国家领导人、驻华外交使节等制作服装，以历史悠久、技艺高超而著称。田阿桐在为毛泽东缝制衣服时竭力在面料、色彩和款式上下工夫，操作中，常常甩开机器，用手一点一点扎，以使衣服更平整；领口开到 46 公分，让毛泽东感到舒适；前阔做得宽一些，后背稍宽一些，肩不要太宽；中腰稍微凹陷一点；后片比前片略长一点；袖笼提高一点。毛泽东穿上经过精心制作的衣服，伟岸的身躯更具魅力。

毛泽东穿着灰色中山装会见了许多外国元首，人们从电影、电视、相片、报纸上看到的毛泽东都是穿灰色中山装。1972 年 2 月美国总统尼克松访华时，毛泽东正在病中，全身浮肿，原来的衣服都小了。工作人员找了一套平时穿的毛式服，拿到红都服装店，请他们照着放大一些。2 月 21 日，毛泽东穿上了这套特制的毛式服，接见了尼克松。大家看到的仍是熟悉的领袖形象，并不知笔挺的衣服里裹着的是一个虚弱的身体。毛泽东以惊人的毅力、敏捷的思维，与尼克松进行了长达一个多小时的会谈。1974 年 2 月 22 日，毛泽东穿着一套灰色呢中山服接见了来华访问的赞比亚总统卡翁达。这套衣服是 70 年代初由红都服装店的王庭森师傅制作的。毛泽东就是穿着这套服装，提出了“三个世界”

1972 年 2 月，毛主席会见尼克松（杜修贤　摄）

的战略思想。毛泽东与卡翁达的会谈，具有划时代意义，而这套呢中山装便成了这次会谈的重要见证。

田阿桐回忆说：“主席比较喜欢灰色的中山装。春秋以中灰色为主，冬天则以深灰色为主。面料主要是啥味呢，因啥味呢比较柔软，显得干净。”由于毛泽东偏爱灰色中山装，因此，他的中山服便有了一个专有名词：毛式服。毛式服在国内外都具有很高的知名度。一提到毛泽东，脑海中浮现的便是身穿灰色中山装，慈祥、和蔼而又让人无限敬爱的领袖形象。

进入70年代，特别是1972年后，毛泽东的身体状况越来越差。由于长年累月地躺卧在床上办公、看书，活动量减少，膝关节不能伸直。如果没有人搀扶，站起来都相当困难，走路就更不用说了。毛泽东逝世后，由于生前身体严重浮肿，此时，穿在身上的衣服已无法脱下来，工作人员强忍悲痛，轻轻地用剪子小心翼翼地把衣、裤剪开。他们首先把穿在外面的灰色中山装剪下来，然后把棉毛衣、裤也慢慢剪开，换上了他生前做好备用的崭新的中山装和棉毛衣裤。现在，毛泽东临终时穿的这套棉毛衣、裤还保存在韶山毛泽东同志纪念馆。棉毛衣、裤为纯白色，较厚，两件衣，一条裤，衣长85厘米，胸围170厘米，袖长96厘米；裤长129厘米，裤腰围116厘米，很肥大，一件棉毛衣从前面正中剪开，另一件从右侧剪至腋下，两袖从腋下袖口沿缝处全部剪开，棉毛裤为宽裤腰，两侧嵌松紧带。毛泽东临终时穿的衣服，是如此的普通，这也是他一生生活习惯的写照。

毛泽东平时喜欢穿布便鞋，只在参加大型会议或会见外宾时，才穿皮鞋。登上天安门城楼时的毛泽东，脚上穿的是一双深褐色皮鞋。这双皮鞋一穿就是好几年，以至鞋帮内侧后面磨得褪了色，鞋底磨去了一厘米多厚。工作人员劝毛泽东做双新的。毛泽东不同意，说：“这双鞋穿起来很舒适，虽然很旧了，我很喜欢它！”毛泽东还穿着这双他喜欢的皮鞋去会见外宾。后来，工作人员多次劝毛泽东换双新鞋，可毛泽东总是说：“我只穿出去见见客，开开会，要那么好的皮鞋子干什么？”

毛泽东穿皮鞋，不求质地品牌，唯求宽松舒适。他不喜欢穿新鞋，因为新鞋紧，夹脚，所以，毛泽东往往把新鞋让别人先穿。“你们年轻人穿新的精神，我岁数大了穿旧的舒服。”他把新鞋交给战士，将旧鞋要回来：“我们各取所好。”

1956年，毛泽东在中南海勤政殿接见印尼总统苏加诺。事前，毛泽东进去检查布置情况，他巡视了一遍，停在一台外国收音机前，皱起眉头说：“中国也可以生产收音机，为什么放外国的？中国的‘东方红’不是更好吗？”

罗瑞卿见到毛泽东穿着一双棕色皮鞋，对他说：“主席，你还是换一双黑皮鞋吧？”

毛泽东很敏感地问：“为什么？”

“按照国外惯例……”

“为什么要按国外惯例呢？”毛泽东不以为然地轻跺一下皮鞋，“我们中国人要按中国人的习惯穿。”

就这样，毛泽东穿着这双大头棕色皮鞋接待了以潇洒、富贵闻名于世的苏加诺。

此后，无人敢再在毛泽东面前提皮鞋颜色的问题。毛

已经穿破的拖鞋与皮鞋，毛泽东依然在脚上穿着（佚名 摄）

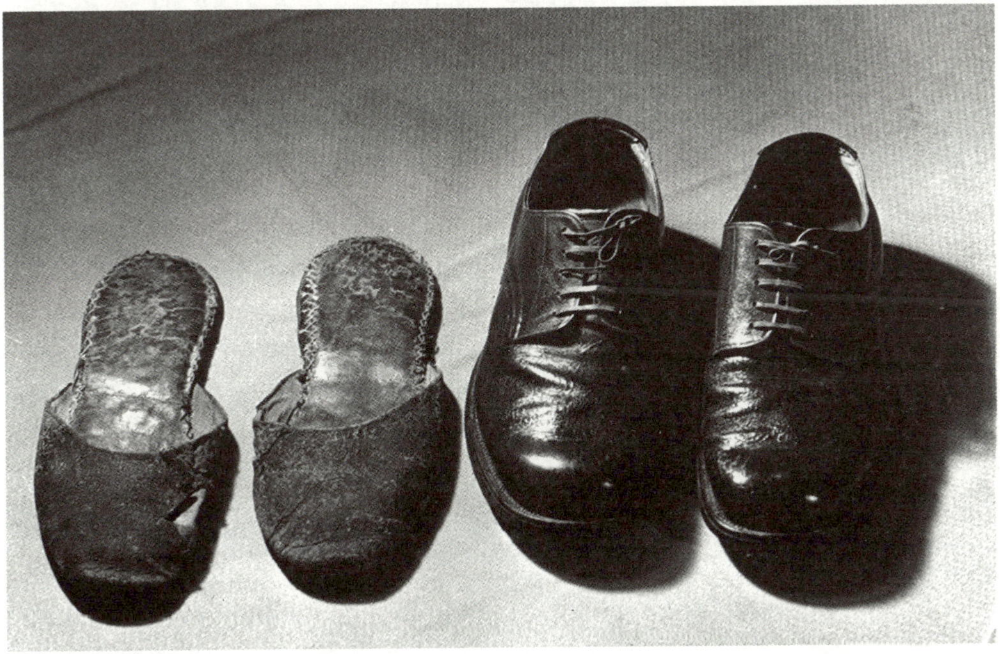

泽东穿着棕色皮鞋接见了一位又一位外宾。

毛泽东的一双皮鞋一穿就是几年。在一次舞会上，舞伴说："主席，你这双皮鞋这么旧了，还不换一双？"

"换什么？这皮鞋穿起来舒服！"毛泽东兴趣很高，抬起脚，扬了扬那双连鞋带都没有系的皮鞋，乐哈哈地笑着说。

有一次，毛泽东看到周恩来穿着一双网眼皮凉鞋，他想这种网眼可以散热透气，可能比一般皮鞋更舒适。于是，他问工作人员："总理那双皮鞋是哪里做的？"工作人员打听后，告诉他："是北京做的，师傅叫王凤德。"毛泽东点点头，没有作声。工作人员心里清楚：主席肯定喜欢那种鞋！于是，工作人员找到王凤德。王师傅花了好几天时间做出了一双外观雅致的棕色网眼皮凉鞋。试穿后，毛泽东感到十分舒适，对王凤德的手艺赞不绝口。1963年夏，毛泽东穿上这双鞋时，想起了王师傅，问工作人员："王凤德哪里去了？"还评价说："他做的网眼皮鞋很好嘛！"当毛泽东把这双皮鞋穿旧了以后，工作人员又找王凤德做了一双同式样的皮凉鞋。

毛泽东一生俭朴，他总是用清水洗脸，从未用过一块香皂。手染了墨汁或是油污洗不掉，就用洗衣服的肥皂洗。他从没用过什么"膏""霜""油脂"之类的护肤品，甚至没用过牙膏。他只用廉价牙粉。他说："我不反对用牙膏，用高级牙膏，生产出来就是为了用，都不用生产还发展不发展？不过，牙粉也可以用。将来经济发展，人们生活水平都提高了，大家都用了高级牙膏我也会使用。"他的牙刷什么时候用秃了，什么时候才肯换新的。

毛泽东使用的被褥都是普通棉布棉花做的，里外白布，几十年保持不变。还有用白布包起来的荞麦枕头，补了又补的毛巾被、睡衣和一条薄毛毯。进城就是这些东西，逝世时仍是这些东西。

◆"我就是这个命，喜欢吃粗粮。"

毛泽东在谈饮食问题时，常说自己是"农民的生活习惯"。这一点也不假，毛泽东对农民感情至深。他说过，中国革命问题实际上就是农民问题。农民的儿子，保持农民的习惯，应该说也是很可贵的。

毛泽东的饮食十分简单，只求饱肚。他对身边的卫士说过：“我们活在这个世界上，不是为了吃世界，而是为了改造世界。这才是人，人跟其他动物就有这个区别。”

在江西根据地时，毛泽东吃饭使用的是一个小缸子。那时，差不多天天打仗，流动性很强，警卫员陈昌奉常常用那个小缸子准备“三层饭（中间一点菜，底层和上层都是米饭）。”毛泽东工作起来，顾不上吃饭。到吃饭时，饭凉了，小陈把饭热一下，毛泽东再吃。

有时，一缸子饭一顿吃不了，毛泽东就让小陈留起来。有一次，小陈看到只剩下一点饭，就倒掉了。第二天，毛泽东问：“陈昌奉，昨天剩下的饭呢？”小陈回答说：“倒掉了。”毛泽东批评起来：“群众的每一粒米都来之不易，下次剩的不准倒掉，留着下一顿吃。”

在长征路上，毛泽东和数万名红军指战员一样，在最艰苦的时候，也是靠吃草根、啃树皮充饥。有一次，在行军途中，毛泽东发现路边的沟壕里有一挂人家扔下的羊下水——羊肠、羊肝和心肺，冻得硬邦邦的。毛泽东让炊事员捡回羊下水，化开冰，洗净烧熟。给同志们充饥。“羊下水菜”做好后，毛泽东和大家一起吃起来，都感到津津有味，又充饥又解馋。大家一边吃，一边夸这是一顿“美餐”。

在延安，毛泽东和其他中央领导同志都是和中央机关工作人员一起吃大灶，一个星期只改善一次，吃一顿馒头。大家看到毛泽东和其他中央领导同志身体不好，提出：“我们少吃一顿馒头，让毛主席多吃点馒头，不要搞平均主义。”

毛泽东知道后坚决不肯，他说：“还是大家一块吃。”

1938 年春天，有一次，毛泽东从二十里铺开边区党代表大会回来的路上，突然在延河河滩边停住脚步，指着一些圆叶子小草对警卫员们说：“你们看，这是一种野菜，能吃，回去以后，你们给我搞一点炒炒吃。”警卫员知道当时延安很缺菜，但不知道是否好吃，都犹疑起来。毛泽东说：“这叫冬寒菜，

毛泽东在视察途中小憩（侯波摄）

我过去吃过。”

回来后，毛泽东让炊事员老周炒冬寒菜，接连吃了好几次，但警卫员们仍不吃这野菜。毛泽东动员他们说：“这菜很好吃，你们也可以拔些来当菜吃，不是现在没有菜吃吗？”

警卫员们明白了，主动挤时间去拔这种野菜，从而缓解了当时没菜吃的困难。

新中国成立后，毛泽东仍然保持着简朴的生活习惯。一切山珍海味他都不追求，尤其厌烦宴会。对于接待外宾也作过指示：“不能总是山珍海味，既浪费又不实惠。”

毛泽东对餐具的要求也很简单。他一直使用毛竹筷子，大饭店里的象牙筷子一次也不用。他说：“太贵重，我用不动。”

毛泽东喜欢吃粗粮。进城后，毛泽东仍保持吃湖南红糙米的习惯，米饭里总要加点小米、赤豆或芋头。这是战争年代养成的习惯，一直保持下来。碗沿、碗底上的米粒或掉在桌子上的米粒，他都夹起来送进嘴里。有时甚至感叹两句："什么时候农民都能吃上我这样的饭，那就不得了啦，那就太好啦。”

毛泽东常说：“我就是这个命，喜欢吃粗粮。”

保健医生徐涛多次劝毛泽东注意营养，改变饮食习惯，多吃点好东西。毛泽东每次都摇头。毛泽东自有他的道理，他用毛竹筷子敲敲盛着米饭的碗，望着徐涛说：“全国农民要是都能吃上我这样的饭，那就是不错了，你就可以来跟我提你那些建议了。”1952年秋，正是新谷入仓的时候，工作人员在郊区农村买了一袋粗米。毛泽东听到后非常高兴地说：“今天就用这个来做饭吃！”粗米不如细米粘性大，做成的饭发散，厨师担心地说：“这是个啥子米哟，不成个饭样子！”毛泽东吃过后，满意地说：“很好的。”

毛泽东还爱吃苦瓜，并把吃苦瓜作为以苦为乐的象征。有一次，他边吃边说：“苦瓜这种菜，我的家乡很多，房前屋后都可以种，好种也好活。有些人吃不惯，是怕它的苦味。我不但吃得惯，还一生都吃，从小就爱吃，就图它个苦味。我这个人一生没少吃苦，看来是苦惯了，以苦为乐了。”有时，他还对身边的工作人员说：“你们多吃点嘛，不要怕苦。”

毛泽东对苦瓜的性能很了解。有一次，他同工作人员一起用餐，菜中便有一盘苦瓜炒鸭子。这是他最喜欢吃的一道菜。他说：“凡苦的东西，对人体都有好处，苦能去火明目嘛！人吃五谷杂粮，难免上火，有时气也上火，这叫虚火。这种人吃点苦很有必要。我这个人也爱上火，所以命中注定要吃苦啰。不如主动去吃，免得火气太大。火气大，不是伤人，便是伤己噢。至于明目，更是它的大好处，我现在有点老眼昏花了，时时吃一点，免得看不清事理噢！”

湖南人喜欢吃腐乳。在湖南，腐乳又叫“霉豆腐”，显然是经过霉变的食物。毛泽东很喜欢这道土特产。叶子龙做毛泽东机要秘书时，因会做腐乳，于是常常替毛泽东制作这道菜。后来，负责毛泽东生活的工作人员还曾从京

毛泽东和群众交谈（佚名 摄）

西宾馆请师傅传授腐乳制作的技艺。然而，保健人员对此却不免担忧。因为从医学角度看，霉变过的食物是不宜进食的。有一次，医务人员私下里将毛泽东吃的腐乳送去化验，结果发现其中细菌含量大大超标。于是，他们将化验报告上呈毛泽东，建议他从此不要再吃这种有害无益的东西。可是毛泽东依然如故，坚决不肯放弃这一美味。他说："人感到好吃也爱吃的东西还是能吃的。爱吃一定是人体有这种需要，这也许是一种什么潜在的东西，但究竟是什么，我也说不清。不过，世界上的事，说不清的也太多。这也是好事，都说清了，科学还研究什么，不研究了，还有发展吗？"

辣椒、苦瓜、腐乳都是味浓烈的食品，其实毛泽东是一个口味清淡的人，这些口味重的食物在他只是当做调味品来吃。毛泽东喜欢吃青菜，即纤维含量丰富的蔬菜。众

西花厅

多蔬菜中，他喜欢冬寒菜、青蒿，还有一般人不大当做菜来吃的豌豆苗、马齿苋。总之，毛泽东尽管不是素食主义者，但他对吃素还是颇为首肯的。毛泽东在谈到吃百合、豆制品时就说过：“我们祖宗在寻找食物过程中也发现了药物。药食同源，许多食物中医都可入药，像百合、山药、山楂，连葱姜蒜都可治病。你们医生可不要过分迷信药物，不要轻视饮食治疗。”毛泽东还说：“豆腐、豆芽、皮蛋、北京烤鸭都是中国特有的东西，有些地方的小吃也很有特色，应该国际化，可以出口。”

毛泽东有点时间的时候，就吃顿正经饭。但是，他同时仍会看文件、读报纸。因此，所谓的正经吃饭，也就是比平时多做几个菜而已。有一次，毛泽东伏在书桌上办公。他左手夹着烟，右手握笔，全神贯注地阅文件，眉头稍稍聚拢。过了一会儿，卫士提醒说：“主席，您该吃饭了。”

毛泽东头也没抬：“怎么又吃饭了？”

“您已经快 10 个小时没吃东西了。”

“有这么长时间了？”写完最后几个字，毛泽东抬头望望卫士，又望望窗外，想了想说，“嗯，那就搞点饭吧。”

卫士心想：主席这次算是吃上了一顿正经饭。

毛泽东正经吃饭，一般是四菜一汤。这其中少不了一碟火煸的青辣椒或辣椒酱，一碟霉豆腐，一碟苦瓜。但是毛泽东正经吃饭的时候并不多。他从来不愿意事事循规蹈矩，不愿束缚他的个性。他工作时间不分钟点，吃饭也没有钟头，只以感觉饥饿为标准。一天吃两餐的时候多，还有只吃一餐的时候。他一直保持着战争年代的吃饭方式。卫士值班室有个电炉子和大搪瓷缸子，卫士们经常在电炉子上煮一缸麦片粥加牛奶、鸡蛋，就着秘书叶子龙为他做的霉豆腐吃下去就算一顿饭。

毛泽东一个人吃饭时，不是在书房，就是在卧室。常常是吃饭时还手不释卷。

有一天，毛泽东斜坐在木椅上，左手拿着一张报纸，两眼紧紧地盯住报纸。嘴巴似乎无滋无味，单调地重复着咀嚼动作。右手像一只机械手，在盘子和嘴之间来回运动。筷子始终落到菜盘子的一个位置上。那是一盘空心菜，才夹走了半边，他的筷子便夹不着菜了。

卫士悄悄地转动菜盘，让他的筷子落在有菜的位置上。毛泽东仍在全神贯注地看着报纸，全然不觉菜盘的变化。

停了一会儿，卫士又将荤素两盘菜对调了一个位置。毛泽东依然没有觉察到饭桌上的变化。“嗯？”嚼了几口，毛泽东突然一怔，目光转向饭桌，露出警惕之色：“味道不对呀？”说着，他就想吐掉嘴中的菜。

卫士忙解释说：“是我把两盘菜调了个个儿。”毛泽东松了口气，咽下了嘴里的菜。“嗯，我说不对劲儿。刚才还咯吱咯吱的，一下子就变得那么软绵呢……”

他的眼光又转向了手中的报纸。连吃饭的时间也在读报，这种孜孜不倦地求学的心态在吃饭时得到了真实的流露。

毛泽东办公室离不开茶水，喝过的茶叶总是舍不得倒掉，经常用手指抠进嘴里吃掉。

1957年初春，中南海菊香书屋。毛泽东伏在桌上批阅文件。照规律，每隔一小时左右，卫士要给毛泽东的茶杯里续一次水。已经间隔有一个小时了，卫士轻轻走过来，给毛泽东的茶杯里续水。

恰巧就在卫士进门的时候，毛泽东伸出左手端起茶杯。糟糕，杯里没水了！

毛泽东眼皮耷拉着，目光顺着鼻梁而下，往杯子里望去。他右手放下红蓝铅笔，将三个指头插入茶杯。

卫士瞪大了眼睛，不明白毛泽东要干什么。

只见毛泽东用三个指头一抠，杯里的残茶被送进了嘴里。他顺势用手背擦了一下沾湿的嘴角，咀嚼起来。

这一连串的动作，像南方的老农民那样自然、熟练。卫士目瞪口呆，赶紧拿起空杯出去换茶。

“主席吃茶叶了，是不是嫌茶水不浓？”卫士小声地问卫士长李银桥。

“吃茶叶怎么了？在陕北就吃。既然能提神，扔掉了不是浪费？”跟随毛泽东多年的李银桥似乎司空见惯，根本不当一回事。

◆“来碗红烧肉！补补脑子。”

毛泽东对饮食没有过高的奢求。在他看来，追求个人的吃喝享乐，那是格调很低、很庸俗的事。用吃喝等福利标准去描述未来社会的理想目标，则属“放屁”。1964 年，赫鲁晓夫在一次演说中说：“福利共产主义”是“一盘土豆烧牛肉的好菜”。毛泽东得知后，颇不以为然。他在 1965 年秋天写下了《念奴娇·鸟儿问答》：

借问君去何方，
雀儿答道：
有仙山琼阁。
不见前年秋月朗，
订了三家条约。
还有吃的，
土豆烧熟了，
再加牛肉。
不须放屁，
试看天地翻覆。

毛泽东的饮食太简单、太艰苦了。但是，他却特别喜爱吃红烧肉。在他看来，能有红烧肉吃就是大补了。毛泽东爱吃红烧肉是出了名的。围绕着吃红烧肉，还发生了许多有趣的故事。

沙家店战役结束后，毛泽东对李银桥说：“银桥，你想想办法，帮我搞碗红烧肉来好不好？要肥的。”

李银桥回答说：“打了这么大的胜仗，吃碗红烧肉还不应该？我马上去搞。”

已经三天两夜没有合眼的毛泽东疲倦地摇摇头说：“不是那个意思。这段时间用脑子太多，你给我吃点肥肉对我脑子有好处。”

于是，李银桥告诉厨师高经文烧了一碗红烧肉。毛泽东先用鼻子深深地吸吮香气，两眼一眯，情不自禁地赞叹道：“啊，真香！”然后，抓起筷子，三下五除二，转眼就吃了个碗底朝天。

毛泽东放下碗，忽然发现李银桥目瞪口呆地站在旁边，有点不好意思地笑了：“有点馋了……打胜仗了，我的要求不高吧？”

俘敌六千余人，他只要求一碗红烧肉。李银桥的眼圈一下子红了，使劲摇摇头说：“不高，不高，主席要求得太少了，太低了。”

毛泽东说：“不低了。战士们冲锋陷阵也没吃上红烧肉，只能杀马当粮食吃。”

从此，李银桥知道毛泽东爱吃红烧肉。按毛泽东自己的说法，吃红烧肉是为了补脑子。

此后，每逢大战或者毛泽东连续工作几昼夜，李银桥就要千方百计地替毛泽东搞一碗红烧肉来。可是，战争年代，有时连粮食都没有一粒，大家常常吃黑豆，到哪里去找红烧肉？李银桥每每有些为难。真是应了那句古话：巧妇难为无米之炊。

有一次，正当李银桥为找不到肉而犯难的时候，贺龙给毛泽东捎来一块腊肉。腊肉虽不好烧成红烧肉，但炒一小碟吃吃也可以补补脑子。

令李银桥意想不到的是，腊肉端上桌，毛泽东却叫撤走。

毛泽东说：“你们想叫我吃得好一些？可是我怎能吃得下去呢？”

李银桥忍不住叫了起来：“这是为了工作，为了补脑，可不是为了享受！”

毛泽东朝椅背上一靠，说：“脑子是要补的，可是也要讲条件。条件不同，补的方法也不同。银桥啊，你给我篦篦头吧。”

李银桥给毛泽东篦头。毛泽东开始给李银桥讲黑豆的营养价值，说它的蛋白质足够脑子使用了。又讲篦头的好处，说它能促进头部血液循环，把有限的营养首先满足大脑。

李银桥听着听着就掉眼泪。补脑也要讲条件，毛泽东的说法，显得那么朴实。饮食从不刻意追求，这，就是毛泽东对饮食的基本态度。

毛泽东说补脑子要讲条件，可是当后来到了西柏坡，特别是新中国成立后，条件好了，毛泽东仍然保持爱吃红烧肉这个习惯。一切山珍海味他都不追求。

1948年9月，中共中央正在西柏坡召开政治局会议。毛泽东工作十分紧张。会议开到第三天，毛泽东也已连续工作了三昼夜。这三天三夜，毛泽东每天只吃两餐麦片粥或素面。麦片粥是用搪瓷茶缸在电炉上煮的。毛泽东就着腐乳，喝一茶缸麦片粥，就算是吃一顿饭了。

这天，毛泽东对卫士长李银桥说：“馋了，来碗红烧肉吧！肥点的，补补脑子。”

江青知道后，皱起眉头说：“真是改不了的农民习气！”她告诉李银桥：“你们不要弄红烧肉了，贺老总不是送来腊肉和鱼了吗？给老板做得有滋味些。什么不比那碗红烧肉强？”

吃饭时，毛泽东发现没有红烧肉，又发了脾气：“怎么回事？交代了事情为什么不办？是办不了还是不想办呀？”

江青不吱声。李银桥委屈得流下了泪。

事后，毛泽东得知原委后，拍了桌子：“我就是农民的生活习惯，我本来就是农民的儿子！我吃饭不要她管，今后我吃我的，她吃她的，就这么办了！”

李银桥还是给毛泽东端来了红烧肉。

毛泽东用筷子夹起一块大肥肉放进嘴里，吃得很香，边吃边说：“好，很好。”一碗红烧肉很快便被他吃光了。

其实，江青不让毛泽东吃红烧肉，尤其是肥肉，也是出于好意、关心。因为肥肉吃多了，胆固醇增高，影响到身体健康。可是，毛泽东偏爱吃红烧肉，尤其是经过了一连几天的劳累和素食之后，更想改善一下胃口。

9月会议开了六天，卫士给毛泽东做了两次红烧肉。为了变变花样，警卫排的同志曾出去打斑鸠给毛泽东吃。毛泽东说：“你们不要为我吃的东西费力气，一个星期给我吃两次肥肉，那就足矣。”

此后，卫士们都按照毛泽东的吩咐，每星期保证让他吃一两顿红烧肉。

济南解放了。胜利的消息传来，毛泽东非常高兴，手里挥动着攻克济南

1956 年毛泽东在看群众写给他的报喜信（侯波 摄）

的电报告诉了卫士们。一个卫士调皮地把它与红烧肉联系起来，说："主席吃了红烧肉，指挥打仗没有不赢的。"后来，进北京后，医生也多次劝说过毛泽东，最好不要吃肥肉。可毛泽东总是摇着头说，你们医生的话，不可不听，也不可全听。我这几十年的生活习惯了，你们不要强迫我。

进城后十几年，毛泽东未改变爱吃肥肉的习惯。

作为领袖人物，毛泽东的英雄本色既表现在变幻复杂的政治风云中，也表现在日常生活中。有时，这两者还紧紧地联系在一起，更显其英雄本色。中苏关系破裂时，国内也正逢困难时期。毛泽东怀着一股"顶"的斗志，带领中国人民开始自力更生。与此同时，毛泽东还带头号召不吃肉，在生活中提倡艰苦朴素，渡过难关。

◆毛泽东发明了“辣椒革命论”

吃饭离不开辣椒，这是毛泽东饮食习惯的一大特点。

不管是在战火纷飞的年代，还是身居共和国主席的高位，辣椒陪伴了他的一生。在战争年代，能吃上一顿辣椒对毛泽东来说就是顿美味佳肴了。没有别的食品，毛泽东就用馒头夹着辣椒吃。在延安，曾经盛传“毛泽东就着西瓜吃辣椒”的佳话。中华人民共和国成立后，毛泽东的伙食还是相当简单，餐桌上总是一荤一素，但辣椒却是每餐必不可少的。

湖南人口味偏好辣，这个生活习惯在毛泽东身上发展到特别的程度。没有辣椒，他吃起饭来就觉得没有味道，甚至还影响到食欲。

1930 年 5 月，毛泽东在江西寻乌搞调查时，他的警卫员知道毛泽东爱吃辣椒，便一大早跑出去挨家挨户地寻找。

在江西，辣椒并不是每家每户都有。警卫员找了好久，却一无所获。突然，警卫员的眼睛一亮，一位老乡家的窗前晒了几串红红的辣椒，而且这正是毛泽东最爱吃的焙干的红辣椒。于是，警卫员兴奋地跑过去，使劲地敲门。

门开了，一位老乡走了出来，看到一位战士站在门口，这位老乡有点疑惑不解。

警卫员指着挂在窗前的红辣椒，问道：“我们首长爱吃辣椒，不知你的辣椒能不能给我一点？”

老乡听了，二话没说，伸手就摘了一串鲜红的辣椒送给警卫战士。

吃饭的时候到了。在毛泽东简单的饭菜中，多了一碗红红的辣椒。毛泽东非常高兴，立刻坐到桌子旁，一边举筷品尝，一边问道：“这辣椒是从哪里弄来的？”“向老乡要的。”警卫员得意地回答。他想，这下毛委员可要表扬我了。

没想到，正在兴致勃勃地吃辣椒的毛泽东却放下筷子，站了起来，说：“要的？”他走到警卫员跟前，和蔼地问道：“参军后，连长给你讲了‘三大纪律，八项注意’没有？”

警卫员有点丈二和尚摸不着头脑：“没有。”

“这件事不能怪你，主要是我们对新战士宣传党的政策不够，教育还跟不上。一会儿告诉你们连长，叫司务长从我的伙食费里把辣椒钱给老乡送去，还要给人家道歉。”毛泽东耐心地对警卫员解释起来。

在寻乌，毛泽东为了酬谢帮助他调查的群众，请来开会的群众吃饭。这顿饭有两道菜：一碗豆角和一小碗炒灯笼泡辣椒。

毛泽东的筷子只夹了点豆角，那一碗辣椒连碰也没碰一下。

“毛委员，你不吃辣椒吗？”有人觉得很奇怪。

毛泽东笑着回答说：“吃的，不过近来胃口不太好，不大敢吃。”

在座的群众向毛泽东介绍说：“这是我们本地的辣椒，叫灯笼泡。别看他它个大，却不辣。”

“哦，是这样，我们湖南的辣椒可不同，虽然都是小指头那么小，却辣得厉害。”毛泽东一边说，一边果真夹了半个大辣椒，试着咬了一口，嚼一嚼，笑着说：“嘿，果真不辣，这真叫大而无用。”

毛泽东又咬了一口，幽默地说：“凡事不能光看外表。像它，看起来样子这么大，以为一定辣得厉害，可是它实际却一点不辣。湖南椒虽然小却辣得很。正像现在反动派一样，别看他表面上强大，其实却是中间空空的灯笼泡，而我们个个都是湖南椒。”

一席话，说得大家都笑了起来。

在江西瑞金的时候，有一次，为吃辣椒，毛泽东还和贺子珍发了脾气。那时正值盛夏，贺子珍为毛泽东炒了一碗辣椒。毛泽东一连吃了好几顿，还舍不得全部吃光。贺子珍端出来一闻，这才发觉辣椒早变味了。于是，贺子珍将剩下的辣椒都倒掉了。

中午，毛泽东回来了，一边洗脸，一边问道：“那碗辣椒到哪里去了？”

贺子珍回答说：“倒掉了。”

毛泽东一听这话，顿时火起，连洗脸盆带水全扔到地上了。贺子珍气得跑了出去，到晚上才回来。

事后，毛泽东了解到事情的原委，很后悔当时的鲁莽。不过对于那点辣椒，他仍觉得可惜：“把它再煮一下，是不是吃了不要紧。”

1942 年，斯大林派人给毛泽东送来了丰厚的礼品。回赠什么东西才能与这些厚礼相称呢？爱吃辣椒的毛泽东很自然地想到了他最为珍贵的辣椒。毛泽东给斯大林写了封信，让人缝了个大布袋，装上他亲手播种、培育、收获的红辣椒。毛泽东说：“延安这里，没有什么特别的东西，我就给斯大林同志送这点礼品，表示我的谢意吧。”

于是，这袋毛泽东亲手种的辣椒便越过千山万水，飞到了苏联最高统帅的手中。

1949 年，毛泽东住在北京香山双清别墅。

为了能让毛泽东吃上可口的饭菜，警卫班的战士在自己住的院子里，开垦了一亩地，种上了毛泽东喜爱吃的辣椒和其他蔬菜。

一天，毛泽东散步来到警卫班的院子里，意外地看到了绿色的小苗苗。毛泽东弯下腰，仔细地端详了一会儿菜苗，笑眯眯地说：“我几天没来，你们这里就大变样了。”

战士们看到毛泽东露出了满意的笑容，便七嘴八舌地告诉他：“这些辣椒，是特意给主席种的。”“咱们现在住在这里，有条件自己种菜了。”

“谢谢你们。”毛泽东站起身，拍了拍手上的泥土，风趣地说，“不劳动者不得食，我没有参加劳动，怎么能白吃呢。下次浇水时，我也来浇。我参加了劳动，以后吃的时候就理直气壮了，吃起来也就更香了。”

毛泽东平时在家吃饭也顿顿离不开辣椒，外出也离不开辣椒，只要条件许可，他一定要吃，但医生又偏偏禁止他吃辣椒。这对毛泽东来说，是非常难受的。1956 年，毛泽东在武汉时，悄悄和陪他吃饭的湖北省委负责同志说：“我身边的医生不许我吃辣椒，你能帮助我腌点湖南辣椒吗？”那位同志设法从湖南韶山弄来了 2 斤辣椒，制成成品后，送到毛泽东那里。由于有了湖南辣椒，毛泽东每餐竟能多吃半碗米饭。但是，纸包不住火。不久，这个秘密还是被保健医生发现了。

毛泽东不但嗜辣椒成性，而且还很爱唱一支名为《红辣椒》的歌。这支歌唱的是辣椒对自己活着只是供人食用而没有生活意义感到不满，辣椒嘲笑白菜、菠菜、青豆的浑浑噩噩，没有骨气的生活，终于领导了一场蔬菜起义。把辣椒放在蔬菜之王的地位，而且还赋予它革命性，可见毛泽东对辣椒的喜爱。

毛泽东还发明了一套“辣椒革命论”。他曾半真半假地对人说，吃辣椒革命性强。他认为，爱吃辣椒的人都是革命者。一次，他请人吃饭时，在餐桌上发布了他的“辣椒革命论”。他说，湖南人爱吃辣椒，因而革命家特别多。他还列举了西班牙、俄国和法国的情况来证明他的“理论”。没想到他的理论一发布，立刻就有人提出反对意见。有人举意大利为例，说意大利人也因爱吃辣椒而出名，而现在意大利的法西斯分子也特别多。毛泽东听罢无言以对，只好大笑着认输。

也许是由于风闻毛泽东的这个高论，不少四川人也以爱吃辣椒为荣。就有一位县长和一位女县委书记爱吃辣椒竟被当地人视为一绝。甚至在接待上层机关的来人时，也要单备上一盘辣椒。

晚年时，由于患有多种疾病，毛泽东吞咽困难，因而不能随心所欲地大吃辣椒了。这时他吃辣椒，都是在小盘子里蘸一点点，然后用嘴一抿，高兴地说“好香啊，一直辣到脚尖了。”

◆毛泽东不善饮酒却趣闻多

毛泽东不善饮酒，即使喝一杯葡萄酒也会脸红，所以极少喝酒。但是有两个例外：一是安眠药用完的时候，他为了睡觉，要喝一杯。喝一杯就会晕，喝三杯肯定躺倒。另一种情况就是打仗或写作，连续几天不睡觉，也需要喝点酒，以刺激神经兴奋。酒对毛泽东好像既能提神又可以安眠，关键是掌握好用量。

沙家店战役期间，为了制订歼灭钟松的36师的作战计划，毛泽东经常通宵达旦地工作。可是，这段时间恰好缺少安眠药，把李银桥急得没有办法。他只好为毛泽东准备了酒。这天，毛泽东向李银桥要酒。李银桥连忙说：“要什么酒，白酒行不行？”

毛泽东想了想，摇摇头，风趣地说：“不要白酒。钟松没有那么辣。”

“那就拿葡萄酒？”

毛泽东想了想，又摇头说：“这一次敌人有十几万，我们又是侧水侧敌，仗也没有那么好打……嗯，有白兰地吧？”“有！还有外国货呢。”

“我看就是白兰地吧！”毛泽东的手指头敲在地图上，敲在被红色箭头（表示人民解放军）包围的蓝圈（表示国民党军），敲在钟松的“脑壳”上。看来，毛泽东把钟松划入白兰地的水平；没有白酒辣，也不像葡萄酒那么柔和。

李银桥拿来白兰地，放在地图旁。酒瓶旁边放着一盒烟一盒火柴，酒瓶另一边顺序摆开油灯和蜡烛。锅台旁摆一张帆布躺椅。

战役打响后，毛泽东便守在电话机旁，一边和前线联系，一边查看地图。前线无大事，就看解放区各战区来的电报，或回到锅台旁写电文。电话铃一响，就放下笔去接电话，做出各种指示，下达各项命令。

工作如此繁忙，毛泽东自然舍不得休息。他决不出屋，也不上炕，累到极点就在帆布躺椅上闭目养神几分钟，眼皮一掀又接着工作。当脑子疲劳时，毛泽东就呷点白兰地刺激刺激。烟是一支接一支地抽，茶水便是一杯一杯地泡。泡过的茶叶用手指头一抠便进了嘴，嚼一嚼就咽了下去。头一天是一包茶叶冲三次水后才吃掉茶叶，到第三天已经是冲一次茶，喝完水就吃掉茶叶。

司令部里最热闹的是电台。从收到的敌台得知，钟松惊恐万状，急于突围。胡宗南在无线电话上，指名道姓地骂钟松。命令他“固守待援”。沙家店战役序幕一揭开，敌人便乱成一团，溃不成军。敌军完全是照着毛泽东为他们摆下的棋子一步步地走的。

沙家店战役打了三天两夜。毛泽东三天两夜没出屋，不上炕，累了就坐在帆布椅上养养神。吸掉五包烟，喝掉几十杯茶。这一战役的胜利，标志着西北野战军反攻的开始和国民党军对陕甘宁边区“重点进攻”的彻底破产。

毛泽东很是兴奋，挥毫给彭德怀写了 12 个大字：

毛泽东宴请苏联和越南领导人（杜修贤 摄）

谁敢横刀立马，唯我彭大将军。

写罢，毛泽东把笔一掷，抓起剩下的大半瓶白兰地，晃一晃，说："拿错酒了。"

李银桥说："什么敌人遇见主席，白酒也得变成葡萄酒，想辣也辣不起来。"毛泽东终生不善饮酒，这在党内外不算是秘密，甚至许多平民百姓都知晓。在党内，周恩来的酒量是不错的。毛泽东真是佩服至极。因为他本人太不能喝酒了，只要喝酒便会脸红——从脸上一直红到脖子上。

然而，作为领袖，毛泽东总有应酬。因此，毛泽东在各种应酬场合便不得不随大流，喝上几杯。

1945 年 8 月，毛泽东去重庆谈判，经常出席各种宴会。有一次，毛泽东去知名人士鲜英家私访。鲜英很好酒，特意取出封存多年的自制枣子酒招待毛泽东。毛泽东认为不能辜负主人一片盛情，于是便一杯接一杯地对饮起来。他们一边饮酒，一边对诗。当然，不善饮酒的毛泽东这次尽管借着酒兴尽情地潇洒了一回，但他却平生第一次大醉而归。后来，谈判结束前蒋介石也举办了一个招待会。宴会上，蒋介石举杯向毛泽东敬酒。但毛泽东却不领他的情，只是礼貌性地与蒋碰了杯，未喝一口酒。也许，这也是毛泽东的一种性格，一种“不逢知己酒不香”的性格。

新中国成立后，毛泽东很少喝白酒。1949 年 10 月 1 日，是毛泽东高兴的一天。这天，他站在高高的天安门城楼上，宣告了一个新时代的来临。晚上，中国共产党举行盛大庆祝宴会，招待来自苏联等国家和地区的代表团。宴会前，中央办公厅的同志很担心有的中央领导会喝醉，因为苏联人很能喝酒。于是，中央办公厅指示保健医生、首长贴身卫士用茅台酒瓶装了白开水为我方人员斟酒。宴会上，毛泽东喝的是红葡萄酒。工作人员便以红茶水代替葡萄酒给毛泽东斟了一杯又一杯。毛泽东对此很满意，因为他已喝过几杯真正的葡萄酒了。如果再不玩点名堂，结果难以预料。当然，苏联人并不知道这一内幕，他们在酒意朦胧中只觉得眼前的中共领导人一个个都很善饮，个个都是“海量”。

跟一般人一样，毛泽东在高兴或痛苦的时候也能喝些酒。在庐山期间，毛泽东心情不好，苦闷中他曾邀请周小舟、田家英等喝过一次茅台酒。当时，毛泽东想听他们谈对形势的看法。这些同志与毛泽东关系密切，交谈时便毫无顾忌，许多观点与毛泽东大相径庭。毛泽东本意是带了耳朵来听的，但听着听着心里就越来越难受。畅谈中，毛泽东突然吩咐服务人员：“来，我们喝点茅台酒以助谈兴。”服务人员马上提了一壶茅台酒来，给每人都斟了一杯。毛泽东拿起杯子，说：“我们边喝边谈。”说完便一饮而尽。谈话结束时，毛泽东已喝了好几杯酒。这位很少沾白酒的伟人，这次却喝了好几杯茅台酒。但奇怪的是他却没醉。

20 世纪 70 年代后，毛泽东的健康状况大不如前，甚至睡眠也更加困难。他又不愿意吃“补品”，很让人担心。后来，工作人员为他用高丽参浸泡了两玻璃罐茅台酒，希望他能每次在睡前喝上一杯以滋补身体，促进入睡。但毛泽东任凭怎么规劝就是不肯喝酒。结果，这两大玻璃罐人参浸制的茅台酒他一口也没喝过。

第五章

儿女情深家风严

在艰苦的战争年月，在远离亲人的异国他乡，爱琴多想得到父亲的消息啊！刚刚和父亲生活了一年，自己就和哥哥来到苏联学习，剩下父亲一人谁来照顾？现在他正做什么？每当想到父亲，爱琴的眼前就会浮现出他那单薄的身影。

第五章　儿女情深家风严

◆爱琴和允斌终于圆了寻父梦

和毛泽东的家庭一样，居住在福禄居的刘少奇，也迎来了从苏联留学归来的女儿。她就是刘爱琴。但他们已不是第一次见面。

那是1927年，蒋介石背叛了革命，向共产党举起了屠刀，大批共产党人遭到残酷镇压，大革命失败了。在这血雨腥风的年月，爱琴呱呱坠地了。正在领导土地斗争的父亲、母亲，为了革命工作，只好把还在襁褓中的女儿寄养在汉口一个工人运动积极分子的家里。谁知这一别竟然成为女儿同生身母亲的永别。爱琴的母亲何葆珍一直跟随父亲搞地下工作，1933年，由于叛徒的出卖被捕入狱。

1934年，她已被囚禁在南京的一座国民党监狱里，在狱中，她坚贞不屈仍积极地开展对敌斗争，在她就要走向刑场时，何葆珍平静地同难友们一一告别，迈着坚定的步子向雨花台走去。可是，她的心中不平静，她思念自己的丈夫和情况不明的三个儿女，允斌怎么样了？可怜他只有两岁便离开了父亲和母亲。由于刘少奇和何葆珍当时都在血火中搏斗，只好把襁褓之中的长子送回老家——湖南省宁乡县贫困的伯父家中。爱琴还在不在人世了？她和刘少奇的长女也是从小便失去了母爱和父爱，被寄养在一位工人家中。最使她放心不下的是心爱的小儿子允若，也下落不明，原因是允若当时只有四岁，在妈妈被抓的一刹那，慌忙之中匆匆交给邻居的一位大婶。允若现在哪里呢？

何葆珍正是为了自己后代和整个劳苦大众的后代有一个安定美好的未来，甘愿洒尽自己的一腔热血，壮烈就义的。

爱琴与自己的亲生父母分别时还在襁褓中，对自己的生身父母没有一点印象，留在她记忆中的只是养父、养母。爱琴从小在他们家长大，养母用自己的奶汁喂养爱琴，对爱琴就像对待亲生的孩子一样，而爱琴也一直以为他们就是自己的亲生父母。养父家的生活很苦，常常吃了上顿没有下顿。那时养父失业，只能出去打零工，一天挣不了几个钱。为了维持生活，养母也总是找些浆洗、缝补衣服的活。然而在那个黑暗年代，这点钱又怎能养活一家人呢！万般无奈，养父母只好忍痛将爱琴卖给人家做童养媳。

到了汉口婆家，爱琴就像掉进苦海里。在养母家，生活虽然很苦，却有父母的疼爱。在这里，不仅有干不完的活，还有挨不完的打，听不完的骂。小爱琴经常被婆婆打得青一块、紫一块，常常是旧伤没好又添新疤。冬天，双腿冻得生疮、流脓，根本无人过问。一家人吃用的水全由爱琴一个人挑。井口没有轱辘，就靠双手用绳子往上提水。成年人干这种活都觉吃力，何况一个骨瘦如柴、年仅十来岁的女孩子。一天，爱琴终因累饿交加，头一晕，栽进了井里，幸亏被人及时发现救了上来。从此以后，虽然小小的年纪，爱琴却总是想到死。11 岁，本该是人生中天真烂漫、活泼幸福的时候，而小爱琴在这样的年纪中，品尝到的却是生活的艰辛、磨难和痛苦。

1938 年 4 月，正当小爱琴被痛苦的生活折磨得筋疲力尽、痛不欲生，眼看支持不住的时候，养母和一陌生男子突然出现在她面前。见到久别的亲人，爱琴忍不住扑进妈妈的怀抱，失声痛哭起来。这些年所受的苦，此时此刻才能尽情地倾诉、宣泄出来！养母将爱琴紧紧地搂在怀里，一边流泪，一边安慰道："孩子，别哭了，妈妈这就带你回家。"这是真的吗？爱琴有些疑惑地看着妈妈，养母点点头，又跟婆婆交代了几句话，然后真的带着她走出了婆婆家。这时的爱琴，高兴得就像出了笼的小鸟一样。

养母和同来的人领着爱琴先到照相馆照了一张相，又给她买了一身新衣

刘少奇和失散多年的大女儿刘爱琴在延安合影（佚名 摄）

服。养母高兴地对爱琴说："孩子，这回你可真的要回到自己的家了，以后再也不会挨打受气了！"那位陌生人指着养母说："她是你的奶奶。你还有亲生父亲，以后我们带你去找他。"十多年来爱琴第一次听说养母不是她的亲妈妈，不禁惊愕地睁大了眼睛，不相信地一会儿看看妈妈，一会儿看看那个人，当确信这是真的时，又忍不住扑进妈妈怀里哭了起来。

过了几天，爱琴被送到武汉八路军办事处。几天之后，在周恩来的安排下，由八路军办事处的人将他们送上了一列开往西北的货车，并告诉他们此行的目的是去延安找自己的亲人。

夜已经很深了，爱琴仍然没有倦意。除了对过去生活的回忆，更多的是对明天的遐想。几天来她从大人嘴里得知延安是个好地方，那里穷人不受苦、不受气……父亲就住在延安，他长得什么样？是慈祥？还是严厉……我想早点到达目的地，看看延安到底什么样。父亲到底什么样。

下了火车换乘汽车，又颠簸了数日，爱琴一行终于来到了朝思暮想的延安，也终于见到了日思夜盼的父亲。从未见过父亲的爱琴真的见到爸爸时，张着嘴，却叫不出声来。父亲爱怜地看着自己的女儿，抚摩着她的手自言自语地说："太瘦了，太瘦了……你受了许多苦，不要紧的，这回就好了，你回到家里来了，以后把身体好好检查一下。"停了一下，父亲又接着说，"像你这样受苦的人还很多，我们就是要解放那些和你一样受苦的人。"父亲亲切易懂的话语，使父女俩的心紧紧地连在了一起。

她翘首盼望的哥哥刘允斌，也冲破重重险阻，很快也来到了延安。到延安那天，他走进父亲的窑洞里，桌子旁一个胳膊上佩带"八路"袖章的人兴奋地站了起来。这个人高高的个子，穿布鞋打绑腿，头上有些白发。

"叫呀，这就是你爸爸！"带他来的人对他说，而他站在那里却怎么也说不出话来。难道就是自己的父亲么？他定定地望着面前这个高高瘦瘦的人。

"我的儿子——"很少动感情的刘少奇，这次动了感情，他情不自禁把儿子揽在怀里，一个劲地说："快长成大小伙子了！"

刘少奇十多年来戎马倥偬、浪迹天涯，自儿子出生还没有见过他几面，这次见已 14 岁的爱儿如鸣雁翩翩而至，舐犊之情，令人潸然。

"爸爸，这些年是否忘了我？"允斌心底的压抑和不解油然而生，仰头问道。

"不思量，自难忘呵！"刘少奇难过且感慨地回答。

隔壁毛泽东听说刘少奇的大公子来了，也来看望，听刘少奇这番言语，也若有所思地感慨起来，他是否也想起了自己在苏联的两个儿子？他何尝不是自难忘呢！

是呵，他们怎能忘记自己的孩子？

革命者虽志硬似钢铁，但人非草木，孰能无情？

兄妹俩相见十分兴奋，一交谈，刘爱琴才知道允斌哥哥的童年也非常不幸。

刘允斌出生在1924年，比刘爱琴大两岁。他们出生时，刘少奇和何葆珍日夜都在为革命四处奔波，孩子成了他们的包袱，很小便把他们分别送走。

刘少奇和周恩来在延安（佚名摄）

年幼的刘允斌生活在父亲老家湖南省宁乡县，这里和中国任何一个地方一样，充满了苦难和血泪。小允斌如同路边的小草，虽然经受沉重车轮的碾压，还是慢慢地成长起来了。

刘允斌记事了，懂事了，能记住许多人和事，懂得许多人情世故。可他就是记不得自己父母的模样，不懂得父母为什么不来看他。尽管他也受到过母亲的爱抚和亲吻，但那时他还处在襁褓之中，无法体会这种深情的母爱。

刘允斌当时只有两岁，寄养在伯父家。他懂事以后，心里常常不解：我自己的父母呢？他们为什么不要我？

有一次，他在村边放牛，突然扑来一只恶狗，他的腿被狠狠咬掉一块肉。不久伤口就感染化脓了，他更加思念自己的父母，而此时他的妈妈何葆珍已被囚禁在南京一座国民党监狱里，即将走向刑场……她永远也听不到自己亲生骨肉的呼唤。

刘允斌从小性格倔强。他很佩服本村私塾老先生朱赞延，他为人耿直，满腹学问。他教授屈原的《国殇》对刘允斌的影响很大。刘允斌对屈原这种可杀而不可辱的精神十分崇敬，曾和小伙伴们步行百里到汨罗江寻找屈原的遗迹，以示凭吊。

刘允斌来到延安后如冲出笼子的鸟儿见到了高阔的蓝天一样，心里有说不出的高兴，对一切都感到新奇。

在这里，他和比他早几个月到延安的妹妹刘爱琴一同进入延安保育小学读书。他们每天都到宝塔山下的延河滩上去出操、上课。后来，因敌机轰炸，学校搬到离延安较远的一条山沟里。在这偏僻的山沟里，刘允斌贪婪地吮吸着知识的乳浆，用共产主义思想的刀斧雕琢着烂漫的灵魂。

党组织在找到湖南的刘允斌，武汉的刘爱琴后，却一直没有找到在上海失踪的刘允若。

周恩来曾经多次指示上海地下党寻找，过了好几年，才打听到何葆珍当年留下的孩子被一个无业游民收养。

等弟弟回到父亲刘少奇身边时，已十多岁了。抗日战争也已经结束。党组织寻找这个孩子整整用了八年时间。刘允若因为长期生活在充满悲苦和愚昧的贫民窟，从小得不到母爱和父爱，过着沿街乞讨打小工为生的生活，性情变得比较孤僻和敏感，在一般人眼里他是个性格古怪沉默寡言的孩子。

尽管工作繁重，刘少奇还是一有时间就给儿女们讲革命道理，教他们读书识字。1939 年 8 月底的一天，刘少奇将两个孩子叫到身边，对他们说："你们知道我们北边是什么国家吗，是苏联，那是个社会主义国家，是列宁、斯大林领导的，那里没有地主、资本家，没有剥削，将来我们也建立这样的国家……你们想不想去？"兄妹俩高兴地说："当然想去，可去那儿干什么呀？""去学习，你们到那儿的最大任务就是好好学习，掌握更多的知识，还要把身体锻炼健壮，回来建设我们的国家。"

第二天，爱琴就同哥哥一起，依依惜别了慈祥的父亲，告别了延安，踏上了奔赴莫斯科的路程。

经过三个月的长途旅行，11 月初，他们终于到达了莫斯科，进入了由"苏联国际革命战士救济会"主办的国际儿童院。儿童院里的孩子很多，由于他们分别来自不同的国家，大家只好把俄语作为共同语言，同时也要学习本民族的语言。

儿童院的生活是紧张而又愉快的。爱琴同其他孩子一起学习、唱歌、玩耍，对一切都有乐趣。这时的她与做童养媳时判若两人，天真的童心又回到她的身上。她就像一只快乐的百灵鸟，走到哪里，就把歌声、笑声带到哪里。

然而，这种幸福的生活并没有持续多久。1941 年夏天，德国法西斯将魔爪伸进了社会主义的苏联。伟大而艰苦的卫国战争开始了。国际儿童院里这些来自不同国家的孩子们的命运同苏联的命运连在了一起。这时儿童院已由莫斯科近郊的莫尼诺迁到了莫斯科以北约三公里的伊万诺沃城。那年的冬天似乎格外寒冷。几个年纪大些的同学参军上了

刘少奇和小女儿在一起（佚名摄）

刘少奇在北京机场
（杜修贤 摄）

前线，儿童院里的女孩子接受了军队后勤部门的任务，日夜不停地为前线战士缝制白斗篷和棉手套等。男孩子们则组织起来到森林里伐木，到处拾废铁捐献给兵工厂，炼铸大炮。

战争时期，生活是十分艰苦的。孩子们的食物量很少，吃的也只有面包、玉米糊糊粥和土豆。但孩子们都很懂事，没有一个喊饿的。为了减轻政府的负担，孩子们一边学习，一边在园圃和住房四周的空地上，种上一片片的蔬菜，有西红柿、豆角等。到收获的时候，他们吃着自己亲手劳动得来的果实，觉得自豪极了。

在艰苦的战争年月，在远离亲人的异国他乡，爱琴多想得到父亲的消息啊！刚刚和父亲生活了一年，自己就和哥哥来到苏联学习，剩下父亲一人谁来照顾？现在他正做什么？每当想到父亲，爱琴的眼前就会浮现出他那单薄的身影。

1941 年冬季的一天，哥哥轻声告诉妹妹，爸爸去前线了，去组建新四军了！得到爸爸的消息，爱琴惊喜地睁大眼睛。

爱琴就这样在异国他乡，在战争中成长起来了。1944 年，她光荣地加入了共青团。1945 年 8 月，战争终于结束。苏联胜利了！中国胜利了！法西斯被打败了！同学们尽情地唱啊、跳啊、笑啊。在这欢庆的气氛中，同学们陆续结束了在儿童院的学习生活，纷纷考入了大学或中等专业技术学校，爱琴也升入莫斯科通讯技术学校继续学习。

◆刘少奇没让女儿去圆爱情梦

17 岁的爱琴，已出落成一个漂亮的少女，那双闪光的大眼睛明如秋水。她面如明月，白净细腻，见了人总是善意地微微笑着，身上没有了那个会吹口哨，和男孩子一样玩弹弓的调皮的小姑娘的影子。时间以及战争，改变了她的年龄和性情。莫斯科通讯技术学校的新生报到处，一片繁乱。爱琴手里提着一只小皮箱，里面装着几件换洗的衣服，她还背着一个背包，里面全是书和一点儿生活用品。由于战争的结束，学校恢复上课，但百废待兴，一切还都不很正规，而这时的学生来源很杂，不仅是从学校，还有从工厂、军队中退出战斗的年轻人们。经过几天的考试，被录取的学生纷纷攘攘地挤在报到处，等待参加体检。

爱琴在人群中，四处张望着，希望能见到一张熟悉的面孔，但她没能如愿，这里是一色的深眼窝，高鼻梁，大多是黄色和栗色的头发。她叹了口气，找了一个墙边靠着。

一会儿喊她的名字了，爱琴急忙跑过去，把自己的录取通知书和简历表递了过去。一位长着一头金黄头发的女教师问：“你是从伊万诺沃国际儿童院来的？”这使爱琴身边的一个人不由得侧头望了望她。爱琴点点头：“是的！”或许是爱琴一口流利的俄语，或许是学生来源杂得已使女教师无暇多问，便把简历收下，然后指给爱琴体检的地方。爱琴说了声“谢谢”，就挤出了人群。

这时，一位漂亮的男孩儿，也随爱琴一同挤了出来。爱琴发现一个男学生跟在自己身后，甚至都能听到他的喘气声，就回过头，看见了一个长着栗色头发的漂亮的男生冲她望着，就友好地笑了笑，继续向前走去。这男孩儿大概是受到了爱琴微笑的鼓励，紧走两步跟了上来，对爱琴说：“你是从伊万诺沃国际儿童院来的吗？”“是呀！你怎么知道？你问这干什么……”爱琴仍旧笑眯眯的。“我在报到处，听老师问你……”那漂亮男孩忽闪着一双大眼睛说，“我想说，我也是国际儿童院的，是莫尼诺国际儿童院的”。他看上去很乐意介绍自己。

爱琴停下脚步，看着他，心里十分高兴，她刚才还想能不能见到个中国同学或是儿童院的同学呢！这时真的就遇上了，她兴趣来了：“啊！你是在莫尼诺吗？我也在莫尼诺住过一年时间呢！应该说，我们是老朋友啦！”

“这么说，你一定是中国人了。”男孩儿说，看得出他很聪明。

“这么说，你一定是西班牙人啦！”爱琴有些调皮地答道。

莫尼诺最初是为中国孩子建立的，西班牙内战后，那里去了许多西班牙孩子，不久就关闭了。这段历史凡住过那里的人都清楚。

两个大孩子对视而笑了，心照不宣地知道对方是革命者的后代，这使他们彼此感到亲密。

“好啦！西班牙人，我到了，去体检了，再见！”爱琴边喊边跑进了体检的房子，她听到了后面传来西班牙男孩儿的声音：

“喂，中国人，请问姓名，分在哪一个系？”

爱琴分到经济计划系。她和一位名叫伊拉的俄罗斯姑娘同住一间宿舍，并很快成了朋友。

爱琴学习十分刻苦，虽然她仍喜欢运动——体操、游泳、滑冰，喜欢唱歌，但她已很少有时间去玩了，要念的书太多，应抓紧时间，用心多学一些知识。她答应过哥哥，要努力学习，取得好成绩，将来向爸爸汇报。哥哥还对她说过：祖国现在很贫穷，我们在这里有条件学习，多么不容易，祖国需要有知识、有文化的人，我们要学到更多有用的知识，报效国家。每当爱琴学得累了，哥哥的话就响在耳边，使她从不敢放松自己。

学经济对一个女孩子来说并非易事，深奥的理论、枯燥的数字、广泛的社会历史以及经济学中涉及诸多领域的知识犹如海洋，什么财政、货币、劳动经济、工业组织、农业经济、经济增长和发展、数理和计量、经济大周期、领域、经济史、制度、经济地理等等，没完没了的课程，压得爱琴喘不过气来。

她和伊拉常常是很早起来，第一件事就是去晨读，然后胡乱吃完早餐便又开始一天紧张的学习，晚上自习要读到 11 点钟以后。

1946 年的新年，莫斯科通讯技术学校举行舞会，礼堂一片欢声笑语。乐队演奏着《喀秋莎》《山楂树》等乐曲，年轻人翩翩起舞，伊拉死拉硬拽地把爱琴拖来，"放松放松吧，新年了总要休息一下的！"爱琴何尝不愿放松一下，听到礼堂传来阵阵悦耳的音乐和喧闹声，她的确也不能坐下来看书了。

那一颗年轻的心，毕竟还经受不住多彩生活的吸引。

她来到礼堂，确切地说是舞厅，惊喜地发现那个相貌英俊的西班牙男生正和一位姑娘跳舞，他们漂亮的面容、优雅的舞步吸引着许多人的目光。

当一支曲子奏完，那西班牙男孩也发现了爱琴，向她走了过来。爱琴不知怎的，心里立刻突突跳了起来。

"你好，中国人。"

"你好……"

命运又一次邂逅，让两颗年轻纯洁的心贴近了，尽管他们此时完全没有意识到突然降临的——爱情的神圣。但他们却都蒙眬地感到了一种吸引力。在爱的境界之中，每个人都有自己的感觉，这种感觉太细微，太美妙，乃至不可言传。

爱琴纯洁的初恋就这样开始了。然而她的这次初恋却在以后给她带来了诉之不尽的悲伤。

那个英俊的西班牙男孩名叫费尔南多，是西班牙共产党领袖伊巴露丽的外甥。

20 世纪 30 年代初，伊巴露丽是国际共运中人人皆知的政治明星。在 1936 年爆发的西班牙内战中，伊巴露丽作为共产党的领袖，在领导西班牙工人抗击共和政府的叛乱者时，发挥了极为重要的作用。德国和意大利法西斯支持叛乱，向叛军提供武器弹药，而伊巴露丽等共产党人却争取得到了苏联和共产国际提供给共和派的军事装备和军需品，为保卫共和立下赫赫战功。然而，共和政府被迫流亡法国，西班牙共产党遭到佛朗哥政权的大肆捕杀。

费尔南多的母亲，也是一位共产党员，她跟随姐姐伊巴露丽投身革命多

1954 年，刘少奇一家人在北戴河（侯波摄）

年，从未退缩，最后牺牲了。当马德里被佛朗哥将军攻陷后，伊巴露丽遭到政府通缉，她所有的亲戚受到株连。1939 年 7 月刚刚 13 岁的费尔南多，跟着姨妈流亡到了苏联，进入莫尼诺国际儿童院。

伊巴露丽姨妈在苏联默默地生活了 30 年。直至 1975 年，佛朗哥病死以后，她才回到西班牙，担任西班牙共产党主席。这是后话。现在，两颗青春勃动的心相爱了。

傍晚，学校的林阴道上，操场、溜冰场、游泳池、教室中，人们常会看到无线电系的费尔南多和经济计划系的刘爱琴的身影，两张年轻的笑脸上，写着爱情的甜蜜。这两个出身于共产党领袖之家的少男少女，根本不知对方的父母和身份，也没有“门当户对”的观念，他们只知道对方是革命家庭。他们相爱，无须谈周围的人和事，纯洁无邪的爱使彼此心心相印，这就足够了。

爱琴被幸福笼罩着，她眩晕，她沉醉于情感之中。

费尔南多只想与爱琴常相厮守，不愿分离。

不久，刘爱琴和费尔南多结了婚。可费尔南多却不知道刘爱琴的父亲——自己的岳父大人是谁。

他们也曾有过片刻的理智，那也只不过是向对方说一句：

“以后我回中国，你跟我走！”

“以后我回西班牙，你跟我走！”

爱琴觉得这并不复杂，她相信费尔南多爱她，会跟她走到天涯海角。她还不知道，事情并非像她想的那么简单。

不久，刘少奇率中共中央代表团访问苏联，爱琴的爱情也面临严峻的选择。

在苏联，爱琴和哥哥见到了分别已10年的父亲。父亲高兴地看着他们说：“都长大了！都长大了！”在紧张的访问期间，刘少奇经常抽空询问他们的学习、生活情况，给他们讲述国内形势的发展，并告诉他们，新中国就要成立了。听了这个消息，爱琴和哥哥高兴得欢呼起来。当刘爱琴说中共中央代表团团长刘少奇是她的父亲时，费尔南多发愣了，他怎么也没想到自己娶的是位“公主”。他想起结婚前，曾对姨妈提到与刘爱琴结婚的事。姨妈说：“你们有不同的国籍，应多考虑将来，不要让感情代替理智，费尔南多，这是我对你这个婚姻的看法。另外，她的家庭你了解吗？”费尔南多这时才想到姨妈那些话的含义，觉得事情有些麻烦。

但他仍然同妻子去拜见了岳父大人。刘少奇十分简单地询问了费尔南多的家庭及个人情况，费尔南多一一回答了岳父的提问。最后，刘少奇用一种征询加命令的口气对他说：“我想请你同意，让爱琴在我这里住些时间。”

费尔南多一人回到家中，不知怎么，他感到不那么踏实。

刘爱琴顺利通过了毕业考试，她有充裕的时间与父亲同住。

父女第二次相见，又是10年过去了。刘爱琴无法形容自己喜悦的心情，10年中她无时不在思念着父亲。她忘不了战时哥哥告诉她，父亲去了前线时的那种揪心的挂念。现在，父亲来了，他的头发比从前白的更多了，可依然是那么神采奕奕。“爸爸老了，作为女儿应好好照顾他。”爱琴常望着父亲这样想，“女儿回到祖国不会再离开您。”

她回国决心已定，只是费尔南多能否与自己同行，常常令她感到不安。父亲在苏联活动日程排得十分紧张，她找不到适当的时间同父亲好好谈谈，而父亲似乎也有意识回避这件事。

“爸爸是不是在埋怨女儿结婚自作主张，没告诉他？”清晨，刚刚醒过来的爱琴这样想着。爱琴受俄罗斯民族奔放大胆性格的感染，她天真地认为木已成舟，父亲对自己的选择，还能怎样呢？

爱琴不知道，她想错了。

清晨，刘少奇把换下的衬衣放在了盆子里，然后挽起袖子，仔细地洗了起来。到莫斯科十多天了，频繁的参观访问和与苏共有关方面的高级会晤占去了大部分时间，他几乎抽不出时间与允斌、爱琴叙叙亲情，了解一下他们10年来经受的战争生活和学习情况。允斌如今已从莫斯科钢

1961年刘少奇与王光美在镜泊湖边小憩（佚名 摄）

铁学院转入莫斯科大学，成为一名化学系的学生，对儿子他感到欣慰。爱琴已中专毕业，品行学业颇佳，但她却任性地与一个西班牙青年结了婚，事先一点儿没征求他这个爸爸的意见！刘少奇感到恼火。“那个孩子看上去并不错……”刘少奇想，“只是，西班牙是个君主立宪的国家，与我们将要建立的社会主义国家之间，存在很大的差异，并且当今国际共运的阵线也不断在变化……爱琴太任性，太简单了，该找个时间好好同她谈谈了。”刘少奇回想女儿刚刚到他身边的样子，那么怯弱，那么瘦小。现在，她出落得漂亮，结了婚，二十多年来，他时常为没能给女儿足够的关心和爱感到深深地内疚，觉得今后更要多关心她。

父亲对女儿的关心和爱是无可置疑的。但刘少奇对女儿的爱却兼有中国式特有的家长武断式的亲情。

“爸爸，您又自己洗衣服？”爱琴站在卫生间的门口，一声嗔怨，打断了刘少奇的沉思。“我不是说了吗？您这么忙，衣服让我洗吧！再说，还有服务员……”

刘少奇不等女儿说完，就打断她：“不行，洗这点衣服，还用别人帮助？”看女儿低下了头，又说，“本来，这衣服是让你洗的，你现在又没什么事情，可是你怎么又让人家洗了呢？自己的事自己做，我还是自己洗吧！”

爱琴听得出父亲是在批评她，本来她要给父亲洗衣服的，可刚刚泡到盆子里，就被服务员夺过去了。父亲知道了，很不高兴。这不，今天刘少奇自己洗着衣服，还记着女儿的不负责任而批评她。

“爱儿，你过来，”刘少奇慈爱地叫着女儿，“找个时间，谈谈你和费尔南多的事。”

“好的，爸爸，我早想和您好好谈谈……”爱琴高兴了起来。

“我要你考虑，你是要回国的，费尔南多怎么办呢？”

“他同我一起回国！”

“唔？不那么简单……”

“为什么？”爱琴不禁急了。

刘少奇紧锁双眉没有回答。

时间过得真快，刘少奇到苏联已经一个多月了。还有几天，就要结束访问回国。爱琴不安起来，回国的日子一天天临近，爸爸仍旧对她和费尔南多的去向未表明态度。

下午，费尔南多又来找爱琴，对她说："你爸爸还未表态吗？他是不是不同意咱们的婚姻？"

自从费尔南多见到岳父那天起，爱琴就不曾见到丈夫脸上常有的笑容了。他本是一个心胸开阔，什么也不太放在心上的人，那幽默、风趣的谈吐，往往吸引着一群群男女同学，爱琴的女友——伊拉就曾说过："爱琴，你要再不对费尔南多的追求表态，我可要捷足先登啦！"爱琴知道，费尔南多不乏追求者，他漂亮，豁达，学习优秀……然而，仅仅一个多月的时间，爱琴发现他瘦了，那双欢乐的大眼睛常常望着天空发呆，于是她的心便像压上了一块大石头般沉重。

"费尔南多，别担心，今晚爸爸回来，我一定和他好好谈谈咱们的事……"她安慰丈夫。

"你想过吗？如果你爸爸不同意我去中国呢？"

"那怎么可能！爸爸十分爱我呀！而你是我丈夫。"

"你别那么简单……"

费尔南多又想起姨妈的那些话来。他毕竟比天真的爱琴成熟得多。

费尔南多走后，她一直等到很晚，爸爸才回来。爱琴告诉父亲，费尔南多来过了，并硬着头皮说："爸爸，您看，费尔南多能和我们一块儿回国吗？"她直截了当。

刘少奇被女儿突如其来的问话弄怔了，但他立刻明白，该同女儿谈谈这件事了，就说："爱儿，你坐下听我说。费尔南多是西班牙人，他不懂中文，不了解中国，不习惯中国的生活方式，你想过吗？他到中国生活不方便，并且西班牙国家制度同我们将要建立的国家不一样，爸爸要对你生活和政治上负责。"刘少奇简单明确地向女儿表明了自己的态度。

"爸爸，不错，费尔南多是西班牙人。那有什么关系，他也是革命者的后代，政治上有什么问题？我们相爱，到中国生活会互相帮助，他可以做翻译工作，并且我可以教他中文，给他当翻译……”爱琴连珠炮似的说出自己的理由。

“爱儿，在中国，现在西班牙文的翻译还少得很，你自己做他的翻译，那你自己又怎么能为党工作呢？又怎么能一心一意从事社会主义建设呢？你首先应该考虑党和国家的利益。”刘少奇语气坚决，令爱琴心中一片茫然。她万万没想到爸爸竟是这样一种态度。

“爸爸，我请求您……”爱琴开始哽咽，流泪了。

刘少奇转过身，不去看女儿的眼泪，淡淡地说了声：“爱儿，去吧，不早了，你该睡了！”

爱琴回到自己床上，蒙上被子失声痛哭，也不知哭了多久。突然她感到一双大手在抚摩她的头，她睁开眼，见是爸爸站在床头望着她，外面天已经亮了。

“爱儿，起来，你是个共青团员，认真考虑爸爸的话，不能孩子气，有什么想不通，晚上我们再谈。”

爱琴怎么也想不通，她敬爱的爸爸，却如此无视女儿的爱情！对于爸爸，这个给了她生命的人，她不能不服从他，但她又如何割舍对费尔南多的爱！父亲是她生活的导师，而费尔南多是她的伴侣，她既不能离开爸爸，又不能放弃她的挚爱——费尔南多。巨大的悲伤，一下子击倒了她。

爱琴发起了高烧。

刘少奇每天来女儿房里看她，只是丝毫不向女儿让步，他看女儿一声不吭，也不再冲他撒娇，甚至连看也不看他这个爸爸一眼，知道那是一种抗争。他不在意，他认为女儿只有服从他才是唯一的出路，至于她的伤感，“一切都会过去的”。

哥哥允斌也几次安慰妹妹：爸爸是从党和国家利益考虑的，作为他的儿女，我们只能服从；再说，他年纪大了，你回去好好照顾他，慢慢地和他谈，说不定过些时间会让你和费尔南多团聚的。爱琴对允斌说：“我真不懂，我们为他做出的牺牲还少吗？我们兄妹三人从小就被父母送了人，吃尽了苦；好不容易到了爸爸身边，他却又把我们送到苏联，饱尝了战争的死亡、饥饿和寒冷；现在和平了，他又要牺牲我的爱情！我真想不通，难道做刘少奇的女儿，就只有牺牲自己所有的幸福吗？如果是这样，我不如做一个平民百姓的女儿好了！”爱琴哭诉着心中的委屈，允斌看着泪人一样的妹妹，“唉——”了一声就什么话也说不出来了。

费尔南多也陷入了极度痛苦之中。一个多月来，他天天冥思苦想，他有力量留住一个“公主”在自己身边吗？他的岳父、著名的中共领袖刘少奇，会让自己的女儿随心所欲吗？中国能接纳他，一个西班牙血统的女婿吗？他尽管不太理解两国、两党之间的那种极其微妙的关系，那些是政治家们极为关注的事，但他清楚，身居高层的领导人对其子女的婚姻是有极强的干预力的。费尔南多恳请姨妈出面交涉，然而姨妈同样冷漠的态度让他失望，伊巴露丽同样出于政治上的考虑，口口声声以“不要感情代替理智”来劝导他。

他真的绝望了。

爱琴与费尔南多为维护自己的爱情抗争着。他们约定：爱琴回国后，多方争取费尔南多能早日来到中国。爱琴已不指望父亲的帮助，她要自己想方设法与爱人团聚。这两个互爱的伴侣从此远隔千山万水，他们互相思念，默默等待命运对他们的恩赐。然而，许多年过去了，他们始终没能如愿以偿，随着时间的流逝，他们心中的青春美梦终于被彻底埋没了。

地球在转动，世界多么复杂。

爱琴踏上回国的归途，一个小生命还在孕育，当一个漂亮的男孩儿在妈妈的祖国呱呱落地的时候，一位西班牙青年正苦苦想念着远方的妻子。

爱琴给儿子取名“索索”。因为他的父亲姓索阿列斯。

◆刘爱琴一回国就感到了“高处不胜寒”

1949 年 8 月底，刘爱琴离开了培育她 10 年的苏联，踏上了梦牵魂绕的故乡土地。她开始记起了儿时同奶妈居住的汉口，低矮的工棚，破旧的阁楼，婆婆家的小院，还有一片黄褐色的延安城，那窑洞、坪坝、山坡……一切都记忆犹新，现在故乡改变了吗？爱琴已知道新中国的政权就要建立，自己国家的人民也将和苏联人民一样，成为国家的主人。

阔别祖国10年的刘爱琴，对自己的故乡有着太多的眷恋和太多的陌生。

刘爱琴随刘少奇为团长的中共中央访苏代表团乘坐的专列，徐徐驶进了丰台。站台上，周恩来等领导人已在迎候刘少奇一行归来。

刘少奇微笑着走出车厢，同周恩来亲切握手。刘爱琴跟在爸爸身后，心中沸腾着踏上祖国土地和见到亲人的喜悦，她闪动着一双大眼睛四处看着。这时，周恩来看见了爱琴，走近前来握着她的手，笑呵呵地说："嗬！爱琴长大了！欢迎你回国。"

"周伯伯，您好！"爱琴礼貌地回答。

刘少奇朝站台一侧的一位长得很俊秀的中年妇女走过去，爱琴看着父亲过去拥抱了那妇女后转过身，对她说："爱儿，见见你的妈妈。"他又指指站在妇女身后的一个约十七八岁的大男孩，"这是弟弟，我对你讲起过的。"

那妇女是王光美。那大男孩是刘允若，即毛毛。

爱琴住进了中南海父亲的家。

空旷的大房间，四壁粉刷得很白，那种中国式建筑的门窗都很大。她一人住在里面，显得寂静而有些清冷，房里有一个单人床，一张桌子，两把木椅，屋角有一个洗脸架，上面放着一个脸盆。这里的一切是那么整齐、简洁，爱琴感到了家的安逸，暂时冲淡了她心中对费尔南多的思念之情。

那几天，她睡得十分香甜。

刘少奇几天以来一直在想，他是了解女儿的。回国后，爱琴很少讲话，她常常默默望着窗外的景色，一个人想心事。刘少奇知道女儿是在想念费尔南多，对女儿幼稚、纯情、任性他感到不放心。这天清晨，他对王光美说："爱琴从小没在我身边，身上有不少弱点。现在她回来了，要好好教育她，让她到群众革命斗争中锻炼自己、改造自己……"刘少奇作为一个忠诚的无产阶级革命家，他希望女儿成为情操高尚、忠诚为国为民的人。他认为对女儿的爱，首先是对她严格要求，成为一个对国家有用的人。为此，他给女儿亲自安排工作、学习、生活计划，在送给女儿一个与普通人一样的工作、学习、生活条件的同时，也给女儿规范了一个做人的模式。

面对刘少奇所有的安排，爱琴是没有什么选择而言的，父亲为她做的切，在让她感到爱的同时，也感到了父亲为她设计的那种行为规范。

王光美理解刘少奇对女儿的一片苦心，笑了笑对丈夫说："爱琴从小吃苦，好容易回来了，一切慢慢来……"

"唔，你把她的一身衣服也换一换！你看她，那身衣服像什么样子！"刘少奇不满意爱琴穿着的一套西装裙衣。那是回国前，他让女儿做两身衣服回国穿，可爱琴却做了两套西装裙衣，在刚进城都穿着制服的人群里，那么扎眼。"我今天要送她去学校，她将是一个普通的教师，穿着要朴素。"刘少奇望着王光美，又补充说了一句。

刘爱琴不情愿地脱下那套西服裙装，按照爸爸的意思穿上了列宁服，偏襟、吊兜、腰间有个布带子。她随爸爸走进了北京师大附属女子中学的校长室。

爱琴坐在校长面前，规规矩矩地听爸爸对校长说：

"她到你们学校来，请一定要严格要求。"

校长先介绍了学校缺少俄语教师的现状，然后很高兴地表示："十分欢迎刘爱琴到学校当教师！"

刘少奇点点头，"她来这儿有两个任务：教俄语和学习中文。她教俄语课，按老师要求；她上中文课，按学生要求。不要因为她是我的女儿，就对她迁就。"父亲严厉的语言让爱琴感到只有对小学生才会用这样的语气，她有些不自在。

校长对爱琴说："刘爱琴同志，根据学校的安排，您担任初中两个班、高中一个班，还有业余班俄语课，每周 18 小时的课时，您觉得困难吗？至于工资……"

"不，我可以担当。"

"工资，可以给她够吃饭的钱。"刘少奇立刻接着说。

"不能低于其他教俄语的老师的工资水平……"一位教师好心建议。当时，俄语教师工资按课时标准是每月 800 斤小米。

"不行，给她够吃饭的就行了。"刘少奇很坚决地补上一句。

从师大女附中回来后，爱琴觉得不公平，同样的工作，为什么爸爸只许她拿别人工资的一半？她想了好几天，终于忍不住问爸爸：

“为什么您不允许我拿800斤小米？我的工作和其他老师一样啊！”

“你刚回国，工作不如其他人熟悉。你还要继续学习，学习中文，学习其他同志的工作经验，中国的事情你还不懂，在工资方面你不能同别人相比。”

“我不明白……”

“现在，解放全中国的战斗仍在继续，支援战争开支浩大。人民政府要支付旧政府留下来的几百万军政公教人员的薪金，以稳定社会。人民政府有困难，你是我的女儿，要首先替国家着想，这是你的义务。”刘少奇不容许女儿反抗他的意见。

这样，刘爱琴的工资是每月400斤小米，比相同工作人员少一半。她除了教课，还跟初中一年级班学语文课，坐在课堂的最后面认真听讲，想尽快弥补仅在延安上了一年小学的不足。

爱琴的中文水平很低。一天她拿着学生名册，竟发不出一些人名的读音。刘少奇知道了，对她说：“你应住女附中的教师宿舍，多些时间学习，不要住在家中。”他找来《中国社会各阶级的分析》《湖南农民运动考察报告》等毛泽东著作对爱琴说，“这些书，是你必读的，文字上可能还读不下来，所以你要抓紧在学校学习中文。这些书，你可以拿它当中文课本。”又说，“学习后，做出笔记，写出心得来。你认为写得好的，给我看看。”

于是，爱琴搬到女附中教师宿舍，不分昼夜攻读中文。

按照爸爸的要求，爱琴星期天回家，要汇报学习情况，她取出一篇学习《中国社会各阶级的分析》的学习心得递给爸爸。刘少奇只看了几行，眉头就皱了起来：“你是不是觉得写得挺好的呀？”

“是呀，我写了三遍……”父亲的严厉常令她心中发怵。

“那么，毛主席在文章里说中国社会有五个阶级，”刘少奇用手指着女儿的笔记说，“你看看，这里写的是几个？”爱琴急忙接过笔记本，一看，说：“四个。”

“太粗心，没认真读！丢了哪个？”“是半无产阶级吧。”“对，你把半无产阶级都没算上，这篇文章不能说你读了，还要继续学。”刘少奇看女儿低着头，一脸沮丧，就笑了，说：“你的语句还算是通顺的，字写得乱……

刘少奇在院子里打拳（佚名 摄）

嗯，这里还有错字。”刘少奇一边说，一边从桌上取出毛笔，把错字、白字一一改过。不知怎的，爱琴刚才听到爸爸的批评心中发怵，这会儿却想哭。她觉得委屈：白天教课听课，晚上学中文，工资比别人少一半，还要读完爸爸指定的必读的书，做笔记。自己已经十分努力了，一个星期没回家，但回来了听到的不是亲情的呵护和关心，而是严厉的批评！爱琴回到自己的屋里，觉得伤了自尊，哭得很伤心。

爱琴住在中南海温暖的家中，常常有种高处不胜寒的感觉。刘少奇对女儿的要求相当严格。他一丝不苟的“规范”着女儿的思想和行为。

不允许坐专车。爱琴曾经向中南海车库要过车，刘少奇知道后对她说：“你从学校回家可以坐电车、公共汽车，别人能等车，你为什么不能等，你有什么特殊吗？”

不允许吃小灶，要去大食堂就餐。有时，爱琴回去晚了，食堂没饭，自己就煮上一点儿挂面，或吃剩饭。六伯父的儿子刘允亮那时在北京 101 中学读书，学校的伙食差，他回家要求食堂的师傅做了一个肉丝炒苦瓜菜吃，刘少奇知道后，狠狠地责备了这个他十分喜爱的侄儿，气得允亮当晚就走回了学校，好几个星期不登家门。

不允许向国家伸手要东西。爱琴织了件毛衣，没有线再织毛裤，爱琴就悄悄让王光美给她买了一身绒衣绒裤。刘少奇知道后，叫来女儿："为什么买了一身？你不是有毛衣吗？"见女儿低头不语，他又说，"你花的不是我的钱，是人民的钱。"那时正实行供给制，刘少奇家中开支由国家配给。他对女儿的这种行为异常恼火，"你趁我不在时，让人家去买……记住，自己已经有的东西，不要去花人民的钱。你知道，人民现在还很穷。"

不允许搞特殊。一天，梅兰芳在怀仁堂演《霸王别姬》，爱琴从未看过京剧，又听别人说是大名鼎鼎的梅兰芳登台，就请工作人员找了票进去看，尽管她怕爸爸见到她会批评，躲开了爸爸的视线，但刘少奇还是知道了，果然狠狠批评了她。

爱琴觉得爸爸再也不是自己童年眼中的那个和蔼亲切的爸爸了，在家中她几乎从未见到爸爸笑过，她觉得爸爸对她严厉多于爱抚，苛刻多于宽容，她不懂究竟是爸爸变了，还是自己变了。"我是他的女儿，是人，不是木头，他的慈爱都到哪去了？"爱琴长大了，尽管她单纯，但还是多了几分思考。

刘少奇对爱琴回国后的进步是很看重的，但他多次向学校方面表述意见，坚持认为爱琴的思想作风并不那么艰苦朴素，遇事不能从人民的利益出发，特别是思想上太天真，政治上太幼稚，脱离国内长期革命斗争环境的锻炼，没有经过风雨，还不够坚强……

于是，刘少奇对女儿的"改造"就不仅仅局限在行为上，而是从更深的心灵处开始进行。爱琴感到：如果说作为国家主席的女儿，有一种特殊的话，那就是有更多的"不自由"。

◆妈妈，我回家了

1949 年 10 月 1 日，中华人民共和国在北京宣布成立，这时，朱德的女儿朱敏已经是莫斯科列宁教育学院的一名新生。

中华人民共和国成立的消息，她们是通过莫斯科电台知道的。

那天晚上，中国留学生和苏联学生一道，在学校的校园里点燃篝火，大家载歌载舞，一直欢庆到天亮。

这是父辈们出生入死、浴血奋战，献出了无数烈士的宝贵生命才换取来的开国大典。他们此时对新中国的向往和热爱比任何一个中国孩子更加强烈而深刻。

1950 年夏天，朱敏迎来了大学的第一个暑假，这次她一定要回国度假了，无论如何不能再让爹爹的愿望落空。

朱敏第一次坐上回国的火车，心里格外喜悦，因为铁路的尽头将是她日夜思念的祖国。

不过，这条回国的路途好漫长好辛苦啊！

怎么会有这样的感觉？她感到奇怪。

其实回国远比当年出国的路途好走多了，至少不需要躲躲藏藏的。可是相隔 10 年，已很难让她感受当时遭受的磨难。甚至惊讶，14 岁的她居然能从容走过艰难险阻的长途，抵达万里之外的莫斯科。原来记忆这个东西会超越尘世艰辛，有着不老的生命力，再现时，它会让人品尝一种独特的味道，就好像枯黄的草原上长出了一层绿草。许多年以后，特别是进入老年以后，她饱经屈辱的集中营岁月也有了回味无穷的感觉。以前朱敏最不愿意谈论的话题就是集中营，以至和她共事数十年的同事们，许多都不知道她有这段经历。那时她伤痕累累的心灵拒绝这段历史占据记忆的席位。50 多年过去了，这段岁月开始重新回到她的记忆中，除去血腥场面外，还能回忆起许多难友之间的有趣细节。这大概就是时间能改变一切的神奇魔力吧！

她从秘密出国到今天以一个大学生身份回国，中间相隔了整整 10 年，她不再是以前的朱敏了，她长大了10岁，由一个天真活泼的少女变为一个成熟深沉的姑娘。这期间她经历了战争，经历了死亡，经历了地狱般的生活。她不仅是千难万险中活下来的幸存者，也是敢于用自己生命完成自己一生的勇敢者。这一点让她自豪，虽然现在还不能给爹爹交上一份圆满的学业答卷，但她相信人生的答卷会让爹爹满意的。

她时常思考，当他们降生的时候，他们只是一个单纯的生命，父母并不负责完成他们的一生，让他们自己填充自己的一生，自己完成自己的一生。今天，她完成了她追求的第一个目标，考入了大学，进入了人生的第一个驿站，也就是说，她完全有能力实现自己的追求。

火车在苏联境内走了七天七夜才到中国黑龙江边界（现在是内蒙古边界），她们在火车上经过中国海关人员查验护照后，列车换上了有中华人民共和国国徽的蒸汽机车头。记得火车进入祖国的第一站正是半夜，从检查护照到火车开车，她就一直没有离开窗口，注意倾听每一个站台播音员的声音。

从西伯利亚的东部进入了中国，记得火车进入中国第一站是东北的满洲里（今内蒙古满洲里）。这个熟悉的地名，让她回想起姨妈常说她当年就是从这条路线进入苏联境内，从她母亲手里接过只有一岁的她，然后抱着她，万里迢迢回到成都的往事。抗日战争中，满洲里和整个东北最先进入耻辱的历史，溥仪的傀儡政权在东北盘踞了十多年。

历史的链环往往是圆形的。历史上的满族，是八旗大军进军中原最终建立清王朝的辉煌民族，二百年后，这种辉煌历史被他们的子孙演变为任洋人宰割，以割地赔款求和来维系其统治的清王朝，此时的皇帝早已失去了祖先的威风。到末代皇帝跑回祖先的故乡上演了一幕仰人鼻息，画地为牢，以卖国求得皇帝宝座的悲剧，历史完成一个圆形路线，又回到了起点。

朱敏正浮想联翩，突然被站台上广播里的语音吸引了。她纳闷：为什么祖国语言让她感到陌生，莫非，是她忘记了祖国的语言？

她被脑海里涌上的想法吓了一大跳。但她不相信这是真的，就起身问旁边的旅客：站台上的播音员说的是不是中国普通话？

她得到的答复是肯定的。

她一面用好奇而激动的目光注视着月光下的祖国，一面为自己听不懂母语而沮丧。

天亮时，火车抵达了哈尔滨，这是东北的一个大城市，站台上传来的声音依然让她听着吃力。离开祖国时间长了，那些亲切的母语竟然变得这样生疏，她不由得有点紧张，如果看见爹爹也说不出中国话，可怎么办？学到了专业知识却丢掉了自己的母语，这同样是一件让爹爹失望的事情。

在莫斯科学习的时候，没有语言障碍，也没有考虑以后回中国怎么办，总是想她天生就是中国人，又在中国生长了14年，总不至于会忘光吧。看来，她把自己的汉语水平估计得过高了。现在着急也没有用，就是临时抱佛脚也来不及了。

从东北到北京，路程短，再有一天两夜就可以到了。

新中国刚刚成立，战争的创伤还没有修复。一路上仍可以看见战争的痕迹，许多地方的村庄还倒塌在战争的废墟中，贫穷的人很多，逃荒要饭的人群随处可见。

朱敏没有去过北京，从爹爹来信中知道，爹爹和中央机关在北京郊区一个叫香山的地方。回国的朋友也来信说，香山是北京一处最美的风景地，特别是秋天，满山红叶把山林装扮得格外红艳。所以她到北京之前就已经将香山这个地名牢牢记住了。

到北京火车站后，朱德派人来接她，她上了汽车后，一路上东问西问的，什么景色都觉得新鲜。

汽车在北京狭窄的街道上行驶，她感觉很吃惊——北京古城怎么这样简陋？街道两旁都是灰色房屋，很少看见高层建筑。不过经过天安门时情形就不一样了，清朝王宫的紫色高墙气势非凡，里面金碧辉煌，雕花梁柱，占尽人间繁华，连巨型朱色宫门上鼓起的一排排疙瘩，都是用金镀的，说这是财富和身份的象征。

街上行走的人，穿着打扮也很单调，女人几乎清一色都穿布旗袍，男人白色短袖衫，蓝色长裤。不说和莫斯科相比，连哈尔滨也比北京有色彩，一点没有中国政治文化中心、聚集莘莘学子的现代味道。

朱敏与苏联小伙伴被关押在德国集中营中（佚名摄）

她看着看着，汽车驶进一条一边是紫红色围墙的街道。她正想问这是什么地方，汽车一转弯，进入了一个古色古香的大园林里。她好奇怪，她们到这里干什么？接她的人告诉她，中央机关已经搬到了中南海，就是她们汽车现在进入的这个红墙围绕的大园子。

“那香山呢？”她还念念不忘那块美丽的地方。

“只是留了些中央机关在那里看守，不过，中央五大领袖在香山都准备了别墅，朱老总也有，到时他会带你去的。”

她不知道五大领袖指的是谁，但她能估计出几个，有毛泽东、周恩来、刘少奇还有爹爹，最后一个是谁她说不准，后来知道是任弼时，不过任伯伯在1950年突然病逝。

中南海原来是清朝皇帝的行宫，里面的建筑都是清朝四合院式的，园中有院，有山，有楼阁亭台，最有特色的是700亩湖面，形成一个钩子形，钩子头称为“南海”，钩子把为“中海”，合称一起就是“中南海”。

她们进中南海时，看见湖面有许多小舟，中央领导人和家人休息的时候常在湖上泛舟。夏天里的中南海，格外宁静，泱泱湖面，微波荡漾，凝聚了古老而厚淳的历史，展示着庄重而多彩的风姿。

别看这处由中海和南海组成的中南海，那可是新中国政治中心之“海”，也是中国最大的“海”！

现在中央委员会和国务院都在里面办公，同时中央领导人都居住在里面。爹爹住在靠近中南海西门一个叫含和堂的建筑里。

来到一座有三间古式房屋的清代建筑面前，别人告诉她：到了！

这就是我的家？思念了10年的家？毕竟思家的感觉太沉重，一下子无法相信真的到了家。

她怯生生地迈步走进静悄悄的院子，房屋门窗在树阴下静静地闭着，树上的蝉发出震耳的鸣叫声……她轻轻推开虚掩的门，门里是客厅，里面有一圈沙发，因为天热，沙发上铺了凉席。

房梁上有雕刻的图案，不过年代久远，已看不清是什么了。大红色的柱子也油漆斑驳，色调很陈旧，隐隐约约还能闻到一股霉味从房间角落里飘出……

她站在客厅里，正在四下打量这陌生的环境，康克清妈妈从里屋走出来，一见到她，三步并作两步，紧紧拉住她的手，叫了声“朱敏”，声音就哽咽了，随即眼眶红了，泪光闪闪的。

她看见眼前亲切的妈妈，心头一热，第一个感觉——我到家了。

“妈妈，我回来了，回家……”说到“家”字时，喉咙里漫上酸涩的滋味，眼泪涌出了眼眶，再说不下去了。

“妈妈，我回家了。”“妈妈”这词是世界通用的语言，可后面的一句又变成了俄语。

妈妈听懂了她的语言，张开双臂拥抱着她，说：“是的，孩子，回家了。”

她说不出中国话，就不断用俄语重复“妈妈，我回家了”。

妈妈给她倒了杯凉开水，让她先休息一下，说爹爹一会就会回来，他这几天会议很多。

她便起身观看她的家。

东头一间是父母的卧室，房间只有一张旧棕绷床，一个旧床头柜，一个旧衣柜和一张接腿垫高的旧沙发，那床上的被褥都是用过多年，已经缀满补丁。雪白墙上挂着爹爹手书的箴言：从俭入奢易，从奢返俭难，勤俭建国家，永久是真言。

爹爹还是以前的爹爹，他一点没有变！

西头一间是爹爹的办公室、书房兼客厅，中间一间隔成两间，前半间作过道兼会客厅，就是她一进门的地方。后半间作储藏室。她回来后这里就成了她的卧室。

不一会，朱德开会回来了。

那时中南海里没有冷气设备，朱德进屋时一头汗，背脊丝绸短衫上印了一块深色汗迹。他一看见朱敏，没有像康克清妈妈那样上前握她的手，而是站在她的跟前，嘿嘿地笑。

爹爹没变，还是那样朴实，健康。他看她时的眼光，和 10 年前的一样，充满了怜爱和喜悦。细细看，爹爹比 10 年前多出许多皱纹，但身体胖一些了，脸色也比以前红润，

1942 年，朱德和康克清合影（吴印咸 摄）

大胡子刮得干干净净，显得很精神。

这次回来，朱敏是个大人了，不再像10年前，一看见爹爹，委屈得跟啥似的一头扎在爹爹怀里直流眼泪。

她从警卫员手里接过热毛巾，递给爹爹："爹爹，你先擦擦汗。"

"真快，一转眼10年了，你也长成大人了。"朱德边擦汗边说。

"爹爹、妈妈，你们也老多了。"她说这么简单的汉语也很吃力，老是出现错句子，把"老多了"说成了"多老了"。

朱德笑了，"啊呀，我的孩子，你的汉语可是不怎么样啊。你这次回来，两个任务，一是治病，下决心把病治好。第二个就是学习汉语。你看看，我的女儿把老祖宗的话都忘了，怎么行。以后爹爹每天教你，给你当汉语老师，好不好？"

她也笑了，点点头。还是少说为妙，不然，又让爹爹笑话了。

过了一天，朱德请来了老中医，开始为她治疗淋巴结核，吃了几付中药后，肿块明显缩小了。这是好兆头，看来只要坚持吃中药，这病一定会根治好的。因为病情见好，朱敏的心情格外地爽朗。每天晚上，朱德都一字一句地教她说汉语，课本是毛泽东著作。

到底是中国人，很快，朱敏就能用四川话和爹爹妈妈对话了。

她每天的生活安排得有条不紊，早晨和爹爹妈妈去湖边散步，在散步的时候，她遇见许多在延安就见过的伯伯和阿姨，他们也在清晨里散步。邓颖超妈妈见到她，还清楚地记忆起她第一次秘密到成都，没有从外婆手里把她接走的事情，她那幽默的讲述，让朱敏忍不住笑弯了腰。

有时晚上朱敏陪爹爹妈妈去参加中南海的舞会，看来爹爹的舞步长进不大，和以前相比，身体还要迟缓一些。毛泽东伯伯还是喜欢一边跳舞一边和舞伴聊天，脚步底下的舞点比较随便。江青比以前穿得洋气，好像神情也比以前多了些傲气，但是那时她总体还说得过去，见到朱敏也和她打招呼，问了许多她在苏联的情况。

朱敏回来不久，朱德搬到中南海西楼居住，这是一座狭窄的三层楼，工作人员都在楼里办公，显得生活用房依然紧张。因为没有房间作饭厅，朱德经常去食堂吃饭。记得有一位老朋友从苏联回来看朱德，看见他居住的环境，不由感慨地说："总司令，我以为您住得房子是好气派的房子，原来你住的不怎么样嘛，苏联集体农庄主席的房子比你的还要漂亮。"

朱敏从苏联放假回国与父亲朱德团聚（佚名 摄）

◆好朋友相会，爱琴背上"记过"处分

朱德的家和刘少奇家、杨尚昆家相隔很近，三家人在一个餐厅里用餐。刘少奇的女儿刘爱琴原来和朱敏都同在儿童院，刘爱琴在朱敏之前回国参加工作。先是在北京师院附中当俄语老师，后来考入人民大学，是计划系的一名大学生。爱琴常回来跟父亲住，她们又能经常见面了。毛泽东的女儿娇娇也从莫斯科国际儿童院回到国内，和父亲毛泽东住在中南海湖畔丰泽园里。回国后，她父亲给她起了大名——李敏，她那时正在北京上中学。

因朱敏和娇娇是一同离开延安到莫斯科的，后来她们又各自经受了死亡的考验，彼此有一份天然的亲切感。她一回来，就来看李敏，好像遇见了知音，一见面就讲上了俄语，全然忘记了她们是在中国，在中国最核心的地方。

有一次，正好朱德在家里，看见她和李敏用俄语谈得十分开心，走过来，好像有话想和她说，但没有说，摇摇头，又出去了。

有一天中午，朱敏正在家里看书，听见门外有人大声用俄语问："赤英在家吗？"

冷不丁听见有人叫她赤英，她条件反射地站起身，顿时紧张起来，会是谁呢？

"啊呀，是岸英哥哥！你吓我一跳……"她出去将躲在门外和她捉迷藏的毛岸英拉进屋里。

毛岸英还是老样子，高大、英俊，对人和气，甚至和在莫斯科一样，见面还是用苏联人的礼节。他见她还是叫她化名，因为有在德国寻找父亲的特殊经历，"赤英"成了毛岸英哥哥称呼她的专利，使得他们之间有了许多话题。

他这次是特意来看望朱伯伯、伯母和她的。

那时的毛岸英是无忧无虑，又说又笑。谁知这竟是他和朱敏最后一次见面，几个月后，他在朝鲜战争中牺牲，和她永别了，至今他的坟墓还在朝鲜的土地上，她连为他扫墓的机会都没有。毛岸英年纪不大，却历尽磨难，饱尝人间冷暖。在失去母亲杨开慧后，他们兄弟四处流浪，一次次从国民党警察的棍棒下死里逃生，顽强地活了下来。在国际儿童院是中国孩子中第一个参加苏联红军的军人，使得好多男孩羡慕得要死，恨不得和他共穿那一身军装。他在苏联卫国战争中没有倒在第二故乡的土地上，回国后也没有在解放战争中遇到危险。可是朝鲜战争爆发的第二个月，却永远长眠在战斗才几天的朝鲜战场上，献出了他年仅 28 岁的生命。

朱敏以后一想起和毛岸英短暂却令人难忘的几次相遇，心里就隐隐作痛。他离开这个世界太早，命运对他太残忍、太不公平。

可谁叫他是毛泽东的儿子呢？

暑假的日子过得真快，朱敏每天生活安排得有条不紊，或是散步，或是外出参观，或是会见她原来在莫斯科的老同学们，或是温习功课，或是晚上听爹爹"讲课"……转眼一个月要过去了。

一天，她对爹爹说："我想去香山看看，爹爹你带我去，好吗？"

"好啊，我好久不爬山了，腿都硬了。人老先腿老，多爬山对身体有好处，过几天我带你去。这些年，你吃了不少苦，身体不好，有机会也应该锻炼锻炼。”

她回来以后，朱德很少问她在集中营这段生活情况，她也尽量避开不谈。四年囚禁生活，使她变得坚强、有承受力。其实，不需要多问，他能不知道法西斯铁蹄下的集中营意味着什么？死亡、地狱、黑暗……用什么样的词汇形容都不过分，女儿能生还，已经是奇迹了，他还能企盼什么？

这次朱敏和爹爹妈妈去香山时，也叫上在苏联时的伙伴们，一来人多热闹，二来有说话的伙伴。这一天，她和刘爱琴，还有她从四川老家来的小堂弟、小堂妹。李敏带来了比她小三岁的妹妹李讷。李讷已经快十岁了，不再是原来如年画上那个白白胖胖的模样了，长得瘦高瘦高的。除警卫员外，她们小字辈就有六个人，搞得爹爹和康克清妈妈像维持秩序的家长，左右召唤。特别是年纪小的李讷，康妈妈主要负责关照她，怕她走得太累。

她们随朱德爬山，哪里是领略大自然风光，整个前呼后拥，叽叽喳喳，全讲的是俄语，活像一个外国旅游团。朱德和康克清反而插不进话来。朱德在莫斯科住过一段时间，俄语已经忘得差不多了，只有单词还能听懂一点。他用半生不熟的单词提醒她们要用汉语交谈。汉语比较好的是刘爱琴，她有许多时间和学生在一起，锻炼了汉语。她不断用汉语和俄语同她们讲话，加强她们的听力。

看见爹爹步伐沉稳，一步一步往山上爬，朱敏觉得奇怪：他这一辈子爬山还没爬够啊？

以前她知道爹爹年轻时爱打篮球。爬山当做运动，是爹爹进入 60 岁后才逐渐确立的体育项目。

其实朱德这辈子没有离开过爬山，无论是军阀混战时期，还是红军长征，或者抗日战争，解放战争。朱德在一个多山的国家指挥千军万马，爬山几乎就是他生活的一部分。

朱敏想现在爬山的目的和以前战争年代不一样，发生了根本的变化，此时爬山只是运动而已。或许爹爹对爬山的喜爱，在早期作战的需要中便落了根，经过长期的潜移默化，欣赏和陶冶情趣的意义在一次次急行军中得到升华。

中国文人最喜爱的活动之一便是“五岳寻山不辞远”，晚年的朱德虽不能五岳寻山，但他不会放过近处爬山的机会。

他们这次爬香山就是朱德无数次游山中的一次。山越爬越难，越爬越累，渐渐，朱敏她们和朱德拉开了距离，每到了山道拐弯处，一马当先的朱德便坐下来，边喝水，边等她们这些体力不支的晚辈们，然后他再一手拉着一个往上走，最后小李讷走不动了，他就拉着她走，直到山顶。

到山顶时，大家一个个已经汗流浃背，气喘吁吁，不再像刚出发时那么高谈阔论、神气活现了。不过到达山顶，人有一种征服的快感，那么高的山已经成为他们脚下的风景。这时朱敏想难怪爹爹爱爬山，可能他在爬山中得到回味，得到艰苦卓绝克服万难的勇气和力量，因为这些感受在和平年代是无法随时得到的。

后来她才知道，爹爹这次是专门陪她爬山的。如果在平时，他去爬山总会约上几个老战友，而且这些老战友和他除了都有爬山爱好外，还共同爱好下象棋。

陈毅与邓小平下围棋（佚名 摄）

他们经常是爬一路下一路，而且是不服输争论了一路。

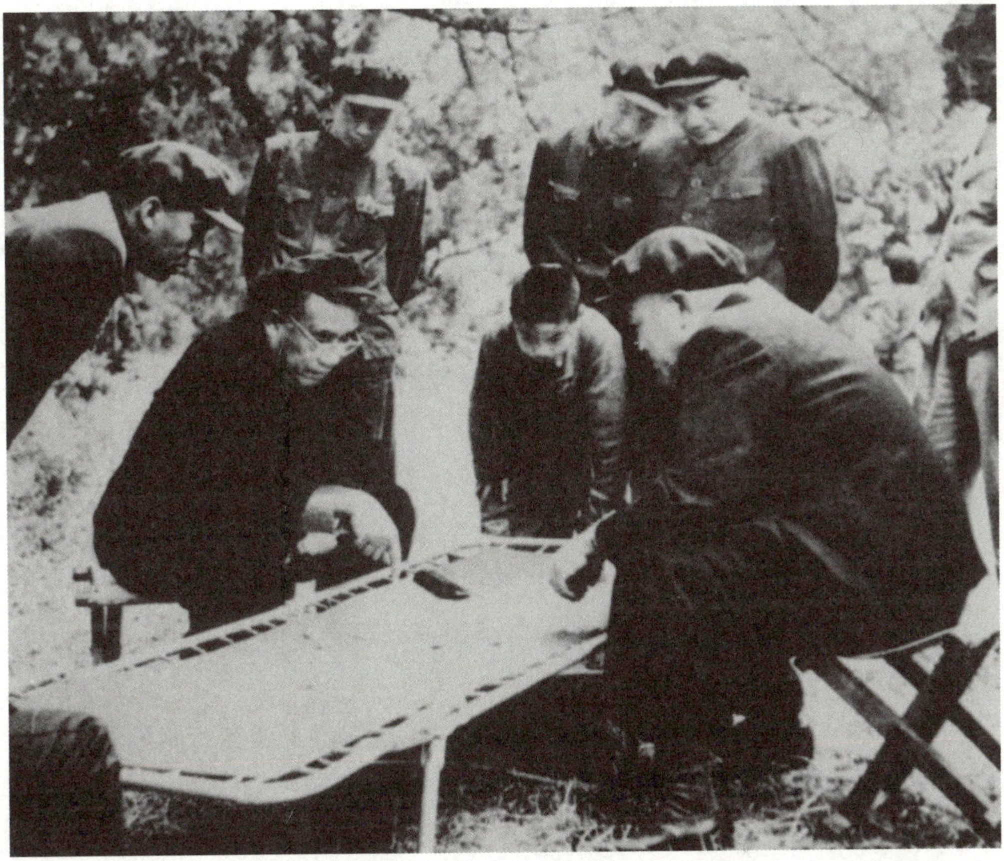

朱德与彭德怀对弈，邓小平一旁观战（佚名 摄）

如果爬山者中间有彭德怀，有邓小平，那山可就爬出特色了。

他们爬山前，几家警卫们会不约而同准备了行军床和象棋。爬山爬到半腰，大家渐渐放慢脚步，心照不宣地坐了下来，警卫们也不需要问，知道他们要“摆战场”了，就支起行军床，拿出马扎凳，放好棋盘。朱德和彭德怀这对老棋友，经常把棋盘摆上香山。

后来彭德怀到朝鲜战场，连有限的几次回京，都忘不了和朱德对弈一把。

如果他们下棋出现争执不下时，站在一边观战的邓小平就会出来当裁判主持公道。对于邓小平的裁定，朱德一般比较服气，不过彭老总却要瞪“裁判”一眼，给自己找个台阶："小平同志，看你面上，让他。"他们在这特殊战场上，常常是从上午鏖战到黄昏日落，才收摊下山。

从山上回来后，康克清接到王光美打来的电话问刘爱琴是否在这里。电话里王光美的口气十分焦急。原来，刘爱琴最近通过努力门门功课及格，心中一下子轻松了，加上好朋友朱敏从苏联归来，她十分高兴，她认为应该多陪陪她，于是和朱敏去北海划船、到颐和园登山，几乎天天跟她在一起，好不快乐。

也就是在她们去香山的时候，王光美接到人民大学计划系打来电话说：刘爱琴是不是回家了，她没有请假离校已经一个星期了。学校要进行政治学习，每个人都要参加。王光美接到电话，立刻急了："学习怎么能不参加！请学校放心，我马上就去找她。"她向刘少奇汇报后焦急地说："这么大的北京，到哪里找呀！"刘少奇说："朱敏从苏联回来治病了，她和爱琴是好朋友，你给康克清打电话问问。"又自言自语说："这爱琴真是不让人放心，怎么连假都不请呢！"

接完电话，康妈妈对爱琴说："爱琴，你妈妈打来电话，叫你立即回学校去参加政治学习。"她取过一条毛巾，为爱琴擦着汗，又拿过一把大芭蕉扇，不停地给爱琴扇着，"你洗一洗，我用车送你回去吧。"康克清十分喜爱这个从小吃了好多苦的爱儿，像哄小孩儿似的对爱琴说。

爱琴坐康克清的车回到了人民大学，没想到等待她的是一场"批评会"，并为此背上了一个"记过"处分。这个处分一年后才撤销。

她回到家，爸爸正脸色阴沉地等着她：

"老师和同学们对你进行帮助了吧？"爱琴深知爸爸的"消息灵通"。但她想不通爸爸和学校为什么偏偏同她过不去，什么大不了的错误，要给记过处分！她按捺不住了，冲爸爸大声喊道："考试早结束了！我不过是和朋友玩一玩，又不反对搞运动和参加政治学习，为什么要给我记过处分？凭什么说我是资产阶级？我吃过那么多苦，在社会主义国家长大，根本没见过资产阶级是个什么样子！"她声泪俱下。

"因为你不遵守纪律！"刘少奇喝道，"一批评你，你就哭，你不守学校纪律，不参加学习，难道对吗？大家帮助你改正缺点，委屈你了吗？”他停了一下，又说：“听说，你在学校里和一个出身不好的人常在一起，是不是？‘近朱者赤，近墨者黑’，这个道理你应该懂，应该接受改造。”

“我愿意跟志趣相投的人在一起……”爱琴辩解。

“不行。今后，你必须和那人断绝来往。我看你们班的苏红同学就很好，延安来的红小鬼，又是支部委员，你以后多和她谈谈。”刘少奇看女儿哭肿了双眼，站起来递给她一杯热水，说，“你这个人呀，从不会独立思考，身旁要有个人引路才行……对大家的批评，要正确对待，认真检查自己的缺点，不能抵触！别哭了，喝点水。”

此刻，刘少奇也想到女儿已经成了大人了，不再是那个跟在他后边爬山、骑马的小姑娘了，心中有一丝的茫然：“大了，不听话了……”他有每个父亲都会有的感叹。

◆她的“绣球”不抛向异国求爱者

很快，两个月的暑假结束了，朱敏又要离开家人，回莫斯科继续读书。

这次回家，她看见了爹爹、康克清妈妈，后来又和外婆、姨妈、表妹团聚。

整整离别了10年，让拉扯她长大的外婆、姨妈想念得好苦，也让她想她们想得够呛。听说她们要来，她激动了好几天，一肚子话要说给她们听。可一见面，她什么也说不出来，只知道流泪傻笑。人就是这样奇怪，想的和说的好像不受一个大脑指挥，明明一肚子话，可一到嘴边就消化了，真让人生气。

离开北京时，她想外婆年纪大了，不知以后能不能再见到她，老是有点依依不舍的。外婆却很理智，说原来离开外婆是为了逃命，现在离开外婆是为了学习，放心去吧，外婆这把老骨头结实着呢，还等着抱重孙呢！

外婆把朱敏闹了个大红脸，她还不收嘴，反而越说越带劲，差点没羞得让朱敏逃出门外。

"飞飞啊，你年纪不小了，应该找对象了，有合适的就赶快定下来，只要人忠厚，对你好，就行。不要挑三拣四花了眼，耽误了女儿身！你爹爹妈妈都是忙国家大事情的人，离你又远，顾不上你的终身大事。你就自己拿主意，不要不好意思，现在都解放了，婚姻更应该由自己做主了。外婆这话对不对？"

朱敏不知道外婆当初是不是也这样鼓励她的女儿们争取婚姻自主的？反正她在鼓励她正视个人问题，大胆去追求幸福。外婆真是个不同凡响的前辈，她那时已经七十多岁了，能这样开通，实属罕见。

这次暑假朱敏觉得收获特别大，第一是看见了离别了10年的亲人，而且他们现在身体都硬朗，生活很好，让她放心；第二把集中营落下的痼疾彻底治愈了，不再遭受疾病的折磨；第三她得到亲人们真正的关怀和指点，特别是外婆的一席话，好像在她感情的心灵打开了一扇窗子，让爱情的春风吹进她缺乏思想准备的心田。

再回到莫斯科时，朱敏整个像换了个人，无论是精神还是身体，都进入了最佳状态。使得女孩子最美妙的年龄散发出青春的气息，她的脸色如化妆般地迅速鲜亮起来。同学们见她，无不惊讶，你们中国是不是有神仙药？两个月，就能把一个病恹恹的"灰姑娘"变成了一个可爱美丽的"红苹果"。

生活第一次向她发出热情似火的"请帖"，在她眼前展示了多姿多彩的画面。

她再也不会因为身体而自卑，不会因为学习掉队而烦恼。她课余时间参加了许多文娱活动，好像对什么都有兴趣，浑身有着无穷的活力。

阳光灿烂的日子彻底驱走了苦难岁月留下的阴影。她由一个忧郁沉默的孩子，变成了活泼开朗的姑娘！

这时，爱神开始光临她多年荒漠的情怀，男学生们有的约她出去跳舞，有的请她郊游。出于礼貌，她有时也去赴约，或许缘分不够，或许火候不到，一接触"爱情"实质问题，她就举棋不定，强烈的祖国观念束缚她的感情，始终不能在苏联青年中做出抉择。她看过许多爱情故事，享受过书中主人浪漫情感的冲击和感召，也相信真正的爱情是没有国界的。可事情一落到自己头上，说什么也潇洒不起来了。祖国，这个抽象的概念，这时变得非常具体，好像是她感情世界中一道无法跨越的栅栏。

不是她不需要男友，不向往爱情，但这绣球应该抛向谁？让她困惑和苦恼。那些苏联男同学，都很可爱，也有作为，相信会成为一个好丈夫。但让她一辈子生活在异国他乡，她会受不了的。她的根在中国，是祖国花费了大笔经费培养她上大学，她怎能不报效祖国呢？即使男方随她回中国定居，那么，她们中间总有一个人要背井离乡，品尝苦涩的思乡之苦，这滋味同样不好受。更何况在同爱琴相处的日子里，爱琴已经把自己爱情的挫折，内心的痛苦，完全地向朱敏作了吐露。

朱敏决定她的"绣球"不抛向异国求爱者！

◆朱德想不到坐上了儿子开的火车

除女儿朱敏外，还有一个令朱德挂念的人，这就是儿子朱琦。战争年代，儿子和女儿都没有条件同朱德一起生活。虽然天各一方，但作为父亲的朱德却时时关心着他们，惦记着他们。

朱德很疼爱孩子们，但他把这种疼爱表现在对子女的严格教育上。他不止一次地对子女们说："我不要孝子贤孙，要的是革命事业接班人。"朱德是以一个无产阶级革命家的博大胸怀，来对待子女儿孙们的培养和教育的。他虽然整天操心着党和国家的大事，但在家里从不放松对子女的教育，时刻关心着他们的健康成长。朱琦 1937 年才到延安，进入党校学习。不久，朱德就让他到基层部队去锻炼。1943 年 11 月，时任晋绥军区八路军 120 师司令部直属电讯队副队长的朱琦，在山西省方山县通过敌人封锁线时右腿负伤，留下了残疾，伤愈后被分配到延安中国人民抗日军政大学七分校工作。当时抗大的条件很艰苦，一面生产，一面学习。朱德并不因为朱琦是自己的儿子而把他留在身边，更没有因为朱琦受过伤而安排他到一个舒适的地方工作。相反，他教育朱琦要服从党组织的需要，勉励他到基层与广大群众一起工作和生活。

有一次，毛泽东、朱德和其他一些中央领导同志去看戏，朱琦也跟着去了。当时，党中央只有一辆汽车，而且还是一辆救护车。戏演完后，朱琦走得快，先上了车。因为车小人多，朱德就走过来对朱琦说："你下来，步行回去！"可是回到杨家岭，大家一下车，朱琦也到了。原来他是站在驾驶室外面的踏板上回来的。本来汽车外面的踏板，是警卫员站的地方。朱琦站着回来了，警卫员只好走着回来。朱德知道后，非常生气，狠狠地批评了朱琦一通。朱琦起初还有点情绪，说："这不是件小事吗？"朱德说："这不是小事。警卫员和你一样，都是革命队伍里的战士。你不应该自以为比别人特殊。"朱琦说："我只是站在汽车外面的踏板上回来，又没有影响你们。"朱德说："你知道吗？那是卫士的岗位，他的责任是保卫党中央和毛主席。警卫人员没有跟着回来，万一路上出了事怎么办？"朱琦这才明白过来，马上承认了错误，保证今后不再搞特殊。

后来，组织上又安排朱琦到冀中工作。1947 年 4 月的一天，朱德到冀中军区检查工作。在听完了第十一军分区司令员杜文达的汇报后，特意问道："朱琦在你们那里，他最近的表现怎么样？你要如实地讲。"杜文达说："朱琦同志的工作积极，学习也好，责任心也很强。比如最近我带几个团去攻打赵县，朱琦同志负责的通信联络工作就做得很出色。"朱德连忙制止说："你不要光讲优点，难道他就没有缺点吗？"杜文达想了想说："缺点当然有。他有时生活上散漫一些，说话随便些。"朱德沉思了一会儿，严肃地对杜文达说：

"朱琦生活上散漫，吊儿郎当，说话随便，这就是他认为自己是我朱德的儿子，有优越感嘛。这样发展下去，就会造成很不好的影响，是会脱离群众的。因此，我要求你对他严格管教，不能搞特殊，要把他的优越感克服掉。你回去要找他谈谈，告诉他这是我朱德交代给你的任务。要他今后一定要克服自己身上的毛病，加强组织纪律观念，尊重领导，爱护下级，平等待人。特别要注意尊重人民群众，说话要注意场合，注意影响，不利于团结的话不许说。他是个共产党员，是为人民服务的，是人民的勤务员，而不是当官做老爷，更不准有耍威风、摆官架子等旧军队的作风。"

1948年8月，朱琦和他的爱人赵力平在河北省阜平县参加土改，随着中央机关土改工作组去西柏坡，向党中央汇报工作。他们准备利用这个机会去看望爹爹和妈妈。这是赵力平和朱琦结婚后第一次同公婆见面。自己的公公是八路军的总司令，婆婆也是著名的妇女领袖，她心里既激动又紧张。朱琦告诉她说："不要紧张，爹妈早就想看看你，见到你会高兴的。"见面时，赵力平看到总司令穿着一身褪了色的旧布军装，待人和蔼，慈祥的面孔上总是泛着笑容，言谈举止间一点架子也没有，她心里的紧张、拘束感消除了，一种亲近、亲切的感情油然而生。

朱德和康克清见他们来了非常高兴。康克清赶忙请他们坐下。按说父亲和儿子好久没见面了，儿媳又是第一次见面，应该先问问两人的生活情况。可是，刚一坐定，朱德开口的第一句话便问到了他们的工作情况："你们都参加了土改，收获一定不少吧？"赵力平回答道："我感到很有收获，可我确实没有做什么工作。"朱德微笑着说："你们的工作还是有成绩的，可有一条，成绩不能算在自己账上。你们这次土改取得成绩主要有三个原因：一是党的方针政策正确；二是你们的领导邓颖超、黄华同志很有水平；三是有当地干部和群众的帮助。今后你们要经常到基层中去，经受锻炼。"

开饭了，朱德在饭桌上谈笑风生。他专门谈到了学习问题，谆谆告诫朱琦和赵力平说："你们现在还很年轻，今后的路还很长，工作很多。全国要解放了，要依靠你们去建设。要听党的话，重要的是学好政治理论，弄懂马列主义，学好毛主席著作，这可是终生受用的啊！"

那时，正是人民解放军同国民党反动势力进行战略决战的前夕，辽沈、淮海、平津三大战役即将开始。为了适应革命形势迅猛发展的需要，一部分原在部队工作的同志，要转到地方去工作。朱琦对父亲说："这次回部队后，我们都可能要调到地方工作。"朱德关切地问道："去做什么工作？"朱琦回答说："可能到铁路部门。因为交通要迅速恢复，那里需要人。"朱德充满信心地说："是啊！现在革命形势很好，天津、北平就要解放了。你们都是共产党员，转到地方工作，一定要听从组织的安排。"朱琦和赵力平都点点头，表示一定服从组织的决定。

朱琦和赵力平要返回工作岗位了。临走的那天，朱德拿出一套新的《毛泽东选集》，郑重地交给儿媳："这是我们第一次见面，就把《毛泽东选集》当做礼品吧，你们把这部书学通了，工作就有了方向。"

全国快要解放了，大家的心里都很激动，对未来的生活充满了各种各样的遐想，有些同志不免会滋生出骄傲思想，享乐主义也有所抬头。一次，朱琦对朱德说："爸爸，全国就要解放了，咱们要进京享享福了！"听了这句话，朱德非常警觉，他觉得该对朱琦的思想进行教育了。于是对朱琦说："就到了吃午饭的时间了，来，今天跟我一块儿吃吧。"饭端上来，一盆小米粥，几个玉米面窝头，两盘素菜，还有两盘拌野菜。朱琦夹了点野菜问道："爸爸，你怎么还吃这玩意呀？"朱德收起笑容，意味深长地说："长征的时候，有些同志因为连这样的野菜也吃不上，饿死了！常吃着它，忘不了艰苦岁月。"朱琦听了，心里很不平静，看着爸爸身上的旧灰布军装，脚上的旧布鞋，不由得眼窝一阵发热，非常坚决地说："爸爸，我不跟着进京了！"朱德赶忙问："你到哪儿去？"朱琦说："党需要我到哪里，我就到哪里去！"朱德的目光久久地注视着儿子，欣慰地笑了。

后来，朱琦转业到石家庄铁路局工作，赵力平转到人民银行工作。临行前，朱德语重心长地说："你们在部队多年，对部队工作比较熟悉，到地方就不同了，一切都是生疏的。要先到基层去锻炼，从头学起，踏踏实实地干下去，掌握一门技术，学会管理工作的经验。"朱琦和赵力平都遵照朱德的教导，到基层从头学起。朱琦原先在部队工作时，都是在领导岗位上，转业到铁路机务段当练习生，学做司炉和火车司机。虽然很累，但他很高兴。有一次，朱琦高兴地对赵力平说："我快会开火车了，在铁路系统不懂技术是不行的，要按爹爹教导，学技术学本领，才能适应新工作的要求。"

1953年夏季的一天，领导让朱琦驾驶一辆火车，并说这是一项重大任务。朱琦把火车开得又快又稳，圆满地完成了任务。车到站后，领导走进驾驶室对他说："朱琦同志，首长请你停车后立即到车厢去一趟。"朱琦心想：是谁的专列？他猜不出，但他知道这是不能问的机密。车停了，朱琦没来得及洗脸和换衣服，就急匆匆地向车厢奔去。他一看接见他的首长，竟是自己的父亲。原来自己开的是父亲的专列！朱德紧紧地握住朱琦的双手，看着满身油渍，双手油污的儿子，高兴地说："学会开火车了，开得不错。这很好嘛，掌握一门技术就能更好地为人民服务了。"父子俩一同坐在沙发上，朱琦向父亲汇报了自己的思想和工作情况。朱德边听边插言说："很好，你是真正的工人阶级一分子了，我希望你除了钻研技术外，还要挤出更多的时间学习政治，要精益求精，政治上要不断进步，要谦虚谨慎踏踏实实地工作，创造出更好的成绩来报答党和人民对自己的培养。"列车又要启程了，朱琦站起来向父亲告别，回头一看洁白的沙发上，被自己坐了一大片黑印，父子俩不由得哈哈大笑。

朱德对儿子的要求近乎苛严。朱琦工作一直很努力，可朱德仍觉得不满意。1965年，朱琦到北京郊区铁路系统机车车辆厂去蹲点，写了一份调查报告，寄给了父亲。朱德很快给儿子写了回信，要求他深入群众。这封信的原文如下：

> 朱琦：
>
> 你的来信收到。你这次蹲点的经验是正确的，作为改变你的思想和工作方法有很大益处。你过去的思想是封建和资本主义的思想交叉的，总是想向上爬，越走越不通，屡说也不改。这使你混过了宝贵的时间，现在去蹲点，向群众看齐，同吃、同住、同劳动，深入到群众中去，就真正会了解社会主义如何建设，如何完成，就会想出很多办法，同群众一起创造出许多新的办法，推向前进。你们铁道部门是接管的企业，过去的旧框框没有打烂，又学苏联的新框框，就是迷失社会主义创造性的一条。……三结合的方法，主要的还是群众。社会主义教育在全国均有很大进步，望你再去蹲点。今后工作要求在现场工作，使你更有进步，才不会掉队。
>
> 朱德
>
> 一九六五年四月九日

"毫不特殊，做一个普通劳动者！"朱琦把父亲的教导铭记在心里，他处处严格要求自己，许多同他在一起战斗和工作过的同志，多少年后还不知道他是朱德的儿子。

新中国成立以后，儿媳赵力平的工作多次变动。朱德总是不断地给予她勉励和教诲，使她能愉快地服从组织安排。1955 年，组织上决定把她从银行部门调到财贸部门。起初，赵力平害怕工作生疏，自己干不好，心里颇有顾虑，但最后还是服从了组织的决定。朱德知道后十分高兴地对儿媳说："战争年代不论是干部还是战士，只要一个命令拔腿就走。现在是和平环境，随着形势的发展变化，今后调动工作也是经常会有的，共产党员做什么工作都要由党来决定。到一个新的单位就要从头学起嘛！时间长了就会做好了。"

1974 年，朱德的儿子朱琦去世了。领导上考虑到朱委员长年事已高，几个孙子孙女全在外地工作，便特意把他在海军工作的孙子调到北京。1975 年初的一天，他的这个孙子调了回来。朱德知道后，马上严肃地对身边的孙子们说："我要的是无产阶级革命事业的接班人，不要孝子贤孙！哪里来的，还应回到哪里去。"当时，正赶上要过春节，孙子们说等过了春节再回去吧。朱德坚持说："要加强组织纪律性，服从革命的需要，应该走！"在他的教育下，这个孙子在除夕那天赶回了原单位。

朱德对孙子们的要求历来很严。他经常教育他们不要搞特殊化，不止一次地对他们说："干部子女往往容易背上一种包袱，自以为比别人优越，这是十分要不得的。你们一定要放下架子，同工农群众打成一片，不要特殊化，要能过艰苦的生活。"他和康克清给孙子们每人发一样工具，手把手地教他们在院子里的空地上种菜、施粪。还经常和孙子们一起吃野菜，进行忆苦思甜和革命传统教育。孙子们上学离家远，节假日机关派车接送，他知道了，说："这对孩子们不好，容易滋长他们的特殊思想。"就不准再派车接送了，要求孩子们坐公共汽车。他临终的时候，嘱咐康克清把他平时节约下的两万元工资全部交了党费，没有给他们留下什么遗产。

第六章

寒风掠过中南海

作为一国总理的周恩来，他渴求和平的愿望会比别人更强烈，他需要和平的环境与时间，以便医治战争的创伤。但他已经感觉到毛泽东的决心，和邻国战争对中国可能造成的威胁，所以他正在努力协助毛泽东做好出兵的准备。

第六章　寒风掠过中南海

◆在新中国周岁生日之际，毛泽东收到了一份意外的礼物

岸英结婚以后，他从中央机关先遣队调到了中央机关担任秘书、俄文翻译等工作，同时，继续刻苦学习中文。

1950年春末夏初，韶山地区发生了粮荒，毛泽东得知后，立即派岸英返回湖南，探望家乡人民，祭扫开慧烈士墓。同时去韶山调查荒情，协助当地政府解决人民的困难。

在长沙，岸英见到了别离20年的外祖母——杨老夫人，并和舅舅、舅妈一道，前往长沙家乡板仓，祭扫杨开慧烈士墓。

几天后，岸英冒着滂沱大雨，走乡串户，探望群众，调查荒情，转达党中央的问候。一天，岸英同九阿公毛泽连来到毛瑞和家，这时抱病在床的毛瑞和已经断粮三天了。岸英亲热地坐在床沿上向他问这问那，但毛瑞和始终不愿透露自己缺粮的情况。后来岸英起身，揭开锅盖一看，破旧炉锅里发出一股野菜味。再打开碗柜门，见一碗野菜放在里面。岸英夹一筷子尝一尝。又拿出手帕包了一把野菜放进口袋里，准备带回北京。临走时，他含着泪花，把5万元人民币（旧币，合现在五元）塞进瑞和的手里，说："阿公，这点小意思你收下吧！等土改分到田地，日子就好过了。"

在韶山的七天中，岸英就用两条板凳架一个铺，睡在毛家公祠里。他和贫下中农一道吃野菜，粗茶淡饭，一起淌汗推车，抗灾自救。并和有关部门联系，建议他们调拨一批粮食给困难户，适当地解决当时韶山一带粮荒问题。群众称赞他说，岸英真是和我们心连心啊！

从韶山回来，随着全国解放形势的变化，党的工作重心由乡村转移到了城市，在岸英多次要求下，经毛泽东同意、周恩来亲自安排，他到了北京机器总厂任党总支副书记。

初到工厂，一切生疏，该从何入手呢？

岸英从深入群众、了解群众入手。他找后进群众谈心，做群众的思想工作；改善职工的生活条件，增添热水锅炉，清理宿舍垃圾，改善卫生条件；办起了图书室，组织歌咏队。他搬进了原是浴室的简陋房间，日夜工作在厂里。

岸英在开展工作的同时，还努力钻研技术，买了大量的技术书籍，并组织干部、工人学习技术，开展技术练兵活动。在工厂开展的技术教育中，岸英亲自上课，组织职工学习外语。

没有多久，在毛岸英的带领下工厂职工的精神面貌焕然一新。

和北京机器总厂的形势一样，1950 年的春天，北京充满阳光、希望和欢欣。温暖的气候和充足的雨水使杏树和苹果树花满枝头。人人都在畅谈大好形势。毛泽东和周恩来决定，150 万人民解放军全体官兵将复员，编入国营农场。

对此，周恩来曾解释说：“我们将全力以赴投入生产和重建。”他和毛泽东估计至少需要用三年的时间来恢复濒临破碎的国民经济，至少需要用 10 年到 15 年的时间来建设国家的工业化基础和“适合中国的”农业体制。

6 月中旬，信心十足的毛泽东在一次公开讲话中宣布人民解放军将大规模地裁减，因为军队耗费国家 30%的收入。

就在新中国领导人踌躇满志准备为新中国建设大干一番时，没想到在 6 月 25 日朝鲜战争爆发了。

一开始朝鲜人民军英勇作战，打得非常顺利，6 月 28 日便解放了汉城。受美国人扶植的韩国李承晚政权眼看摇摇欲坠，美国人坐不住了，他们唯恐

毛岸英和刘思齐的结婚照（佚名摄）

李承晚政权一旦垮台，会在整个亚洲引起连锁反应。

6 月 27 日，美国出动海、空军准备对朝鲜进行武装干涉，同时又派兵进入我国的领土台湾。并派第七舰队到台湾海峡，阻止我们解放台湾。三天以后，美国又派陆军第 8 集团军直接参加朝鲜地面作战，随后美国又操纵联合国，要挟英、法、加拿大、土耳其、澳大利亚等 16 个国家出兵，组成联合国军另加李承晚的军队，由美军五星上将麦克阿瑟任总司令。这时候，由于朝鲜人民军的英勇作战，8 月初已经解放了朝鲜 90% 以上的国土，迫使美军和李承晚军退守洛东江以东的大丘、釜山一隅。人们都处于高度的兴奋之中，等待着朝鲜实现统一的到来。一位苏联军事代表眉飞色舞地在北京对周恩来说："人民军稳操胜券，要不了几天，李承晚军便土崩瓦解，朝鲜全境统一指日可待。”记得周恩来对这位苏联人的话没发表任何意见，只说了一句“那好”。

毛泽东对形势的估计并不像苏联人那样乐观，显得冷静而镇定，周围人常见他在一幅军用地图前踱步。他说：现在朝鲜人民军应该做短暂休整，调整军队部署，然后再接再厉，最后一鼓作气，解放整个朝鲜。越是在这时候，越是要预防不测。

对麦克阿瑟指挥的联合国军，毛泽东给予了足够的注意。

可是没有多久，令人担忧的事情终于发生了。

1950 年 9 月 15 日晨 5 时，麦克阿瑟指挥的联合国军在仁川登陆了。美军以其海军陆战队第一师为前锋，在仁川首先占领了面积 0.6 平方公里、位于仁川港当面的月尾岛（它被看做是仁川的屏障）；接着在当天下午涨潮时节，美军登岛部队搭梯子爬上 3 米多高的防波堤，从仁川南部高地登陆；尔后，主力部队突破人民军防线，扩大了登陆场；至 9 月 16 日下午，控制了整个仁川。已 70 岁的司令官、五星上将麦克阿瑟站在麦金莱峰号旗舰上指挥了这场作战。

美军占领仁川后，遂向汉城发起攻击，并以一部兵力南下水原，策应其正面战线上的部队实施反攻。驻汉城的朝鲜人民军在众寡悬殊的情况下与美军血战半个月后撤离，为洛东江地域的主力大撤退赢得了时间。当美军打到三八线时，美国政府为稳住中国，曾说只打到三八线。当侵占朝鲜北部的行动开始前后又说，将在距鸭绿江 40 公里处停止前进。

但毛泽东从来没有相信过美国的谎言。

如同一个新生婴儿的周岁生日一样，1950 年 10 月 1 日，共和国的人民与她的领袖们沉浸在欢乐的海洋。礼炮、鲜花、贺电和天空放飞的鸽子，交织成一派和平景象。然而，就在这一天，毛泽东主席收到了一份意外的礼物——朝鲜外务相朴宪永带来了金日成首相的亲笔信。朴宪永一到北京，就向毛泽东和周恩来求援，并把金日成的信交给毛泽东。毛泽东看着信，眉头渐渐锁紧，长叹一口粗气。信的语气急迫，并透出一种不得已的选择。信的大意是说：

毛泽东同志：

……自9月中旬美军在仁川登陆以来，对我们已造成了很不利的情况。敌人利用约千架的各种飞机，不分昼夜地轰炸我们的前方与后方，我们兵力和物资方面的损失是非常严重的。敌人登陆部队与南线部队已经连接在一起，切断了我们的南北部队。如果敌人继续进攻三八线以北地区，只靠我们自己的力量是难以克服此危机的。因此，我们不得不请求您给予我们特别的援助，在敌人进攻三八线以北地区的情况下，急盼中国人民解放军直接出动援助我军作战。

时间已是深夜，金日成在首相官邸紧急召见中国驻朝大使倪志亮和政务参赞、武官柴成文，提出希望中国尽快派军队支援朝鲜人民军作战。倪志亮大使的电报迅速发回国内，摆在了毛泽东的桌上。天安门广场狂欢的人群刚刚散去，施放礼花的战士还站在炮位上。一墙之隔的中南海内，颐年堂的会议厅里仍然亮着灯，中央政治局的常委们都在这里。金日成的信和大使馆发来的急电大家都看过了，但是常委们很少说话，即使说，也很短。矛盾之处十分显然：一方面不能见死不救，另一方面救人者自身先要壮，如同救一个溺水者一样，弄不好自己也会沉没。仅仅是李承晚军还好办，可其后面站的是美国。中国大陆经历的几十年的战争刚刚结束，国土还是千疮百孔，新中国最需要的是安宁和休养生息。而美国本土近百年没有直接战争的破坏。钢铁是战争的物质基础，仅以钢铁为例，美国的产量是新中国的163倍。在两次世界大战中发了大财的美国，对谁都是一种威胁，特别是对它所一贯敌视的社会主义国家。因此，议论来议论去，政治局常委们大都认为建国才一年，困难重重，不到万不得已的时候，最好不打这一仗，或者晚几年再打。

林彪向来说话就少，大家发言过后，他简单说了几句：“我们过去打国民党军队还可以，现在能不能打败美军，实在没有把握。如果美军丢几个原子弹，那可够我们呛的。”

毛泽东不喜欢听这种泄气话，喃喃说道：“它有它的原子弹，我有我的手榴弹；它打它的原子弹，我打我的手榴弹；我相信我的手榴弹会战胜它的原子弹，无非是个纸老虎。”

一直议论到天明，服务员从毛泽东身边的茶几上端走了满满一缸烟头。毛泽东不时长吁短叹，左思右想，不好下决心。最后他缓缓地说了几句：“你们讲的都有道理，可是人家有困难，我们在一旁看着心里不好受呀。”他决定请东北的高岗和邓华来京再议。

作为一国总理的周恩来，他渴求和平的愿望会比别人更强烈，他需要和平的环境与时间，以便医治战争的创伤。但他已经感觉到毛泽东的决心，和邻国战争对中国可能造成的威胁，所以他正在努力协助毛泽东做好出兵的准备。9 月 30 日，在总参谋部进行紧张部署的同时，他向全世界宣布：“中国人民决不能容忍外国的侵略，也不能听任帝国主义者对自己的邻人肆行侵略而置之不理。”在这之前，在美军还没有越过三八线时，中央军委就决定由邓华率领战略预备队和 42 军，自河南北上，开赴与朝鲜接壤的鸭绿江边，以为防范。与此同时，毛泽东与周恩来决定加紧对据守沿海一些岛屿的国民党残余部队发起进攻，解放了除台、澎、金、马以外的所有岛屿，为的就是一旦向北出兵，减少南边的军事压力。

10 月 2 日凌晨 2 时，电报发到了东北高岗和邓华处，要中央人民政府副主席、东北人民政府主席高岗见电立即进京，请十三兵团司令邓华令边防军提前结束作战准备，随时待命出动。就在一小时前，中国方面得到情报：美军不顾中国的警告，已经大举越过了三八线。

在再作商议之前，毛泽东和周恩来又做过交谈，看来不赞成出兵的领导同志占多数，他们的担心也不无道理。有的同志情绪颇为激动：“连苏联都不敢直接参战，我们出兵？”毛泽东对周恩来说：“他们一千条道理，一万条道理，驳不倒我们的一条道理：我们和朝鲜都是共产党领导下的社会主义国家，我们不能在一旁看着敌人把朝鲜灭亡了。唇亡齿寒嘛，怎能见死不救呢？另外，为了我们自己的建设也要出兵。”他和周恩来商量了多次，最后定下一个基调：抗美援朝，保家卫国。

高岗是在当日午后匆匆抵京的。下午 3 时左右，毛泽东、周恩来及朱德、

颐年堂是毛泽东经常开会的地方（佚名 摄）

刘少奇、高岗和代总长聂荣臻等，重新来到颐年堂开会。毛泽东将一封信拿给高岗："这是金日成首相来的急件，我们都看了，你看一看。"

当高岗从信件上抬起脸，把目光转向毛泽东时，毛泽东从沙发上直起腰，简明扼要地说："朝鲜的形势已如此严重，现在不是出兵不出兵的问题，而是马上就要出兵，早一天和晚一天出兵对整个战局关系极为重要。"他见高岗不响，又提高嗓门说道："不是我毛泽东好战，问题是美国已经打到我们的国境线上了，不打怎么办？今天先讨论两个迫切的问题，一是出兵时间，二是谁来挂帅。"

周恩来没有急于发言，他想先听听从东北来的高岗的意见。高岗似乎意识到自己成为会议的中心，怡然自得地摇晃着肩膀，明知故问："挂帅人选不是已决定林总了吗？"

毛泽东不喜欢高岗那副神态，对他也有些芥蒂，便说："挂帅人选原先不是考虑派粟裕同志吗？粟裕病了，正在青岛休养。前些天他托罗瑞卿带信来，谈到他的病情仍很重，我回信劝他安心休养。后来由于美军和其他帮凶国家的军队大批进入，飞机、坦克大量增加，形势越来越严重，我们出兵援朝已不是几个军就能够解决问题的，可能各个野战军将来都要参战。根据这一变化，常委几个同志又考虑派林彪同志来挂帅，而林彪同志是不赞成出兵的。"常委会上，林彪认为国内战争刚刚结束，各方面都未就绪，而且面对的敌人是最大的工业强国美国。他看过一些资料，而且记得很清楚：美国军队装备高度现代化，一个军就有各种火炮1500门，而我们一个军只有36门。美军有强大的空军和海军舰艇，而我们的海空军刚刚开始组建，天上没有飞机，海里没有军舰，在敌我装备如此悬殊的情况下，如若贸然出兵，必然是引火烧身，其严重后果不堪设想……后来当毛泽东希望由林彪挂帅领兵时，林彪表示说每晚失眠，身体虚弱多病，怕风怕光怕声音。毛泽东打趣地说道："有这三怕怎么率兵打仗呢？"据聂总回忆：林彪是反对出兵朝鲜的。毛泽东同志原先决定让林彪去朝鲜指挥志愿军，可他害怕，托词有病，硬是不肯去。奇怪得很，过去我们在一起共事，还没有看到他怕死到这个程度。毛泽东说："出兵援朝已是万分火急，我们不能再议而不决。既然林彪说他有病不能去，我的意见还是彭老总最合适了。"

他的话音刚落，朱总司令脱口而出："对，还是老彭靠得住噢。"于是常委们一致同意彭德怀出任志愿军司令员，并把入朝作战的时间初步定在10月15日。会议快结束的时候，毛泽东又提议，将今天开会的情况以他的名义摘要电告斯大林。另外对美国人也要先礼后兵，向他们打个招呼。会后，毛泽东又指示周恩来："你明天想办法派一架专机，到西安接彭德怀来北京。我们常委明天做些准备工作，4日召开政治局扩大会议。"

3日凌晨1时，周恩来紧急召见印度驻华大使潘尼迦，请印度政府转达

1975 年 2 月，周恩来在医院会见金日成（杜修贤 摄）

中国对美国的警告：“如果美军越过三八线，中国决不能不管！”印度政府当即将周恩来的谈话转告英国方面。英国当晚便通知美国政府。杜鲁门认为潘尼迦有“亲共”嫌疑，他的话不可信。国务卿艾奇逊声称：“周恩来是想用政治讹诈来阻止美军的进攻，我们不必在乎他们说些什么。”他随后授权驻印度大使格罗斯与中国方面联系，说明美国无意进攻中国，并愿为美机误炸给中国造成的损失进行赔偿，但美国决不会放弃它的战争目标。美军参谋长联席会议同时授命麦克阿瑟指挥美军全力向北挺进，即使中国军队介入也在所不惜。

◆林彪称病反对出兵，彭德怀临危受命挂帅出征

10月4日上午，一架从北京飞临的专机，降落在古都西安。中央办公厅警卫处派来的两个人，一下飞机就直奔西北军政委员会办公大楼。当他俩急速赶到彭德怀办公室时，彭德怀正在埋头审阅西北地区三年经济建设的各种计划和图表，准备不久向中央汇报。中办警卫处的同志对彭德怀说，毛泽东主席请他立即乘飞机到北京开会。

彭德怀一愣："我已接到北京的电话，但不知什么会，是不是原先通知的各大区领导汇报三年经济恢复计划的会？"

来人回答："我们也不清楚，周总理只是对我们交代说，飞机一到西安，就马上接彭老总来北京，一分钟也不准停留。"

彭德怀稍作迟疑，对来人说："我总要给西北局和西北军区的领导同志打个招呼吧？"

中办警卫处的同志十分为难："不行啊，对谁也不能讲，要赶快去机场。"

但彭德怀还是坚持自己的意见，马上把西北局秘书长常黎夫找来，交代他："中央让我立刻坐飞机到北京开会，来不及作交代，大概过几天就回来了。你可分头转告西北局和西北军区的几个主要领导同志，对其他任何人先不要讲，有什么事等我回来再办，我马上要去机场了。"彭德怀脑子里还在转动着西北的三年计划，不管开什么会，以防万一，他还是叫秘书张养吾带上三年规划方案和图表，与他同行。

在西安机场停留了一个小时的专机，重上云霄。飞机降落在北京西郊机场。中央警卫处处长李树槐早已在舷梯下等候。李树槐也是老革命，对彭总很熟悉，上前敬了礼，就帮着提行李，边走边说："彭总，今天气候不好，气流不稳，一路辛苦了。行政处已在北京饭店为您安排好了住宿。毛主席交代说，请您先在北京饭店休息一下，然后去中南海参加会议。"

彭德怀脸色陡变，嚷开大嗓门："不是命令我一分钟也不能停留吗？我不需要休息，请司机同志直接开车送我去中南海！"

李树槐只好照办，直接送彭总去中南海。汽车通过西四牌楼，驰进中南海西门，停在丰泽园门前。下车后，李树槐引彭德怀向后院的颐年堂走去。得到消息的周恩来，首先迎出来与彭德怀握手。周恩来解释说："会议下午3点就开始了，来不及等你，因为政治局会议定得很仓促，昨天就准备派飞机去接你，可是天气不好，只好推迟到今天。搞得你很紧张吧？吃过午饭没有？""吃过了。"彭德怀回答着，随周恩来进入会议厅。

毛泽东主席坐在正面大沙发上，见彭德怀进来，同他打个招呼。彭德怀过来握手，另外几个政治局委员也都站起来和他握手。彭德怀有些奇怪，大家握手的分量都很重，而且坐下后，仍有不少人望着他，冲他点头。

毛泽东先发话："老彭，辛苦了。你来得正好，美军已越过了三八线，金日成同志请我们出兵，现在大家正讨论这件事，你刚来，可以先听听。"因为彭德怀到的晚，他只听大家说，没有表态。

第二天上午9时左右，邓小平受毛泽东的委托，来彭德怀的下榻处，在房间里交谈了约一个小时，即同车去中南海。

"彭大将军驾到，有失远迎，有失远迎。"毛泽东笑呵呵地伸出手。

彭德怀坐在一旁，说："主席让邓政委接我来，我也正要找主席呢。"

"你找我谈啥子问题么？"

"西北问题……"

"西北问题今天不谈。"

"嗯？"

"我找你来，别的不谈，专门谈朝鲜局势。"

因为昨天下午的政治局会议上，彭德怀没有发言，毛泽东不知彭对出兵朝鲜是什么态度，而且常委们已决定派彭德怀挂帅，毛泽东心里没底，所以特派邓小平先了解一下，然后由毛泽东亲自与彭德怀交换意见。彭德怀在毛泽东的办公室里坐定，听毛泽东用他熟悉的湖南方言说："老彭，政治局今天下午还要继续开会，你到得晚，还没有来得及发言，可你都听到了吧？目前还有许多困难，不知你彭老总是怎么考虑的。"

彭德怀是个从不隐瞒自己观点的人，直言道："昨天晚上我几乎一夜没

毛泽东与彭德怀（侯波 摄）

有睡着。我以为是沙发床的关系，此福老夫享受不了，就搬到地毯上，还是睡不着。我想，美国占领朝鲜与我隔江相望，威胁我东北；又控制我台湾，威胁我上海、华东。它要发动侵华战争，随时都可以找到借口，老虎总是要吃人的，什么时候吃，决定于它的肠胃，向它让步是不行的。它既然要来侵略，我就要反侵略。不同美帝国主义比个高低，我们要建设社会主义是困难的。如果美国决心同我作战，它用速决，我用长期；它用正规战，我们用对付日本那一套。我有全国政权，有苏联援助，比抗日战争时期要有利得多。为本国建设前途着想，也应该出兵。”

听了彭德怀的话，毛泽东颇为兴奋：“好哇，你有高见，看来你是百分之百地支持我的意见喽！下午开会的时候，请你好好谈一谈。另外，你看派谁挂帅合适？”彭德怀一激灵：“我听说中央不是早已决定派林彪同志去吗？”

“我同恩来、少奇、朱老总几位同志商量过，决定出兵由林彪同志挂帅。林彪原是四野的司令员，对东北地区也熟悉，就是说对现在集结的十三兵团和后方都熟悉，所以中央一想就想到他了。但是，林彪同志说他有病。我问了傅连暲同志，傅连暲同志告诉我，病是有一点，但不大。我还在做他的工作，万一他担不起来……”

毛泽东轻描淡写地说了几句有关林彪有病的话后，便把话头转向彭德怀：“我和恩来、朱老总商量过，觉得这副重担还是得你来挑。不知你的身体情况怎样？你可能没有这个思想准备吧？有什么困难么？”

毛泽东平静地注视着彭德怀。彭德怀平静地朝前看着，嘴角奇怪地笑了一下，朝沙发上一昂：“主席，我这个人的脾气你是了解的，我服从中央的决定。”

毛泽东也笑了。

10 月 5 日下午的中央政治局会议，能来的政治局委员都来了。他们是毛泽东、朱德、刘少奇、周恩来、任弼时、陈云、康生、高岗、彭真、董必武、林伯渠、邓小平、张闻天、彭德怀、林彪和李富春。中共中央办公厅主任杨尚昆、新闻总署署长胡乔木列席了会议。会上仍有人主张不出兵或晚出兵。林彪顺着毛泽东的话茬，而说着自己的意思：“主席让我们摆摆我国出兵不利的情况，我很赞成。如果把美军顶住则罢，顶不住的话，把战火引到我国东北那就糟了。我看还是以加强东北边防为好，免得引火烧身……”

周恩来不同意这种说法：“等到美军打到鸭绿江，它还会得寸进尺，麦克阿瑟又会说，‘鸭绿江不是边界’。”

高岗同样表示了对东北边界的担忧，同时又寄希望于苏联：“等到那时苏联也就坐不住了，他们武器好，他们直接参战或同我们一起打，都比现在我们单独出兵好。”

轮到彭德怀发言了，他的话冲口而出，带出一种战将的肃杀之气：“我支持毛泽东同志出兵朝鲜的主张，我们跟美国打，打烂了，大不了美国打进中国来，最多也就等于中国晚解放几年就是了！如果美军摆在鸭绿江和台湾，它要发动战争，随时都可以找到借口。”因为他言简意赅，一语道破实质，多少年后，出席会议的委员们仍记得这段话。

有了彭德怀的这几句话，毛泽东可以作结论了：“我们国内当前存在着一些困难，这是事实。但我认为今天老彭的发言一针见血，很有说服力。现在是美国人逼着我们打这一仗，犹豫退缩、担惊受怕都没有用，这些心理和情绪正是敌人所希望的。现在我们只有一条路，就是在敌人进占平壤之前，不管冒多大风险，有多大困难，必须立刻出兵朝鲜。我提议由彭德怀同志率队入朝作战。老彭同志，你还有什么意见？”

彭德怀站起来表示：“我还是那句老话，服从中央的决定。”

散会后，林彪追着毛泽东说：“主席呀，出兵弊多利少，事关重大。你要好好考虑呀，要千万慎重！”

毛泽东不愿多说：“会议都定了么，不好改了。”

政治局会议结束后，毛泽东留下彭德怀、高岗和周恩来吃顿晚饭。席间，高岗表示了忧虑：“我们出兵，只怕斯大林不愿意。”

毛泽东颇为警觉：“当然，斯大林这个人，对我们中国党是有成见的，他也怕苏军参战会破坏雅尔塔会议后的世界格局。但他是马克思主义者么，我们的要求符合国际主义原则。”

彭德怀说：“最好是先做通斯大林的工作。”

毛泽东看着周恩来，开玩笑地说：“中国党将派自己最好的外交家去游说。”

高岗和彭德怀都连连点头，此次出使莫斯科，最好的人选当然是周恩来。

毛泽东对周恩来说：“恩来此去，也当速决才是。战争不等人啊。”

饭后，毛泽东对彭德怀说：“现在朝鲜情况已十分危急，我们必须马上出兵，否则将贻误战机。你和高岗同志8日先到沈阳去召开东北边防军高干会议，迅速传达中央政治局的决定，督促部队立即做好入朝准备。同时把我党中央出兵援朝的决定通知金日成。关于入朝的时间，给你10天时间怎么样？关于部队更换苏联武器装备和空军支持问题，恩来同志即刻去莫斯科与斯大林同志商谈，尽快解决。”

彭德怀感到时间紧了些，但仍表示：“我只好一天按 10 天甚至 20 天的工作量来干了。”

◆战争无情人有情，帅妈妈难舍岸英踏上生死未卜路

就在毛泽东发布《给中国人民志愿军的命令》时，他仅给彭德怀 10 天时间准备，即 10 月 15 日要出动。司令部的小班子，要立即在北京组建。彭德怀从西北来京时只带了一名作战参谋叫高瑞欣，再有就是他的参谋兼秘书杨凤安了，其他人员要在北京选择。

在确定司令部的小班子时，彭德怀考虑这个班子要小而精干，麻雀虽小，五脏俱全，要包括军事、机要、秘书、通信、翻译等人员。由谁任司令部的翻译，倒费了一番周折。开始是让军委办公厅的一位科长去，但这位科长抽不出身。考虑来，考虑去，最后根据李克农的意图，作战部副部长李涛将军推荐毛岸英跟彭德怀入朝。

国庆节前后，毛岸英忙得不亦乐乎。他已经知道了派他入朝参战的事。然而，就在这个时候，他的年轻的妻子刘思齐却患了急性阑尾炎，在医院动手术，他不得不在百忙中抽空去看望妻子，说些体贴话。

1950 年 10 月初的一天，岸英跑到中央组织部副部长帅孟奇那里，兴奋地说：“帅妈妈，我要参加抗美援朝啦！”

出于一位久经考验的老革命家对岸英的关怀爱护，帅妈妈对岸英赴朝自然有自己的想法。

她对毛泽东一家人的情况，尤其是他们对中国革命的贡献和牺牲太了解了，而且她对岸英的身世也太了解了。他是一个多么有培养前途的孩子呀！帅妈妈简直把他当成了自己的亲生儿子一样。所以，帅妈妈一听岸英要到朝鲜去打仗，第一个反应是四个字：“我不同意！”

这回轮到岸英开导年过半百的帅妈妈了。

“帅妈妈，你别急呀！你听我说，我回国后到过农村，参加土改、整党，也到工厂搞了几天，但是没有体验过军事生活。在苏联倒是进过军校，搞过军事训练，也参加了大反攻，但那是胜利之师的追击，德寇兵败如山倒，没有真正地打过仗。”

帅妈妈不悦地说：“你刚刚要求从社会部调到工厂去，我当时不同意，你又再三再四地请求。好吧，刚去不久，又要上前线。”帅妈妈想了一个缓冲之计，对岸英说：“你不是喜欢研究政治经济吗？现在要充实中央马列学院，你可以去那儿工作。”

帅妈妈是个很有经验的组织家，她虽然眼睛不太好，可头脑十分精明。她来了个“迂回侦察”，说：“岸英，我知道是谁要你去的。”

在爸爸和帅妈妈面前，岸英是个一根肠子通到底的坦诚之人，经不起帅妈妈这一迂回战术的进攻，他不加犹豫地坦白说：

“帅妈妈，李伯伯要我去！”

“李伯伯胡扯！”帅妈妈发火了，“李克农是搞安全工作的，他又不会打仗，你听他的做么子？”帅妈妈恼怒地说。

岸英一时觉得说走了嘴，马上兴奋地以解释的语气说：“帅妈妈，我自己也愿意去！”

“你自己也想去？”她心里稍许平息了一点怒气，说：“不过，这样的大事，你一定要征求爸爸的意见。你爸爸同意你去，你就去；不同意，你就别去！”

岸英答应着，站起身就要告辞。

帅妈妈留他吃饭。这是惯例，凡是到她那儿的干部子弟、烈士遗孤，她都要留下来吃顿饭，聊聊家常，她的津贴大都花在这些孩子身上。而岸英跟江青弄不来，回到丰泽园，看见江青老跟爸爸闹气，他也不快活；所以，他尽量避开江青，最好的去处就是帅妈妈那儿。

这次，岸英没有心思吃饭，他说还有许多事要办，许多地方要打招呼，而最主要的是他要征询父亲的意见——去不去朝鲜？

毛泽东一向不把子女当成私有财产，对家务事、儿女情也看得非常淡泊，他总把自己的孩子，看成是千千万万接班人之一。当然，这并不是说他没有一点偏爱，他是很钟爱岸英的，对他抱有很大很高的期望。可是，在工作安排问题上，他是把自己的子女，当做一个普通党员、普通工作人员，完全由组织部门去调动，去安排，去发挥螺丝钉的作用。特别是在关键问题上，毛泽东从不让岸英有任何特殊的感觉。1949 年 12 月，毛泽东有生以来第一次出国，去苏联与斯大林会晤，李克农护送至边境，为在边境与苏方交接方便，李克农带了岸英同行。毛泽东在前边的车厢里。他们在后边车厢。人们都不知道岸英也在车上，但毛泽东知道。到了东北后，毛泽东要随行秘书注意，不让岸英过境到苏联；并告诉克农，边境交接工作完毕后，一定要把岸英带回去，不要让他过境到苏联，即使他的俄语水平很高，不该他参与的事，也不能参与。

他唯一寄予厚望的儿子要上前线，这对于毛泽东，确实也是个艰难的抉择。战争所造成的后果是难以预测的，在战争年代，他已经失去了五位亲人，杨开慧、毛泽民、毛泽覃、毛泽建、毛楚雄，为此，当岸英向他提出要赴朝参战时，他陷入了沉思。

毛泽东经过考虑，很快他便做出果断的选择——同意毛岸英入朝，并托付给彭德怀照管。谁让他是我毛泽东的儿子呢？他不去，让谁去？

当然，组织部门选择毛岸英赴朝，也是有充分理由的：一是岸英俄语好，二是政治上可靠。志愿军司令部确实需要有一位这样的人。既然朝鲜问题要和苏联打交道，还有苏联专家在前方，战斗中还需要苏联空军的支援，况且战争形势又瞬间万变，更少不了精通俄语的翻译。再说，岸英的英语也很好，一打起仗来，少不了也要和美国人打交道。

组织上选中毛岸英是正确的；毛泽东的抉择是正确的；毛岸英的要求也是正确的，他要在血与火的考验中磨炼自己。但帅妈妈的想法、担心也是有道理的，谁不知道战争是无情的……

在毛泽东发出那份字字千钧的入朝作战命令的当天，一架伊尔型飞机，飞转着螺旋桨，从北京的机场起飞，在阳光灼灼中腾云驾雾，直飞山海关外的沈阳城。

飞机上，正襟危坐的彭德怀，不时用手抓粗短的头发，好像要从脑壳里抓出一串锦囊妙计似的。他不大吭声，也没心思俯瞰舷窗外的锦绣山河，而是紧闭厚嘟嘟的双唇，心事重重地思考着各种问题。他于4日从西安飞京，5日受命，今天是10月8日，就在这两三天的时间里，他这位身兼中国人民志愿军司令员和政委之职的统帅，仅从北京、沈阳凑了个小班子。

临时组成的班子成员之间彼此陌生，似乎也无话可谈。只是岸英对一切都充满热情，舷窗下的长城、大海，他都要细细地注视，生怕漏掉一个风景点似的。

飞机越过山海关，突然遇到高空大气流的袭击，顿时上下左右颠簸起来。一位打瞌睡的苏联顾问被震醒了，桌上的铅笔掉在地毯上。

毛岸英用熟练的俄语提醒他："你的铅笔掉了。"

苏联顾问说了声："西巴西巴（谢谢）！"把铅笔捡了起来。

这时，坐在周围的同事们吃惊了，悄悄地互相询问着："他是谁，俄国话说得好流利啊！"

有人神秘地说："他是毛岸英！毛主席的大公子。"

毛岸英？他也去朝鲜？人们既兴奋又吃惊，带着惊奇又钦佩的目光注视着他。岸英装做什么也没听到，仍向外侧着身子看那蓝天白云。

彭德怀一行在沈阳和平街1号一幢日式小楼里住下。彭德怀住在里屋，司令部的成员在外屋搭了一溜地铺。沈阳的10月不冷不热，年轻人挤在一堆儿睡觉，更觉得有味道。

彭德怀一进屋，金日成派来的特使朴一禹次相便赶到了，见了彭德怀，如见救星似的握着彭总的手连声说："彭总啊，你好！我受金日成同志派遣欢迎彭总来了！"

彭总问："你们接到毛泽东主席的电报了吗？"

"接到了。金日成首相委托我向你转达他的要求，朝鲜党、朝鲜人民希望彭总尽快率兵入朝。"

可是，彭德怀刚刚受命两天，对于朝鲜战局几乎一无所知。这时，朴一禹便简单地介绍战况，说："美军已经越过三八线，已经推进到平壤附近，金日成已经撤退到德川……”

彭德怀最关心的是苏联的态度，他迫不及待地问朴一禹：“向苏联请求出兵了吗？”朴一禹说：“请求了，但没有回音。我们还在继续要求苏方出兵……”

送走了朴一禹，彭德怀把手一抬，把一班子人都叫了过来。

程普、海欧、毛岸英等人都来到客厅里。彭德怀巡视着每一张面孔，沉默了一会儿说：“我们马上就要参战了，你们有什么想法没有？”

1941年周恩来与邓颖超在莫斯科国际儿童院与毛岸英兄弟合影（佚名 摄）

大家互相看看，相视而笑：“没有什么想法，听老总的，为老总服好务。”

彭德怀不满意地说：“怎么是为我服好务？应该是为那即将来临的反侵略战争服好务！”

毛岸英见过大世面，带头说：“老总，你是司令员，我们把你交办的事办好，就是为战争服务。”

“好！岸英呀，你要求来朝鲜战争前线，我很高兴。我们需要与苏联大使馆和军事顾问团经常联系，我正好缺一个俄文翻译呢！你么，就是我的秘书，负责与苏联顾问联络的翻译。另外，还要在办公室做些文字工作，行不行？”

岸英兴奋地说：“服从命令听指挥！”

彭德怀说："岸英啊，我们对外只讲你是我的秘书，不说你是毛主席的儿子，这样有利于工作，你同意不同意呀？"

岸英爽朗地回答："我同意。"

彭总又关照程普，由他多负些责，要大家不要向外讲毛岸英是毛泽东的儿子，要口严，这样有利于工作。

可是毛岸英还有个习惯，凡到了一个新地方，住下后就要到外边逛逛，熟悉地理环境，了解当地的风俗民情。他到沈阳后，除了伴彭德怀开会，便约了一两个新朋友逛街。他逛街的目标首先是书店。

进了书店，他便舍不得离开，先是看"白书"——只看不买，临到离开时，再挑选几本；这一回，他知道要离开祖国，去朝鲜这陌生的异国他乡了，这一去不知道要多长时间，是半年一年还是两年三年。战争环境中，艰苦、危险都不算什么，没书看可是最大的遗憾呀！因此，他选了一本又一本，马克思列宁的著作，达尔文传以及有关朝鲜的历史、地理书籍，几乎倾其囊中所有，买了一大摞。回到住处，他把衣服杂物从那口苏联带回的皮箱中请出来，然后把一本本新书藏进去而且嘱咐同行者："同志，可要替我保密呀！即使在战争环境里，也得学习啊！"

同志们都很理解地点点头。

为什么要保密呢？因为中央有规定，出国作战是绝密行动，这是为了战术上的隐蔽。直到打完第一个战役。

1950 年 11 月 8 日我国才正式发布消息："中国人民志愿军在彭德怀司令员的带领下，渡过了鸭绿江，参加朝鲜人民的抗美战争。"

◆岳母送给女婿的最后礼物——一支派克笔、一块表

10 月 10 日清晨，毛岸英一行人随彭德怀坐火车由沈阳来到安东（现在叫丹东）。他们下榻在镇江山（现改名锦江山）下的一幢日式小楼里。吃了饭，他们便乘吉普车来到鸭绿江边。

1950 年 5 月，苏联青年代表团访问中国，毛岸英任现场翻译（孟昭瑞 摄）

安东是个边陲小城，三面环山，南面是鸭绿江，江对岸便是朝鲜的新义州。一座铁桥，把两国紧紧相连。

下午，彭德怀在十三兵团负责人的陪同下，来到江边桥头视察，毛岸英随行左右，以多思少说的态度，处理好自己的位置。

对岸的新义州，几天前还是一座和平安宁的城市，随着美军越过三八线的消息，传来了几百架美国 B — 29 和野马式飞机的轰鸣声，几分钟之内，扔下数千枚炸弹，新义州在火海中变成了一片废墟。

10月13日，岸英随彭德怀一同回到北京。

党中央得到周恩来在苏联传来的信息：斯大林变卦。原先中苏两党曾做出共同支援朝鲜的决定，中国出陆军，苏联出空军。现在中国的陆军已经兵临鸭绿江边，整装待发，箭在弦上，正等待苏联空军的配合，以击败美国的海陆空优势。就在这节骨眼上，斯大林以“空军没有准备好，暂缓行动”为借口，拒绝履行诺言，志愿军处于孤立无援的境地。

岸英对此非常气愤。他在苏联10年，对斯大林的一些做法早有看法，如今面对朝鲜的紧急局面。他的爱憎更加分明了。当然，他与父亲、彭总完全一致。

此刻，周恩来还在莫斯科，第一次与斯大林会晤后，没有说服那位70岁的“老大哥”。苏联是怕引火烧身，引起第三次世界大战，现在则对一触即发的战局，采取隔岸观火的态度。斯大林另一想法是，对中国军队能不能打败美国人持有怀疑，他也许想，我们不派空军出战，中国陆军也许不敢单枪匹马越过鸭绿江……

谁知，久经考验的毛泽东说服了其他战友，中央政治局研究的结果是，不管苏联出不出空军，中国军队仍按原计划赴朝作战。

10月14日实际上是岸英在北京的最后一天。在紧张的工作之后，他挤出了一些时间，去跟亲友、同志们告别。

他按照老习惯，骑着那辆破旧的自行车，首先到他敬爱的帅妈妈家。帅妈妈请他吃了一顿晚饭。席间，气氛十分严肃。

临别时，帅妈妈要岸英靠到她身边，用颤抖的双手，抚摩着岸英，摸他那粗黑的头发，那宽阔的像他爸爸一样饱满的天庭，摸他高悬的鼻梁，两只大耳朵，摸他轮廓分明的面颊……

帅妈妈叹了口气：“岸英，我是不同意你去的，唉！这个李克农啊……既然你爸爸批准你去，你自己也要求到前线去实践、去锻炼，那就去吧！”

岸英很动感情地说：“帅妈妈，你放心！况且，我也不是直接到前方去，是在彭总的司令部工作。”

她知道岸英是新兵，初生牛犊不怕虎，叮嘱道：“你要当心啊！”

岸英坦然地似乎宣誓般地说：

“帅妈妈，你放心好了！再说，人总是要死的，只要对人民有利，为中国人民和朝鲜人民去死，也是死得其所！我是个共产党员，共产主义革命是不分国籍的，而且有几十万人都去，也不是我一个人孤军作战。帅妈妈，你别为我担心，你自己要多多保重啊！”

临别时，她紧握岸英的手，再三再四地叮嘱道：

“岸英，炮子儿不认人啊，你还是当心一点好！”

一直到听不见自行车的响声了。帅妈妈才依依不舍地回到房里。那晚，这个老共产党员失眠了。

岸英骑着破车到了北京医院，去向结婚刚满一周年的妻子刘思齐告别。一路上，岸英在想：妻子很年轻，话不要讲得太生硬，否则她会受不住的。

一见面，岸英关心地问了思齐手术后的感觉如何，吃的流食还是普通饭，胃口好不好，伤口还疼不疼，接着跟思齐讲：“我已经外出了一次，刚回来，还要走。”

思齐国庆前夕患了阑尾炎，做了手术。岸英来看了她两三次。后来突然几天不见了，思齐想盘问一下根底，但是当牵涉到国家大事和党的机密时，岸英是守口如瓶的。

思齐听岸英说还要走，就关切地问：“又要到哪里去呀？”

岸英绕了个弯子说：“最近你看了报纸吗？你知道国际形势吗？很紧张呢！打仗的事你知道吗？美国侵略者侵略朝鲜，还妄图打到中国来，把新中国扼杀在摇篮里。”

岸英怕思齐舍不得他，没有直说。这小两口儿，结婚刚刚一年。这期间，岸英回了一次湖南老家。作为一个新婚不久的青年，很少回家，他对爱人的照顾、体贴是欠缺的。可是，他实在太忙，他把精力和热情都使在工作上了。思齐这个姑娘也很通情达理，知道丈夫的工作性质，对他的来去匆匆也习惯了，能够体谅他。现在，岸英又要走了，而且从暗示的话语中听得出来，又是一件特殊的使命，不知又要走多久，心中自然柔情绵绵，觉得有说不完的话。

岸英忽然想起带在身上的钢笔裂了口直漏水，不好使，思齐就说：“拿我那支派克钢笔去用吧，在我妈妈那里。”那支笔是他们结婚时一个老同志送的礼物。

岸英说：“正好，我还要到妈妈那里去告辞。”

思齐眼泪汪汪。岸英回过身来对妻子说：“收不到我的信不要着急啊！我走了以后，你每个星期都要到中南海看看爸爸，不要我不在家你就不去呀！收不到信不要着急！……”言语中充满了柔情。

岸英又匆匆赶到岳母张文秋家里，他还有一件放心不下的事，再三对岳母说：“我走了以后，要多多照顾我的弟弟。”

想起他那个受伤致残的胞弟毛岸青，他的心情就显得沉重起来。两兄弟相依为命二十多年。在上海流浪五年，吃尽了苦头，在苏联 10 年，也很少分离。他时时事事都要照顾不太懂事的弟弟，为弟弟操碎了心。岸英回国后，岸青在苏联又待了一段时间，直到 1947 年才回到东北。北平解放后，他搞了一段俄文翻译工作，可是他的脑病复发，又去苏联治病疗养去了。遗憾的是，岸英不能跟弟弟告别，只好委托岳母多加照顾了。

岳母是个老革命干部，岸英对她很尊重，也很信任，对她是用不着隐瞒什么的。他说：“妈妈，我要出国去朝鲜，来向你告辞。”

“多保重，早点回来！”岳母从心底里喜欢这个女婿，她非常理解他。他们谈到午夜过后一点多钟。岸英看着手表，那块“老爷表”已经“罢工”了。岸英心想，这怎么行呢？到前线作战，还要跟苏联人打交道，没有一块走得准时的手表，工作多不方便啊！当然，现在的青少年可能不会相信，毛泽东的儿子，竟和平民一样，没有一支好钢笔，没有一块好手表，可是，这是千真万确的事实。

岸英从岳母那儿取到派克钢笔，看看停摆的手表，才想起岳母有一块自动手表，便不好意思地请求道：

“妈妈，我这块手表不顶用了，你那块自动表先给我用一用，将来回国时再还给你，好吗？”

这块手表是朋友赠送的，她舍不得用，一直珍藏着。岸英这一提起，她立即找了出来，深情地说：“那我就送给你吧，哪有女婿用丈母娘的表要还之理，这就算我这个妈妈送给你的纪念物！”

岸英接过手表，对准时间，欣慰地笑了：“妈妈，你真好！”

回到父亲身边，毛泽东正在书房里焦灼地思考着，踱着步，像是在想别的问题，又像是在等儿子回来。

父子情深，一谈又是几个钟头……

◆青山处处埋忠骨，何须马革裹尸还

第二天，10月15日，飞机又载着彭德怀和毛岸英等人飞回沈阳。16日，彭德怀召开重要会议，传达了毛泽东的指示：19日过江。

10月18日凌晨，飞机又飞到北京，岸英是否又跟彭德怀回去，从现在资料中看不出，但他已经做好入朝的一切准备。从一张在安东镇江山烈士塔前的照片中，可以看到岸英换上了朝鲜人民军干部服，跟司令部的战友徐亩元、杨凤安、唐本及坐在烈士塔台阶上的五个战士，还有一位戴大盖帽的军官（此人很像是苏联军事顾问）合影。背景的烈士塔由于被人遮挡着，只露出“牺牲”二字，塔周围摆了一排花圈……这是毛岸英的最后留影。

本来，十三兵团已在安东市西边的老洼岭构筑工事，准备彭德怀在此设立司令部。可是，52岁的老将彭德怀的习惯是，前线在哪里，司令部就在哪里。不仅如此，他还提出第一个进入朝鲜，去找金日成会谈。真是出语惊人，不仅司令部的小班子感到愕然，连那些身经百战的将军们，也不知所措。但将军们早已熟知彭大将军的脾气，所以也没人敢去劝说。

岸英和战友们目送彭德怀登上吉普车，与秘书杨凤安、警卫员郭风光、黄有焕向鸭绿江大桥驶去。

1950年10月19日傍晚，站在桥头，岸英目送着彭总的吉普车从桥面上缓缓驶向朝鲜那边的新义州。在中朝分界的地方，彭德怀命令司机停车，他从车窗口探出头，向安东，也是向祖国深情地张望一番，一种悲壮的情绪，随着热血冲向脑门。车上的另外几位相视无言，默默地跟祖国母亲告别。

夜晚，岸英跟随着司令部的战友们一道，在夜幕沉沉中跨过鸭绿江。周围寂静无声，只听见脚踏铁桥的嚓嚓声以及鸭绿江水流动的哗哗声。岸英不时地、恋恋不舍地回头张望，心中默默地向渐渐远离的祖国告别：祖国，母亲，再见了！您的忠诚儿子为了捍卫您的神圣不可侵犯的尊严，将不惜赴汤蹈火。

他的双脚离开了祖国的大地，从此便再也没有回来……

中国人民志愿军到了朝鲜以后，跟朝鲜人民军并肩战斗，以排山倒海之势，压向敌人，打得美国侵略军及其走狗李承晚蒙头转向。

1950 年 11 月 8 日早晨，毛岸英收听到了中央人民广播电台的新闻：

朝鲜人民军司令部发表公报称：共和国最近在朝鲜西北部的作战中取得了重大胜利，在此次作战时期，有中国人民抗美援朝保家卫国志愿部队，在人民军总司令部统一指挥之下，和人民军一道参加了作战。在中国人民志愿部队的参加之下，人民军在温井、云山一带击溃了李承晚第二军团四个师及美军一部，迫使该方面美国侵略军及李承晚军逃到清川江以南……我人民军与中国人民志愿部队从 10 月 25 日开始反击……

毛岸英和战友们欢呼初战告捷。平时他要担任金日成、彭德怀和苏联军事顾问团的口头翻译，所以不分日夜地忙碌着。

11 月 24 日下午，四架美军 F－84 型飞机在总部的上空盘旋侦察。这天，彭德怀接到毛泽东发来的电报，要他注意防空：“你们的指挥部应建有可靠的防空洞，保障你们司令部的安全。你们现在的位置不好，你们指挥所应速建坚固的防空洞。请你们充分注意机关的安全，千万不可大意。”司令部的同志发现美国飞机侦察地形，估计第二天会来轰炸，便要求彭德怀一同研究防空问题。彭德怀沉着脸说：“我不怕美国飞机，也不躲也不去开会。”大家无可奈何，但还是作了决定：“明天天亮以前吃完饭，天亮后不准冒烟，一律进防空洞，疏散隐蔽。”

第二天，只有彭德怀一人不服从命令：“来朝鲜是来躲飞机的吗？”大家几乎是连背带拖地把彭总拉到山上的防空洞里。而未经战争洗礼的毛岸英披件呢大衣，同高瑞欣下去到木板房作战室取东西。11 月 25 日晨，三架 B－

29 型轰炸机在总部上空掠过。这天是第二战役的第一天，事情千头万绪。空袭警报刚刚解除，狡猾的敌机突然从北方掉过头来，飞到总部上空，扔下大批凝固汽油弹。爆炸的气浪吞没了作战室，摄氏 800 度的高温包围了岸英和高参谋……

毛岸英把青春和热血，洒在朝鲜的土地上，后来仅从一只烧剩的表壳，找到了岸英的忠骨。这只表还是他出国入朝前夕岳母送他的纪念物。在清理他的遗物时，只发现一个很小的帆布包，里面有几件换洗衣服和日用品、一把小剪刀，还有科学家小传《达尔文》。

据说，在埋葬岸英烈士时，曾请示毛泽东，是否迁回祖国。

毛泽东回电用了两句古诗：青山处处埋忠骨，何须马革裹尸还！

由于当时条件的限制，岸英和高瑞欣的尸体草草埋葬在大榆洞的山头上。朝鲜停战以后，他的忠骨被迁葬到桧仓中国人民志愿军烈士陵园里。大理石墓碑上，镌刻着“毛岸英同志之墓”七个大字，墓碑的背面是中国人民抗美援朝总会刻下的一段碑文：

> 毛岸英同志原籍湖南省湘潭县韶山冲，是中国人民领袖毛泽东同志的长子，一九五〇年他坚决请求参加中国人民志愿军，于一九五〇年十一月二十五日在抗美援朝战争中英勇牺牲。
>
> 毛岸英同志的爱国主义和国际主义精神将永远教育和鼓舞着青年的一代。
>
> 毛岸英烈士永垂不朽！

毛岸英牺牲后，彭德怀给毛泽东和党中央发来了电报。

机要主任叶子龙拿到电报后，忙同周恩来、江青研究一番，没有马上告诉毛泽东。后来，毛泽东办完公事后，到万寿路新六所一号楼休息时，叶子龙和江青才把消息报告了毛泽东。

当时，毛泽东正坐在沙发里。他听到消息，先是一怔，盯着叶子龙和江青一声不响。

江青和叶子龙不敢说第二遍，也不好说什么劝慰的话，不约而同垂下了头。

于是，毛泽东眨了一下眼，目光开始缓缓移动，望着茶几上的烟盒。

他去取烟，两次都没将烟从烟盒里抽出来。卫士帮他抽出一支烟，再帮他点燃。

屋里静了很长时间，谁也没说一句话。能够听到的只有毛泽东从牙缝咝咝往里吸烟的声响。

大概烟雾熏了他的眼睛，大概他想起了儿子许许多多的往事，毛泽东眼圈陡然一红，湿润了。

叶子龙一声不响地退了出去。

又沉默了很久，毛泽东吸完第二支烟，把烟头熄灭在烟灰缸里，用略带沙哑的声音，发出催人泪下的一声叹息：“唉，谁叫他是毛泽东的儿子呢……”

毛泽东是一位领袖，但他也是一个有血有肉、感情极丰富的伟人。人所具备的一切，他都有。只是，长年的战争生涯，使他比常人更坚强，更有理智。

彭德怀于1951年春节在中南海向毛泽东汇报朝鲜战况时，内疚地谈起没有照顾好岸英。毛泽东久久地沉默着，一支接一支抽着烟，抬眼凝视着窗外那已经萧索落叶的柳枝，轻轻地念着北周庾信的《枯树赋》：

> 昔年种柳，依依汉南。
> 今看摇落，凄怆江潭。
> 树犹如此，人何以堪！

俄顷，他昂起头，轻轻走了两步，激昂地说：“革命战争，总要付出代价的。岸英是中国人民志愿军的一位普通战士，为了国际共产主义事业，献出了年轻而宝贵的生命，作为无产阶级战士、共产党员，他尽到了自己的责任。不能因为他是我的儿子，就不能为中朝两国人民的共同事业而牺牲，世上哪有这样的道理呀！哪个战士的血肉之躯不是父母所生！”

彭德怀默默地听着，心情十分沉痛。他深知，岸英的牺牲，是一个无法

1952 年 1 月，彭德怀在朝鲜前线炮兵阵地视察（佚名 摄）

挽回的重大损失。

在其后的几天里，毛泽东一直沉湎在悲痛之中，他觉得岸英的音容笑貌就在眼前，他没有死，他还在朝鲜。不知怎么，在他脑海又闪现了在陕北机场的那一幕……

那是滴水成冰的三九寒天，西北的风沙大，刮得天昏地暗。毛泽东带着病体去机场，他的情绪很好，也可以说他是处在兴奋之中，原来他是来接他那心爱的长子毛岸英。毛泽东在岸英五岁时离开了他，18 年后再见，年过半百的毛泽东，是怎样的一种心情啊！

毛岸英呢，对于东奔西走为革命日夜操劳的父亲，他了解得太少了，以前连什么模样都记不起来了，见到父亲的画像、照片还是在他到苏联以后。而今，父子离别 18 载，要在延安相见了，父亲到底是个什么模样？跟自己讲的第一句话是什么？岸英在飞机上也激动不已，思前想后，呼吸都紧迫了。当然，他根本想不到，日理万机的父亲要在隆冬严寒中亲去机场接他。

飞机在延安上空兜了个圈子，然后平缓地向机场俯冲，起落架降下了，在跑道上擦过，震得座位上的人不住地颤动，机身后边扬起滚滚烟尘——当年延安机场的设施可不太理想。

飞机终于平安降落。

毛泽东带着一队欢迎的人，站在跑道边，当飞机停稳后，他迎向伊尔飞机。

毛岸英烈士墓（孟昭瑞 摄）

从飞机上第一个出来的便是毛岸英。这是一幕多么激动人心的场面！

毛岸英在机舱口向外张望时，感到一切都很陌生：黄土高坡、土路、灰蒙蒙的天、枯树、凛冽的寒风，陌生的人群，陌生的场景。可是，当他正弓着身子走出机舱时，蓦然发现站在舷梯脚下的竟是他日思夜念、在梦中都呼唤的父亲——毛泽东。这些年来，他从父亲寄到莫斯科的照片，从电影、画报上，何止千百次地看到过父亲的魁伟形象。所以虽然 18 年没有见面，今天还是第一眼就发现了父亲！

父亲这么忙，天这么冷，是不会到机场来接他的。他曾经几十次地这样设想。如今，太突然了！千真万确，站在面前的就是他最亲爱的最敬仰的父亲——毛泽东！

岸英几乎是从飞机舷梯上滑下来一般，站在父亲跟前，毛泽东迎上前去，张开双臂，紧紧地抱住岸英，激动万分地凝视着比自己个头还高的岸英，第一句话是“你长得这么高了！”岸英穿着苏联草绿色的呢大衣，肩章上有三颗星闪闪发光，年轻、英俊、魁梧，真使人喜爱。

岸英以苏联式的奔放热情，紧紧地搂着毛泽东，不断地呼喊着：“爸爸，爸爸，我多想你啊！”听着儿子亲切的呼唤，毛泽东眼睛湿润了，喉咙有些嘶哑地亲昵地轻轻地回道：“一样的想你啊！”

而局外人看来，这父子二人，一个是洋得潇洒，1.8 米以上的个头，全身戎装，英姿飒爽；一个是土得出奇，一副陕北农民干部的打扮……

◆毛泽东像慈母一样地关心着思齐的第二次婚姻

老年丧子的巨大悲痛，毛泽东强忍住了。他把全部心血倾注在国家大事上，用工作来冲淡悲伤。可是，儿媳刘思齐每周必到的拜晤，对他来说简直是一场感情的灾难。思齐每次来，都要问爸爸：收到岸英的信没有？岸英为何几个月不给我来信？为了能让思齐安心学习，毛泽东总是强颜欢笑，装得若无其事地宽慰她。这样一直瞒了两年。两年，一百多个星期啊！毛泽东独自承受着老年丧子之痛。

作为爸爸，毛泽东不能也不愿一直扮演世上最难堪的角色。在这期间，毛泽东好几次扳着指头，用他那带有浓重湖南乡音的声音向思齐讲述先烈的事迹，讲述他们家有六位亲人壮烈牺牲，叙述五位烈士生前的经历和牺牲时的情景。可是，他始终没有说出第六位烈士，不忍心亲手把这一层包含着噩

毛泽东带着小女儿李讷与志愿军战士在一起（佚名 摄）

耗的薄纸揭开。

刘思齐毕竟是个才20岁的孩子，她也没能完全悟到爸爸的深意：干革命就会有牺牲。

毛岸英不幸牺牲两年后，毛泽东终于下决心让思齐知道这不幸的消息。那天，他又向思齐诉说他们毛家为革命牺牲了的烈士：杨开慧、毛泽民、毛泽覃、毛泽建、毛楚雄，还有韶山党支部的毛福轩……

刘思齐越听越觉得不对劲。朝鲜停战协定都签订了，为何岸英未寄回只言片语？难道他……

她不敢再往下想了。看到花甲之年的爸爸，她反而安慰起他。离开中南海时，刘思齐心慌意乱，很不是滋味！

这天，刘思齐又一次来到中南海。毛泽东把周恩来请来一起和她谈心。周恩来十分委婉地告诉刘思齐，为抗美援朝保家卫国牺牲的无数战士，人们永远不会忘记他们。

“岸英也是其中之一！”这句话，周恩来说得很轻。

可是，对于刘思齐来说，犹如一声响雷！她痛不欲生，伏在毛泽东的肩上撕心裂肺地哭呀，哭呀！

毛泽东木然地坐着，脸色苍白。

周恩来让刘思齐躺在沙发上缓缓气力。当他的手碰到毛泽东的手时，他心里一惊，急忙低声对刘思齐耳语：“思齐，你要节哀，你爸爸的手都冰凉啦！”

刘思齐一愣，又哭着去安慰爸爸。

岸英的离去，对刘思齐来说是个很大的刺激。为了不引起毛泽东的悲伤，她躲在屋里饮泣。

在饭桌上，毛泽东看到刘思齐那又红又肿的眼睛，长叹一声，放下筷子，水米未进，起身慢慢地离开了饭桌。

从此，刘思齐也像毛泽东一样，硬是把悲伤压在心底，把眼泪往肚里咽。然而，父女俩都深知对方心灵深处的悲伤。看着刘思齐日渐消瘦，毛泽东常劝慰说：“战争嘛，总是要死人的。不能因为岸英是我的孩子，就不应该为中朝人民而牺牲。”

自从毛岸英牺牲的消息公开后，毛泽东便对刘思齐说：“今后，你就是我的大女儿。”从那时起，毛泽东就格外疼爱刘思齐，时常亲自过问她的衣食住行。在每次通信中，毛泽东总是称刘思齐为“我的大女儿”“思齐儿”“娃”。

在刘思齐因丧夫而悲痛得寝食难安、神经衰弱时，却有人还往她的伤口上撒盐，放出对刘思齐具有致命打击的谣言。刘思齐经受不了更多的打击，提笔给毛泽东写信。毛泽东在复信中开导她说：“谣言不足信，可以置之不理，因为不胜其烦。你的心情要清闲些，把身子养好要紧。”听到爸爸的声音，刘思齐精神上得到极大的安慰。

1954年，刘思齐高中毕业了。为了进一步深造，也为了换一个环境以减轻内心的痛苦，毛泽东让她去了莫斯科大学学习。出国前夕，刘思齐患了重感冒。毛泽东写信要她好好休养，恢复体力，以利出国，并把她要的《列宁选集》送给她。

1955年9月至1957年9月，刘思齐在莫斯科大学数学系学习。这期间，她常常给毛泽东写信。毛泽东则化名“得胜”给她复信。其中有一封信是这样写的：

亲爱的思齐儿：

给我的信都收到了，很高兴。希望你注意身体，不要生病，好好学习。我们都好，勿以为念。国内社会主义高涨，你那里有国内报纸否？应当找到报纸，看些国内消息，不要和国内情况太隔绝了。

祝好！

得胜

一九五六年二月十四日

由于身体欠佳，刘思齐重病不断。又由于她原来一直学文，突然改学理工，而且还要跟上俄语课，因此刘思齐感到异常的困难。1957年，刘思齐回信向毛泽东汇报了自己的情况，要求转学国内。毛泽东复信说：“转学事是好的，自己做主，向组织申请，得允即可。如不得允，仍去苏联，改学文科，时间长一点也不要紧。不论怎样，都要自己做主，不要用家长的名义去申请。”这封信，毛泽东写得既有感情又有原则，同时希望刘思齐自己做主，充分体现了一个父亲真正的爱。五天后，毛泽东又写了一封信，叮嘱刘思齐要遵照党支部的意见，下决心在国内转学文科，集中精力，学成为国服务。在毛泽东的支持下，刘思齐于1957年10月回国后进北京大学学习。

刘思齐回国后，很快，出入中南海的特别通行证被没收了。因为江青开口了：“刘思齐不是我们家的人！”

刘思齐不能再去看望爸爸了，内心十分痛苦。毛泽东照常给这个“女儿”写信。

1959年初，新春佳节将近，毛泽东给刘思齐写信说：

思齐：

不知你的情况如何，身体是否有起色，极为挂念。要立雄心壮志，注意政治理论，要争一口气，为死者，为父亲，为人民，也为那些轻视、仇视的人们争这一口气。我好，只是念你。

祝你平安。

父亲

一月十五日

1959年，刘思齐大病一场。毛泽东在庐山开会期间，千里迢迢寄来信说：

娃：

身体是否好些了？妹妹考了学校没有？我比在家时好些。你愁闷时可看点古典文学，读诗句，可起消愁解闷的作用，久不见，甚念。

爸爸

八月六日

从1938年到1949年10月15日，这段时间是刘思齐由毛泽东的干女儿发展到儿媳妇的过程。从1950年11月25日以后，对于刘思齐来说，又从儿媳进一步发展为毛泽东的女儿。毛泽东完全把刘思齐当做自己的亲生女儿来看待。

1983年，在毛泽东诞辰90周年之际，刘思齐（后改名为刘松林）在《父亲……》的文章中满怀深情地写道："尤其是在岸英牺牲后，他关心着我的思想、我的学习、我的工作、我的健康，甚至我闲暇时阅读的书籍。到后来，他还像慈母一样地关心着我的婚姻……"

1961年秋天，刘思齐被分配到解放军工程兵的科研部门从事翻译工作。这时，离毛岸英离世已有11年了。在这11年中，刘思齐熬过了多少个痛苦的不眠之夜，流淌过多少热泪。她也从青春少女步入了而立之年。毛泽东焦急了，怎么能让她孤单单地度过一生？他多次劝刘思齐找个合适的人，成个家。但心爱着岸英的刘思齐却不焦急。

1961年6月13日，毛泽东终于提笔写了一封信：

女儿：

你好！哪有忘记的道理？你要听劝，下决心结婚吧，是时候了。五心不定输得干干净净。高不成低不就，是你们这一类女孩子的通病。是不是呢？信到回信给我为盼！

问好！

父亲

六月十三日

这封信，充满了慈爱，也充满了长辈的关怀。刘思齐被深深地打动了。

毛泽东并不只是一般地劝劝，他还托人为思齐先后介绍过两位朋友，但刘思齐都觉得不合适。

一天，空军副司令兼空军学院院长刘震对毛泽东说："我们空军学院强击教研室有位教员，叫杨茂之，是从苏联留学回来的。这个人老实正派，我觉得可以，主席是不是……"毛泽东立即请人去作了了解。此时，刘思齐已经29岁了。

经过了解，杨茂之的人品和刘震介绍的一样。于是毛泽东马上走出第二步棋，让刘思齐和杨茂之来往，让他们相互了解。那时杨茂之三十出头，是个大高个，精壮结实，父母是海边上的渔民，他有着中国农民传统的忠厚老实的品格。

其实，刘思齐在苏联学习时见过杨茂之。杨茂之于1954年出国赴苏，在苏联红旗空军学院学习。第二年，刘思齐到莫斯科大学就读。由于都是中国人，他们在中国留学生的集会上见过面，但没有说过话，更想不到对方后来会成为自己终身的伴侣。

经过一段时间相处，刘思齐点头了。

1962 年 2 月，刘思齐和杨茂之结婚了。婚礼是在刘思齐家的四合院举行的。那院子坐落在北京的南池子，隔墙是罗瑞卿的家。毛泽东抄录了一幅他刚刚创作的《卜算子·咏梅》词，算作贺礼。另外还给了 300 元钱，叫刘思齐代买礼品。杨茂之的父母远在海边，没能赶来，来的都是刘思齐的亲朋故友，还有一些老革命者，如谢觉哉、伍修权、刘震等。前前后后足有上百人，把小院子挤满了。当时毛岸青在大连，没能赶来参加。他的夫人、刘思齐的妹妹邵华，从大连赶来参加了大姐的婚礼。

婚后个把月，刘思齐和杨茂之一起到中南海去见毛泽东。那次，毛泽东和杨茂之谈得很投机。看得出，毛泽东对这个干女婿是很喜欢的。

1963 年 10 月，刘思齐生下长子，她和杨茂之商量，取名“小英”，以纪念为国牺牲的毛岸英。

第七章

幸福的大家庭——西花厅

在西花厅，周恩来和邓颖超并不感到冷清，周恩来和邓颖超在他们五十余年的共同生活中，虽然没有自己亲生的儿女，但他们在西花厅，却拥有一个无比温暖的革命“大家庭”。

西花廳

第七章　幸福的大家庭——西花厅

◆兄弟情深，侄儿侄女胜似亲生

在中央的“五大书记”中，只有周恩来夫妇没有子女，这不是说他们不喜欢孩子，而恰恰相反，周恩来和邓颖超都十分喜欢孩子。后来他们谈起孩子的事时，邓颖超十分内疚。

周恩来颇有感慨地对邓颖超说：“当年我到上海参加领导三次武装起义，失败了。你在广州难产，我们的孩子夭折了。我如果不离开广州，我们的孩子可能活下来了！”

邓颖超内疚地说：“我不该背着你打掉第一胎。那时我年轻，你忙我也忙，就开了点中药打了胎。”

周恩来和邓颖超在他们五十余年的共同生活中，虽然没有自己亲生的儿女，但他们在西花厅，却拥有一个无比温暖的革命“大家庭”。

周恩来除了把烈士的后代作为自己的亲生儿女外，他还把侄子、侄女当做了自己的儿女，对他们的要求甚至超过他们的亲生父亲。

原来，在周恩来下面还有两个弟弟，大弟恩溥，字博宇，乳名“小和尚”，生于光绪二十五年（1899）。小弟恩寿，字同宇，乳名“小黑子”，生于光绪三十年二月二十三日，即 1904 年 4 月 8 日。后过继给四伯父周贻赓为子。

周恩来在生母和嗣母去世后，便承担起长子当家的责任，并要照顾两个弟弟。他带着“小和尚”“小黑子”离开了生活三年的清江浦的舅舅家，回到了淮安驸马巷自己的老家居住。在八婶的帮助下，周恩来兄弟三人过着艰难的日子。此时的周家大院，与往日相比，显得有点凄凉。过去，“这屋里总是亲友盈门，本族亲友及外地亲属经常登门……有时候这些亲友一呆就是几个月，甚至几年……周家是典型的士绅之家，很讲究面子和身份。对于本家的任何人，我们都从不拒供住房和费用，哪怕是我们得借钱或到当铺里当。”而今的周家大院，则只能说是越来越冷清了。“以往客客气气、慷慨大方的邻居现在对周家也敬而远之了。只有奶妈蒋江氏，虽无工钱，却毫不动摇，继续照顾着恩来和他的两个弟弟。”①

由于家道中落，八叔又身有残疾，周恩来三兄弟和八叔一家的日子之艰难，可想而知。房子典押的典押，拆掉的拆掉。“他的叔父贻奎和婶母在家翻箱倒柜，找出一些衣物、瓷具、书籍和字画让周恩来拿到淮安城里的当铺典押。当铺的柜台高高在上，好不威严，使来典当的人顿生畏惧和自惭的感觉。恩来自幼个小，不得不把双臂高高地举过头顶，才能把要典押的东西放到柜台上。”后来周恩来被姨表舅龚荫荪接到他家的塾馆寄读了，“小和尚”、“小黑子”因年龄还小，便留在周家大院，在挖野菜、捉迷藏、爬树、摘野果、打弹弓之类的活动中迎接一个个春夏秋冬。

1910 年春天，远在奉天（今辽宁省）谋事的伯父周贻赓把 12 岁的周恩来接出了古城淮安。大弟“小和尚”留在八婶家，小弟“小黑子”寄食在清江浦的十四姨妈家，“小和尚”由于受教育较少，比较任性。1916 年夏，一次，因对八婶的管教不服，“小和尚”竟离家出走，一个人摸到扬州的十三舅万富之家中。此时，周恩来正在天津就读南开大学，从十三舅的来信中知道了这件事。周恩来很快给舅舅回了信，要“小和尚”去天津。万富之为“小和尚”筹足了路费，并且让表哥万叙生送他到浦口车站。

“小和尚”到了天津后，周恩来于 8 月 15 日给舅舅万富之写了一封信，信中写道：溥甥“现寓四家伯处，拟令其暂束身心，俾一切习惯渐变故态，

① 于俊道：《红墙里的领袖们——周恩来实录》，工人出版社 2012 年版。

然后再量材施教，以冀有成。惟恨时机已晚，不克受完全教育。七载荒废，责在父兄。今而后知教育子弟事，非可疏忽视之，致贻后日无穷之悔也。”“此后管束之方，尚望不弃，时锡教言，俾作指南，以匡甥之不逮，是为至盼。”

周恩来、邓颖超在西花厅（杜修贤 摄）

周恩溥后来曾到东北生活，再后来，又到山东谋生，1944 年底在山东病逝。

周恩来的小弟恩寿因出生后皮肤稍黑一些，家里人便顺口喊他“小黑子”，并作了乳名。1918 年，14 岁的周恩寿来到了天津，给四伯父当了过继子。1921 年他也考入南开中学读书。在这所新型学校的进步思潮影响下，于 1924 年春加入中国社会主义青年团，同年冬转为中国共产党党员。1925 年，周恩寿受党组织派遣，以入北京宏达学院学习为掩护，到北京市做党的地下交通和宣传工作。

1926年1月，经党组织决定，周恩寿进入黄埔军校第四期政治科大队学习，同年6月毕业后，进入北伐的国民革命军，任总政治部宣传员。1927年春改任武汉邮电检查委员会主任，并继续参加北伐宣传的筹备工作。就在这期间，周恩寿因年纪轻，涉世不深，仅为一件生活小事而离开队伍一段短暂时间。一向律己甚严的周恩来知道后非常生气，严厉地批评和处理了弟弟。年轻的周恩寿又害怕又爱面子，内心很痛苦。几十年后，据说有人曾向周恩来问起这件事，周恩来坦诚地说："我那时年轻，火气大，是我对他帮助不够。"表现了他对弟弟的负疚之情。

1928年初，周恩寿离开了革命队伍，也自行脱离了共产党。然后，他只身前往吉林的四伯父处。在吉林时，他担任吉海铁路局检查课的课员，过起了平民生活。谁料，他在这里，竟帮了哥嫂一个大忙。

这年5月上旬，周恩来、邓颖超化装成一对古董商人夫妇，从上海秘密乘坐日本轮船，拟经大连、东北赴莫斯科出席中共"六大"。船经青岛时，受到日本侦探的注意。特务跟踪他们到大连，并对他们进行盘查。邓颖超后来回忆过这段经历：

> 当轮船刚刚停靠大连码头，我们正准备上岸时，驻大连日本水上警察厅上来几个人，对我们进行盘问。首先是问周恩来是做什么的？他回答是做古玩生意的（实际上我们携带的箱子里一件古玩也没有）。又问你们做生意的为什么买那么多报纸，我们说，在船上没事可以看看。他们又问到哪里去？回答，去吉林。问到东北干什么？答去看舅舅。他们当即让周恩来跟他们去水上警察厅。在那里，他们又详细询问周恩来出生年月日、学历、职业等，当问到你舅舅姓什么？叫什么？回答他姓周，叫曼青。问他是干什么的？答：在省政府财政厅任科员。他们问你舅舅姓周，你为什么姓王？恩来说：在中国舅舅和叔叔是有区别的，姓氏是不一致的，不像外国人舅舅、叔叔都叫Uncle，因此，我舅舅姓周，我姓王。对方又说：我看你不是姓王，而是姓周，你不是做古董生意的，你是当兵的。恩来伸

出手去说：你看我像当兵的吗？他们仔细端详不像当兵的手，然后开抽屉看卡片，对周恩来讲，你就是周恩来。恩来又反问他们，你们有什么根据说我是周恩来呢？我姓王，叫王某某。他们的一系列的盘问，周恩来同志泰然沉着的一一作了回答。他们为什么怀疑是周恩来，可能与黄埔军校任职有关，有卡片。

从水上警察厅回来后，周恩来和邓颖超销毁了接头的证件。当天下午，他们离开大连，坐火车前往长春，然后转往吉林市，去看望他的四伯父。在车上他们仍遇到跟踪。邓颖超回忆说：

上车后发现同我们坐对面的乘客是日本人，用中国话同我们攀谈，我们也同他聊天。当时，已识破他是跟踪我们的。

到长春后，似乎没有人跟踪了，住进旅馆，周恩来立即换上长袍马褂，把胡子刮掉，又乘车去吉林。到吉林后，周恩来先住进旅馆，没有敢直接去四伯父家，而是用乳名写了一封信，请旅馆的人送到四伯父家。信上只简单地写着：问舅父好。下面签着“大鸾”两个字。周恩寿一见到哥哥那熟悉的字体，知道他到了吉林，并根据信中对四伯父称“舅父”这一情况判断他一定处境很危险，就悄悄地前往旅馆接回了哥嫂。

周恩来、邓颖超在伯父家停留了两天。由于接头证件已全部毁掉了，他们只有另想办法。经商量，周恩来一人先启程去哈尔滨的大弟恩溥处住下，翌日再让周恩寿陪邓颖超赶去哈尔滨会合，并由邓颖超、周恩寿在哈尔滨火车站等候比他们晚起程的李立三，并终于等到了。这样，在周恩寿的掩护下，周恩来、邓颖超和李立三便安全地去了苏联。1974年，已经病重的周恩来对他的侄儿、侄女说：虽然你们的父亲那时脱了党，但我相信他不会出卖我们，实际上他还掩护了我们。

周恩来正在长征路上时，养育他多年的四伯父在天津病逝。周恩寿无法将这一噩耗告诉哥哥周恩来，为替哥哥尽侄子对伯父的孝道！他思忖再三，避开国民党特务和日本侦探们的耳目，在讣告的下款印上了人们并不熟悉的周恩来乳名“大鸾”。

1936 年，在哈尔滨担任税务监督署股长的周恩寿，与在哈尔滨电业局工作的满族姑娘王士琴结了婚。1943 年，周恩寿与妻子王士琴以及两个孩子，一起从哈尔滨迁到天津，与四伯母杨氏住在一处。

1946 年 2 月，正在军事调处执行部工作的周恩来从北平发电报给弟弟，要他到北平见面。自从在哈尔滨火车站一别，他们兄弟二人已经是 18 年未见面了。

周恩寿来到北平，与哥哥叙完离别之情后，向哥哥提出继续参加革命的要求。一贯遵守组织纪律的周恩来不便自己做主，就叫他去找北平军事调处的中国共产党代表叶剑英。叶剑英代表组织，让他继续隐瞒身份，回天津以做生意为掩护，为党组织提供活动经费和医疗器械、药品等紧缺物资，在隐蔽战线上继续为革命做贡献。遵照叶剑英的安排，周恩寿回天津后开办了一处“民生货栈”，并按规定与天津地下党员周世昌转交给党的组织。

1947 年 7 月，周恩寿被国民党特务机关天津警备司令部稽查处逮捕。在狱中，周恩寿除了承认是周恩来的弟弟外，没有暴露为党工作的任何蛛丝马迹。后来经人保释出狱。1979 年中组部对此事的最后结论是：“周恩寿同志 1947 年被捕期间总的表现是好的，出狱后继续同我党地下党员周世昌同志保持秘密联系。”

1949 年 4 月，北平解放不久，周恩寿和王士琴便从天津前往北平见兄嫂。周恩来因工作太忙，直到深夜才与他们匆匆见了一面。王士琴第一次见到周恩来，很拘束。周恩来却很随和地问王士琴：“你是哪里人？”王士琴不好意思地回答：“我的家乡不太好，我是哈尔滨人，是东北的。”那时，因为东北很长一段时间在日本人统治之下，北平有部分人对东北人印象不太好。周恩来马上睁大眼睛表示不同意：“东北有什么不好呢？我就喜欢东北，因为我就是吃东北的高粱米长大的。”王士琴听了这番话，轻松了许多。周恩寿向哥哥表示，希望能继续为革命做点工作。周恩来对弟弟说：“我看你应先去上华大，学习后才能为人民工作。”于是，周恩寿进了华北革命大学，妻子仍返天津照顾儿女。

独自在北平学习的周恩寿，有时利用节假日到中南海同兄长团聚。春去夏来，周恩寿在一次和周恩来见面时，说其长女今年小学毕业，想把她接到北平读中学。周恩来知道弟弟在华大住的是集体宿舍，便提出可在自己的寓所安置弟弟的长女。

就这样，周恩来的侄女周秉德在1949年6月下旬从天津来到北平。来到了周恩来的身边。

◆在西花厅，小秉德沐浴在爱的阳光下

周秉德到北平时，邓颖超刚刚衔中共中央之命，赴上海请宋庆龄来北平参加新政协会议。所以周秉德到北平时，她只见到了从未见过面的七伯父周恩来。

周恩来对小秉德左右端详了许久，把她的妈妈、弟弟、妹妹的近况都询问了，才吩咐卫士长成元功，安顿侄女的住处。于是，周秉德被安排在秘书杨超、罗迭夫妇办公居住的东厢房内，在其中一间藏书房加了一张床，小秉德就住下了。

让周秉德无论如何也不曾想到的是，她一到北平，竟然和新中国的最高领导人毛泽东住在了同一个大院子里。这个大院子就是丰泽园。

她住进丰泽园正逢暑假，院落里由此常因孩子们的欢笑，打破以往的静寂。当然，由于毛泽东在战争年代就形成了夜晚工作，白昼休息的习惯，孩子们被一再叮嘱，上午是绝对不允许在院中嬉戏打闹的。

院子里有几个与周秉德年纪相仿的女孩子，她们是毛泽东的女儿毛娇娇、朱德机要参谋潘开文的小姨子阎小武、叶子龙的两个女儿燕燕和二娃子。他们是延安或西柏坡时的旧莫逆，唯独周秉德是刚刚介入圈子的城市人。

走出丰泽园正门、东南斜对着瀛台。两处景区由一桥相连，桥下的水不太深，许多小鱼小虾喜在这浅水洼里麇集游弋。女孩子们的重要娱乐之一，就是在岸边用手捞小鱼小虾，一捞就是半天，其实也捞不到多少，然后向菊香书屋的主人毛泽东献宝。

每当孩子们献宝时，毛泽东就会说，好，送到厨房去，咱们一起会餐。

渐渐地，像伙伴们一样，周秉德跟邻居毛泽东也成了熟人。

有一天，她在整理自己的物品时，翻出了毕业时精心自制的赠言簿。那是个用彩色打字纸装订的小本子，外壳是垫了一层棉花的硬纸板，还裹了绿色的缎子面。重温簿中那热情洋溢的临别赠言，她突然生出请毛泽东也为自己题字的念头。她捧着小本子找到了毛泽东。毛泽东望着这个刚刚成为"熟人"的小女孩，答应道："好，写一个。"他接过赠言簿，稍加思忖说："给你写个'努力学习'。"毛泽东题罢，签上了自己的名字。

1949年8月28日，决意出席新政协会议的宋庆龄，在邓颖超、廖梦醒等人陪同下，从上海到达北平。毛泽东、周恩来、朱德、林伯渠等中共领袖，李济深、沈钧儒等民主党派领袖，都到正阳门火车站（今北京市前门东侧）迎接。

当夹在欢迎人群中的周秉德被带到邓颖超面前时，邓颖超拉着她的手说："你就是小秉德吧？你好。"周秉德在近50年后回忆说："和七妈在火车站初次相逢的情景，至今仍常常浮现在眼前。从那以后，七妈给了我更多长辈的关怀。"

在丰泽园灌木草丛中的玉簪花盛开的秋季，周秉德被师大女附中录取，进了干部子弟班就读。干部子弟班实行供给制，衣服、被褥都是统一发的。吃饭在大食堂，每月的伙食费7元钱。据周秉德回忆："我印象中最好吃的菜，就是扁豆肉片。"大约在这个时候，李讷和妈妈从苏联回来了，女孩子的队伍又扩大了。秉德记不起伴随她们的到来还有什么惊喜，但她们带回的两辆女式小自行车，受到了女孩子们的青睐。在春藕斋的院落里，学骑自行车的认真取代了纵情的嬉闹。很快，她们都成了骑车的好手。

11月，周恩来、邓颖超夫妇从菊香书屋迁出，搬到了中南海最西北端的西花厅。

西花厅的生活，没有丝毫的奢华。周恩来公私分明和对亲属的严格要求，更令周秉德记忆犹新。

因为中南海里实行的是供给制，秉德刚来时，秘书带她到王府井，做了蓝、黄两套咔叽布衣服。周恩来见秉德穿了套新的蓝衣服，询问哪儿来的新衣服，她回答：“叔叔带着去做的。”

几天后，周恩来见秉德又换了一套新的黄衣服，便皱了皱眉：“怎么做了两套呀？”后来，周秉德才明白七伯父话中的含义，是嫌做多了，多花了公家的经费。

从那个年纪开始，周恩来、邓颖超就反反复复地向周秉德姐妹兄弟强调：不要依赖家庭关系，不要奢求非分享受，要自己奋斗，要自律自立。

1952 年，周秉德即将初中毕业。那个年代赴苏联留学是大热门，初中毕业上高中，读留学预备班，出国留学，是多数干部子女的选择。就学习成绩而言，聪颖勤奋的周秉德在班里始终名列前茅，年年是学习奖章获得者。如果不是某种机缘，她或许也循着多数人的选择亦步亦趋。偏偏这时上映的一部影片，使她的心被影片讴歌的高尚职业所震撼。这部影片就是苏联的《乡村女教师》，女主人公瓦尔瓦娜置身乡村，为教育呕心沥血的情节深深打动了她。她心头

渐渐锁定了一个无法替代的意念，当教师！她随即报名上师范学校，在干部子弟班像她这样的，并无第二个。

一个星期天，在西花厅的餐桌上，秉德把自己的决定告诉了七妈。邓颖超听了，马上就表态赞同："好呀，这样，你一毕业，就和我当年一样了，我就是16岁当的教师呀！"她停下手中的筷子："女孩子选择做教师挺好嘛。特别是现在，我们国家的社会主义建设非常需要更多的教师去培养有用的人才，当教师很有意义。"

她不停地鼓励周秉德，可是周恩来却埋头吃饭，没有应和。邓颖超说："我都表了半天的态了，你怎么一声也不吭啊？"

周恩来和缓地说："这事应该让她独立思考，究竟有多大决心，意志坚定不坚定？如果由于我们给她造成太大压力，有一天她犹豫，后悔都没有余地了。"不久，周秉德的选择在中南海里又有了一个支持者。一天，周秉德碰到了难得独自在湖边休息的毛泽东，"小秉德，现在读书读到哪一年级啦？""我初中毕业了，就要上师范学校呐。"

"噢，师范？"毛泽东顿时来了兴趣，"师范有高中吗？""不是高中，是中等专科学校。"周秉德解释道。"学师范好呵，我就是学师范出身的呵。"毛泽东兴致更浓，"女孩子不一定非要学理工，非得做个科学家、工程师的，学师范、学医都挺好嘛。到时候，我让李敏、李讷也去学师范。不过你决心下定没有？"毛泽东的赞赏，使周秉德很高兴，她自豪地说："决心早下了，已经定下来了，一开学我就要进师范学习啦。"很久以后，周秉德才从李敏口中得知，毛泽东果然对李敏说过："你怎么不向秉德学习呀？你也应该去学师范呐。"李敏高中毕业后报考了北京师范大学，也许有这层原因，就缘于她父亲说了这番话。周秉德在政治成长和为人处世方面，没让周恩来、邓颖超夫妇操多少心。真正让邓颖超为周秉德牵挂比较多的，是周秉德的婚事。当然，惦记这件事的，不止是七妈、七伯父，还有众多朋友们。一次，周恩来的养女孙维世和丈夫金山来到西花厅，维世留苏的妹妹新世夫妇也来了。此外，新世还带来了她留苏时的一个男同学。用意不言自明，是要介绍给周秉德。看到他们来，看到新世给秉德介绍的朋友，周恩来很高兴，他掏出一些钱，说：“我今天有事，没时间陪你们了。维世，你带他们到四川饭店吃顿饭吧。”那是困难时期，他们借此痛痛快快吃了一顿。但依然由于当时中国特有的家庭成分问题，使这次恋爱搁浅了。

1960年，在苏联留学的聂荣臻元帅之女聂力学成归国。出于热心，她把自己一个同学介绍给周秉德。

这是一个相当理想的对象，但是，新的问题又出现了。

就在这一年，中苏关系急剧恶化，这种裂变将深化扩展到何种地步，一时尚难预料，故而引起了当时领导的关注。邓颖超不能不对正在同一个有留苏背景的人谈恋爱的侄女下一点“毛毛雨”。

那是在西花厅的院子里，邓颖超一边溜达一边向周秉德作着分析：中苏关系恶化的形势，在短期内恐怕难有好转。斗争可能会越来越复杂，我们不能不对有人会利用各种关系达到某种目的保持一定的警惕。

周秉德一听就明白了，她表现得十分理智，当即决定终止同那位留苏生的交往。邓颖超感慨道：“秉德顾全大局，能够理解我们。”

将心比心，周秉德越是明白事理、顾全大局，邓颖超越是对侄女的婚姻多一分挂牵。眼看着侄女26岁了，她不由自主地在闲聊时，把自己牵肠挂肚的心事吐露给

周恩来与侄女周秉德在一起（佚名 摄）

了周恩来的老秘书何谦。

1963 年 6 月，全国人大常委会副委员长、民盟中央主席沈钧儒逝世。何谦在追悼会上，发现在自己熟悉的沈钧儒长子、中南海门诊部内科主任沈谦身边，有一个年轻的解放军军官。

经何谦进一步了解，青年军官叫沈人骅，是沈谦的儿子，30 出头，还没有对象。于是，何谦决意来充当“红娘”。初见面周秉德觉得沈人骅有知识，老实正派，第一印象就不错。当时沈人骅还在山东济南空军第五航校工作，他们见了几面后，就全凭鱼雁传书了。

渐渐地，周秉德对沈人骅的了解更多了：英语好，专业业务好，政治表现好，家庭背景好……总之是一连串的好。

周恩来、邓颖超和他们的侄儿侄女们（佚名 摄）

她又请七妈为她参谋了。

邓颖超一听，也跟着说好："是沈钧儒长子之后啊，这家人我们太熟悉了。沈老先生是中国共产党的老朋友。他的女儿沈谱是共产党员、范长江的夫人，他们结婚还向你七伯父和我请示呢。他的四个儿子都是拥护共产党的，沈谦是 20 年代留德博士，在中南海门诊部工作得很好，被推选为西城区的人民代表，毛主席、七伯父都投过他的票呐。人骅在部队表现也优秀，这样的人家，不需要再了解什么了。"

1964 年初，沈人骅因参加筹建西安空军工程学院，临时到北京工作，周秉德的恋爱之花，终于到了临近结果的季节。

结婚选在了"十一"国庆，那年正逢新中国 15 年大庆，周秉德本以为七伯父、七妈会很忙，当天不一定能来。"没想到七妈那天竟设法来了，还带着她的秘书张元阿姨。那天来人还是挺多，亲戚、朋友、同学。"

婚后，周秉德和沈人骅去西花厅，看望周恩来和邓颖超。周恩来留他们共同进餐，席间他兴致盎然。他问沈人骅："你父亲是浙江省嘉兴人，从小在南方长大，你母亲呢，她是什么地方人？""她是浙江省海盐人，就在嘉兴东南。"

"噢，海盐人。我知道她姓张，和海盐的张菊生有什么关系没有？"张元济，字菊生，是清末著名维新官员，受过光绪皇帝的召见。戊戌变法失败后，他遁往上海，后出任过商务印书馆总经理，蜚声于文化出版界。新中国成立后，他参加过政协，还是全国人大代表，于 1959 年去世。

"我母亲管张菊生叫伯父。"沈人骅回答。"喔，你家果然与张菊生家有关系呵。张家可是个大家族哇。"就这样由近及远，一发难收，那顿饭吃了挺长时间。

新婚之后，周秉德就搬出了中南海，但七伯父、七妈的关爱却始终如阳光一样沐浴着她。

◆周恩来和邓颖超抚养的烈士遗孤都是他们的孩子

在西花厅，周恩来和邓颖超并不感到冷清，周恩来和邓颖超在他们五十余年的共同生活中，虽然没有自己亲生的儿女，但他们在西花厅，却拥有一个无比温暖的革命“大家庭”。

他们在长期的革命斗争中，曾先后抚养了许多革命烈士的后代，其中数上名的就有十几个。这些周恩来和邓颖超抚养的烈士遗孤，都是他们的孩子。周恩来和邓颖超对他们倾注了全部的父爱和母爱。这些被抚养的孩子，对周恩来和邓颖超的感情比对自己的亲生父母还要深厚。孩子们也经常到西花厅来看他们的义父义母。周恩来虽不是父亲，却肩负着做父亲的责任；虽没有孩子，心里却无时不牵挂着许许多多的孩子。难道世上真的有超越血缘的亲情吗？有！周恩来便是证明。

邓颖超与摄影记者杜修贤的女儿在首都机场（杜修贤 摄）

当他历尽艰辛，甚至冒着生命危险把这些烈士的后代从敌人的魔掌中解救出来，然后一个又一个

地送到解放区的时候，“历史老人”同时也在讲述着一个又一个曲折动人的故事。

1936年10月底，历尽苦难和周折的中央红军三大主力，由南到北，从红土地到黄土高坡，跋涉两万五千里，终于在陕北吴起镇会合，完成了中国工农红军起死回生的战略大转移。

刚刚抵达陕北的红军，几乎只是喘息了一小会儿，同年底便发生了标志国共关系出现历史性转折的“西安事变”。

这时，大病初愈的周恩来，将他那一把在上海从事地下工作时蓄的大胡子剃去，换上质地较好的制服，面容庄严地准备出使西安，代表共产党和软禁中的蒋介石谈判。这以后，周恩来再没有蓄过长须，甚至连胡茬都刮得干干净净，不留痕迹。

告别大胡子的周恩来也告别了以前的斗争形式，开始履行新的使命，成为中国共产党与国民党谈判的首席代表。

责任的驱使，周恩来抛开他和蒋介石以前的是非恩怨，捐弃前嫌，共赴国难。奔波、周旋在两党之间的周恩来，强烈地感受到自己肩头的责任，他不仅应该通过和国民党谈判，为工农红军争取一席合法地位，为拯救中华民族的命运，也是为了红军的发展，同时他也要为众多革命者和死难者的后代争得一个合法的身份。

因为他无法忘记那些在战斗中牺牲的战友，无法忘记那些在他怀里叫过他“周爸爸”的孩子们。那些曾经相聚在身边的孩子们因为红军反“围剿”失败而被迫留在了遥远的南方，而且那里早已由革命根据地沦为白区——国民党占领区。

孩子们活得好不好？是死是生？流落何方？周恩来的内心常常被这一个个的悬念坠扯得隐隐作痛。

谈判是成功的。

被张学良和杨虎城囚禁的蒋介石，为了保住自己的性命和统治地位，不得不向共产党做出承诺，改变自己“先安内后攘外”的反动思想，保证国民党军队调转枪口，一致对外抗日，也保证共产党的红军以合法身份进行抗日。

于是，1937年5月，国共两党的战车开始驶入第二次合作的轨道。

1937年7月7日，中国的抗日战争终于因为“卢沟桥事件”不可避免地在全国爆发了。

国共两党的再次合作也毋庸置疑地得到海内外炎黄子孙的衷心拥护和赞同。

1937年8月，中国工农红军正式改编为国民革命军第八路军，简称“八路军”。9月改编为国民革命军第十八集团军，但仍习惯称“八路军”。由朱德担任总司令，彭德怀担任副总司令，开赴华北抗日前线。

同时，留在南方打游击战的红军队伍，也走出深山丛林，改编为“新编国民革命军第四军”。这时，叶挺从海外回国，这位北伐时期的“铁军”团长当年所在的铁军就是原国民革命军第四军。

这次仍然将新编国民革命第四军的指挥棒交给了他，由他出任军长。

周恩来作为中央军委副主席，担负起在敌后组织抗日统一战线的重任。

他利用共产党首席谈判代表的合法身份，在国民党中心地区开展统一战线，联络各界爱国人士，共同抗日。

八路军第一个办事处设立在武汉。周恩来在那里开始了寻找失散孩子的使命。周恩来叫来身边工作人员，和他们一同制订寻找孩子的方案。很快，数十名孩子名单确定了下来。

1. 父亲毛泽东母亲杨开慧（烈士）

——长子毛岸英和次子毛岸青1934年上海大同幼稚院解散后，兄弟俩下落不明。

2. 父亲朱德

——儿子朱宝书在朱德1922年出国留学时交给续弦陈玉珍抚养，可能在朱德老家仪陇。

——女儿（小名）四旬，1926年4月在莫斯科出生，孩子的母亲也是随朱德一道去德国勤工俭学的学生，成都人，他们在1926年4月在莫斯科生下女儿后，就分了手。朱德回国参加北伐战争后，就没有和孩子联系过。据有关人员提供信息，目前孩子可能在生母的老家——成都，由外婆抚养。

3. 父亲刘少奇母亲何葆珍（烈士）

——长子刘允斌1925年出生时，父母在湖南安源煤矿搞工人运动时，将他送到刘少奇老家——湖南宁乡县。

——长女刘爱琴出生正碰上蒋介石背叛革命，在武汉领导地下党工作的父母，将刚出生的孩子寄养在汉口的一个工人家中，地址待查。

——次子刘允若1929年在上海出生，1932年刘少奇和周恩来撤离上海到苏区时，留下孩子和母亲何葆珍在上海，何葆珍从事地下联络员工作，对外职业——教师。1933年被叛徒告密，逮捕时，她将3岁的儿子留给了邻居。至今孩子下落不明，没有一点线索。

4. 父亲蔡和森（烈士）母亲向警予（烈士）

——长子蔡博1927年大革命失败后，由祖母葛健豪带回湖南老家。

——长女蔡妮在父亲去莫斯科开会时，带到国际儿童院抚养。

5. 父亲李富春母亲蔡畅

——独生女李特特1924年出生法国巴黎，是中国旅法学生中第一个出生的第二代，和表弟蔡博一道回到母亲的老家。

6. 父亲张太雷（烈士）母亲王一知

——儿子张芝明，出生于1927年“四一二”反革命政变之时，张太雷牺牲后，母亲将孩子送到湖南湘潭老家。

7. 父亲罗亦农（烈士）

——儿子罗西北，1926年冬天出生上海，1927年“四一二”反革命政变，外婆将他带走，离开上海回了四川老家。

8. 父亲王一飞（烈士）

——儿子王继飞大革命失败时出生，落地不久，父亲被国民党杀害，他被当地下党交通员的母亲送到上海的舅舅家抚养。

9. 父亲郭亮（烈士）

——儿子多难（小名）1925年出生长沙，随同母亲多次转移，先后在上海、武汉、湖南等地，现在随母亲住在长沙。

10. 父亲李硕勋（烈士）母亲赵君陶

——儿子李鹏。李硕勋在海口牺牲时，他才3岁，后来随母亲居住成都舅舅的家中。

11. 钱壮飞的儿子、黄健的儿子……

当大家基本将领导人失散子女和烈士子弟的名单确立以后，再一一确定他们的住址，线索又断了……

周恩来沉默了，他知道确定地址比确定寻找名单更难。

很多孩子他们只知道姓名，却没有确切的地址。特别是烈士的孩子，更不好寻找，既没有抚养人的资料，也没有孩子的近况。即使当时有的孩子是由自己的亲戚接走，回了老家，虽然有地址，但是时隔七八年，亲属和抚养人为了孩子的安全，隐蔽了孩子的真实身份，不是改名换姓，就是远走他乡。再说孩子变化很快，即使他们来到八路军办事处门前，未必能认得出来。最让人头痛的是寻找孩子的工作还不能大张旗鼓公开地进行，只能利用以前留在白区的地下党交通站秘密进行。

长期从事地下党工作的周恩来非常清楚，国民党的便衣特务也随时注意着共产党的动向，各地地下党寻找孩子的事情一旦让他们知道了，不仅孩子的安全可能受到威胁，隐蔽多年的地下党机构也会因此而暴露。

“失散孩子中有我们领导人的后代，也有死难烈士的孩子，我们一定要想方设法找到他们，否则我们对不起死难者，无颜去见我们的先人。这项行动各地党组织要尽全力，但是要绝对保密！孩子如果有亲人还在延安的，你们可以向他们打听孩子的下落，让他们提供可靠的线索。如果是双烈士子女，我们就想办法和他们的亲属联系，尽快将寻找工作落实下去。”周恩来向办事处的同志郑重交代。

在确立这些名单的时候，周恩来的心绪难以平静，当一个个幼稚脸庞和死去的战友脸庞重叠着在眼前闪过的时候，他的内心就像被什么东西揪动一样，就好像父亲在思念自己失散的骨肉那样。因为他曾经和他们的父辈们一起出生入死，建立了深厚的革命友情，特别是对于那些牺牲在国民党屠刀下的战友们，他更有一种责任，一种不能用血缘来解释的责任。他一定要找到烈士的后代，让那些战友在九泉下得以瞑目。

血缘是生命的延续，是社会赋予的角色，也是一种人伦秩序。然而大凡超越血缘的延续，往往是追求事业和精神的继承，是一种人格力量的铭记，一种思想的弘扬。

周恩来正是这样一个以超越血缘亲情的层面来处理个人感情世界的人！

已经取得合法地位的共产党又拿出了自己的“看家本领”，通过地下党的秘密渠道开始了十分艰苦且备感温暖的秘密寻找。

周恩来寻找革命后代的指示通过设立在武汉的中共长江局，秘密传达到白区地下党组织，各地的秘密党员纷纷行动起来，到当年疏散孩子的地方暗中查访。

如果孩子在寄养的人家找到，就立即通知周恩来。周恩来再根据情况，或由他派人去接，或是给孩子家中寄去到武汉的路费。孩子到武汉后，一般都先到周恩来住处住下，然后再由周恩来亲自安排孩子去延安。

寻找工作在地下党员中紧张而秘密地进行着……

◆孙维世成为头一个回归的“大雁”

一天，周恩来在西安八路军办事处院子里和人谈话，隐约听见有女孩子的哭声。他奇怪地走出来，看见一个十六七岁的小姑娘坐在院门口的高门槛上，正用袖子擦眼泪，还有一个二十左右满脸挂着愁容的小伙子依靠在土墙上，他们手里都提着包袱。

周恩来感到这两个年轻人一定有什么事情，或许他能帮助他们。就上前打听。

那个女孩一见是领导模样的人，立即扬起泪脸，一点也不胆怯：

我和哥哥要到延安去抗日，可是里面的人说我们没有介绍信，不能去延安。我们听说周恩来伯伯在这里，我们好容易才找到这里……

1937年，抗日战争爆发后，孙维世找到西安八路军办事处，想申请去延安。可是谁也不认识她。况且她年龄才16岁，自然得不到批准。

孙维世边说边哭，好不伤心。

周恩来已经10年不见孙维世了，一开始竟未认出她来。他听她说周伯伯，又仔细地瞧了她一会，终于想起了孙维世小时候熟悉的影子。

周恩来同家人在一起（佚名 摄）

他一把搂住她，连声叫道："啊，孩子！孩子！"

可是孙维世还在发愣，看来她没有认出眼前的人是谁。

周恩来笑了起来，故意逗逗她："你认识周恩来伯伯吗？"

"当然认识！"孙维世自信点点头。

"那我是谁？"周恩来指指自己的鼻子。

……

孙维世这才反应过来，高兴地大叫了起来："你就是周爸爸！……周爸爸……他们不让我去延安……"说着又委屈地哭了起来。

周恩来刮刮孙维世的脸："这一点小事情就哭鼻子？还没有小时候勇敢！"

周恩来将孙维世兄妹领进自己的房间，过了几天，他如约地将他们兄妹送往延安。

周恩来和邓颖超把孙维世送走后，又想法和孙维世的母亲任锐联系上了。周恩来在一次去延安看望任锐时，正式认了孙维世为他的养女，这是周恩来唯一认下亲的女儿。以后周恩来和邓颖超常给孙维世写信，倾注只有慈爱的父母才能给予的那种爱。

后来孙维世又和他一同去了莫斯科，学习艺术专业。

孙维世是回到亲人怀抱的头雁，以后大批失散的孤雁在1938年陆续开始了归巢的征途。

不久，李富春和蔡畅的女儿李特特也来到周恩来的跟前。

当年在上海跟随父母亲东躲西藏的小特特已经长成一个大姑娘了。

近10年的离别，她在湖南农村忍受了贫穷和饥饿的折磨，她不像母亲蔡畅那样高大，个头有点像父亲李富春，尽管她的个儿和年龄不太符合，然而她那过早懂事和过早知道忍耐的神情从那双明亮且深邃的眼睛里透出。

她怯怯地随着一个陌生的女青年从湖南来到陌生的武汉，直到她站立在邓妈妈面前，刹那间，她蓦然惊醒，这不是我的爱妈妈吗？

她只喊了声：爱……妈妈……下面的话全被眼泪淹没了，这个巨大的喜悦来得太突然了，突然得她几乎承受不了，眼泪顺着瘦长的脸颊哗哗地往下淌。

只有在长时间的期待感到无望，长时间压抑感到委屈后突然得到所期待的依靠，才会流露出这样复杂的感情。

尽管时间已经过去了 10 年，在邓颖超眼睛里，长高的特特还是当年在她膝盖上撒娇的特特。

她心痛地一把将满腹委屈泣不成声的特特搂在怀里，笑着说：瞧瞧，我的爱女儿怎么变得爱哭了？小时候，你在我门口摔了大跟头，膝盖都破了，也没有哭。现在怎么啦，让爱妈妈看看，是不是膝盖头子又摔破了？

特特破涕而笑，一嘟嘴，说：才不是膝盖头子呢。是心给摔破了，碎了。这些年你们和爸爸妈妈到哪里去了？不要我们了……特特擦了把眼泪，又说，我和外婆天天都要站在大路口想你们、等你们。前几年，别人说红军要打回来，都吓得往外跑，只有外婆不走，她就想你们打回来，可是外婆把眼睛都要望瞎了。你们还是没有回来。我舅母牺牲后，外婆好伤心，她天天哭，就想舅舅能回来和他谈谈心里的思念。可是舅舅也不回来！

周恩来和邓颖超与孙维世在莫斯科合影（佚名摄）

邓颖超听到特特谈到她的舅舅蔡和森，表情一下变了，拿手帕准备为特特擦眼泪的手垂了下来，深深地叹了口气，将脸扭向一边。

可是特特没有察觉

爱妈妈陡然变化的表情，她扬起泪痕未干的脸庞，“我爱爸爸呢？”

“他去外头开会，没有回来呢。不过他知道你这几天要来。”

哦，聪明的李特特眨了眨眼睛，似乎明白了她为何能来到武汉八路军办事处，为何行程那样急促，急促得连回家和亲爱的外婆告别一声的时间都没有。

原来这是爱爸爸的安排！

她熟悉这种带有秘密性质的转移行动，当年她多次随同父母亲秘密转移，事先没有准备，说走就走，事后也没有抵达目的地的稳定感，可能又说走就走。

果然，爱妈妈又开始安排她再次的行程计划。“前几天我们接到湖南方面地下党的通知，知道你和外婆还有表弟蔡博都在湖南双峰县永丰镇，你爱爸爸好高兴，他立即让人去接你们来武汉，那个接你的阿姨，就是你爱爸爸派去的同志，你表弟蔡博也快来这里了。你们到时都要去延安的。”

一提又要远行，李特特又难过起来。

“我不能回女子师范学校念书了。爱妈妈你知道吗，考进那个学校多难，外婆和表姐供我念书更难，她们是一个铜板一个铜板省着用，才让我能继续读书的。可是那天，那个接我的阿姨突然找到学校，给我一个有外婆手迹的纸条，外婆说她病了，要我跟这个阿姨回家一趟。阿姨将我带到学校外面，却给我看了另外一个纸条，咦——是不是爱爸爸写的？”特特见爱妈妈微笑地点了点头，又接着说，“纸条上面是让我立即到武汉。我糊涂了，不知哪个是真？阿姨说，外婆怕我不肯离开学校，不肯离开她，才用假病情骗我离开学校的。我想，离开学校应该向学校请假的，可是阿姨不让，拉着我就往火车站跑……爱妈妈你看，我连自己的衣服都没有带出来……连外婆也没有告别……”

邓颖超看见特特这般好学和纯善，说：“爱女儿，接你回来，是有更重要的学习等着你，到外国学习！莫斯科，知道吗？”

“知道，我舅舅在那里。——你知道我舅舅的情况吗？我和外婆都挺想他的。”

李特特再次走进中南海，往事又浮现在她的眼前（顾保孜 摄）

特特又一次将话题转到舅舅身上，可是邓颖超没有接特特的话。“衣服以后我们会给你发的。为了几件衣服，如果让学校知道你的身世，不就更麻烦了吗？说不定不等上火车就被国民党抓走了。你外婆是一个有革命思想的进步老人，她老人家为革命做出了很大的贡献……”

这时李特特觉得爱妈妈欲言又止，好像有话想说，又没有说出来。

中午，周恩来回来了，一见李特特，高兴地拉过特特的右手，像和大人握手那样使劲地摇了两摇。那时周恩来的右手还没有摔断，握手动作十分柔和，让人感到宽心和有依托的感觉。一年以后，李特特在莫斯科再和爱爸爸握手时，她感到爱爸爸致残后的右手不再有柔和的感觉，略显僵硬的动作中却灌注了力度，握手时能向对方传递某种意志的信息。

周恩来一边拉着特特的手，一边扭头问邓颖超给孩子加一道红烧鱼没有？这孩子从小爱吃鱼，记得她最爱吃爱外婆烧的红烧鱼了。

爱外婆是邓颖超的妈妈，也让当时只有四岁的小特特给列入了“爱氏”头衔的成员。

过去了这么多年，爱爸爸还清楚地记得我的嗜好！这里到底是家啊。特特好一阵感动。

吃完中午饭，周恩来将李特特叫到跟前，像和大人对话那样，严肃地对李特特说：“你蔡和森舅舅已经牺牲了！”

这之前，李特特根本不知道蔡和森舅舅已经离开了人世。她听爱爸爸这么说，吓了一跳，连忙反驳：“不对，舅舅在苏联工作，是妈妈来信告诉我外婆的。”

“这是组织的决定，不让你妈妈告诉你外婆。她老人家为革命已经献出一个儿子的生命，蔡和森又是你外婆最疼爱的也是唯一的儿子，如果让她知道了，怕她老人家承受不了这样的打击。我要告诉你的是，你舅舅牺牲得非常英勇。他 1931 年在香港开展工作时被国民党逮捕，关押在敌人监狱里受尽折磨，但是他宁死不屈，最后敌人看实在不能让他开口，就对他下了毒手，他死得很惨……很惨……”

对舅舅有深刻印象和好感的特特忍不住大哭了起来。

在特特心目中，舅舅是一个永远不会死的英雄好汉。

周恩来默默打住话头，他也不忍心将蔡和森牺牲时的惨状告诉这个深爱舅舅又心地善良的特特。

以后，特特才知道，她的舅舅是被敌人当做活靶子，用刺刀捅了三十多下后才咽气的，死得异常悲壮和悲惨，直到断气，舅舅都没有停止他的咒骂和憎恨，大声痛斥蒋介石背叛革命的罪行，他激昂的陈词和用血凝聚的控诉，响彻整个监狱，被关押的革命党人拥向牢窗，高唱国际歌，用革命歌声为这位非凡的革命英雄送行……舅舅死了，他不再回来，她和表弟再也不会为谁是长爸爸的孩子，谁是圆爸爸的孩子而争吵了。

圆爸爸牺牲了，只剩下了自己的长爸爸。

周恩来同家人共餐
（佚名 摄）

周恩来见李特特还是哭，就轻轻搂住小特特的双肩，让她坚强些，要革命就会有牺牲。你要向舅舅那样，要坚强。特特伤心还不全是失去了舅舅，倒是为外婆担忧，她如何承受这个巨大打击！

因为蔡畅一直瞒着母亲，说哥哥去了苏联工作，一时回不来，也不能通信。结果让母亲一直以为儿子还在为革命工作，直到她去世都不知道蔡和森早已离世，她是带着最后没有相见的遗憾，叫着蔡和森的名字死去的。

周恩来又嘱咐李特特给外婆写信时千万不能告诉这件事情，让外婆怀有希望生活下去。对于老人来说，最重要的是让他们怀有希望，有希望就有生命的活力，有活力就有等待革命成功的那一天，让他们亲眼看见革命事业在革命者手中，在革命先烈的血迹中变为现实。

周恩来和蔡和森的母亲葛健豪很熟。

葛健豪是当年中国勤工俭学留学生中年纪最大的一个学生。她裹着小脚跟随儿子蔡和森女儿蔡畅到了法国，竟然以 50 岁的年纪，孜孜以求，学习了法文和哲学。快 60 岁的时候，她提出入党要求，被蔡和森阻止了，说是现在大革命处于低潮时期，到处白色恐怖，党员都转入了地下。你这么大年纪入党，不是给党组织添麻烦吗？

记得葛健豪为这事还去找过当年在法国留学的“同学”周恩来，见周恩来也是从保护她是老人出发，没有同意她入党。结果葛健豪一气之下，从上海回到湖南老家，开办了一所女子学校。

周恩来提起蔡和森，又想起了一张秀丽的面容，那是蔡和森的妻子向警予。周恩来和他们夫妇相识在法国勤工俭学留学生会议上。当时年轻的向警予刚刚和蔡和森结婚，最引人注意的是他们的结婚礼物竟然是两人创作的一本诗集《向上同盟》，大家戏称他们的婚姻为“向蔡同盟”。

可是这位中共历史上第一个女中央委员，第一任妇女部长，却英勇地牺牲了。

1927 年马日事变之后，向警予在武汉临危不惧转移革命同志，唯独没有重视自己的安危。她应该知道，国民党反动分子一定会注意她这个著名的女革命领袖，她比其他人更容易暴露身份。她只是将自己的名字改为“易夏氏”，以准备用它抵挡危险。

武汉当时情况非常复杂，转移工作十分困难，她用易夏氏的名字白天在群众中活动，晚上在法租界的一座小楼里编写党的刊物。后来形势越来越紧张，大家劝她离开武汉，可是她却说，唯独这个时候她不能离开。因为她自己在这里坚持工作，对稳定人心至关重要。

她又在敌人心脏活动了几个月，到 1928 年 3 月 20 日，终于没有逃过叛徒的眼睛，她与她的助手同时被捕，被押在法国巡捕房。

敌人对她实施酷刑，希望知道她到底是不是真的向警予。可她严守身世，拒不提供口供，并且在监狱里乐观地生活，她不仅背诵唐诗给狱友们听，而且时时将自己梳洗干净，依然保持秀丽的容貌和以前干净的模样。

她忍着伤痛，对难友说：“人应该珍惜自己的生命，然而到了不能珍惜的时候，只有勇敢地牺牲，人迟早是要死的，死的时候要死得明明白白，堂堂正正！那么这一生就没有白白度过。”

说这些话的时候，她内心也承受着骨肉亲情的煎熬。她有时沉默地坐着，见没有人的时候，从怀里掏出两张照片拿在手里看，一张是她的父亲，一张是她的一双儿女。

她喃喃地对着父亲的照片说：我的父亲最疼爱我，我死了拿什么报答他老人家？自古忠孝不能两全。父亲，原谅我这个不孝的女儿！

对着孩子们的照片，她神情酸酸楚楚，悠悠长长，凄然地唤着：妮妮、博博，妈妈叫你们呢，你们听见吗？妈妈想你们，你们知道吗？

后来敌人又让另外的叛徒指认，敌人终于确认易夏氏就是他们通缉多时的赫赫有名的女共党头目——向警予。

1928 年的 5 月 1 日，在国际劳动节的日子里，向警予被押向刑场，她一边高呼口号，一边公布自己的真实姓名：我是共产党员向警予，我是为劳苦大众解放事业而献身的，这是我们共产党崇高的事业。我虽死犹生，虽死犹荣，死而无憾。向沿街的群众演讲。最后敌人气急败坏用石头堵向警予的嘴。

周恩来听到噩耗后，他在上海为纪念这位杰出的革命家和知心朋友，组织了一次秘密追悼会。

现在周恩来有时间来考虑蔡和森和向警予两位烈士的后代问题。

他们的女儿妮妮，已经送莫斯科国际儿童院，但是还有儿子蔡博没有接来。今天看见了特特，知道蔡博还和葛健豪奶奶在一起，心里就放心多了。

他知道只要这个革命老人在，她的后代们就会在大树下面得到她无私的荫蔽。

过了几天，周恩来身边一个副官化装成做买卖人出发了，任务是接蔡和森和向警予的儿子蔡博到武汉。

◆周恩来把对战友的一腔怀念之情倾注在了罗西北身上

周恩来在成都找到了三个孩子，一个是罗西北，他是烈士罗亦农的独子；一个是朱德总司令的独女朱敏；另一个是李硕勋烈士的独子李鹏。三个孩子中，罗西北是最早回到革命怀抱的。

刚开始听罗西北的名字，还以为他和西北地区有什么

1970 年邓颖超与周恩来的两个侄子在西花厅合影（杜修贤 摄）

联系？不然怎么叫西北呢？哪知从他出生地到他父母的家乡和西北的地理位置相差甚远。一问，才知道他父亲为他起的名字叫“西伯”，是历史上一个英雄人物的名字。或许父亲对儿子的希望蕴含在这个有点奇特的名字中，可是西伯太小，又很快成为了孤儿，无人告诉他父亲的用意，更没人知道历史上曾有“西伯”。他上学后将自己的“西伯”改为“西北”，并且一直用到今天。不过，1938 年，西北的命运发生了转折，他生命的罗盘指针开始由西南指向西北。

那一天，他刚从学校回到他在成都的家中，当然这只是他寄人篱下的“家”。自从外婆带他离开那个留有杀父之恨的上海，他们开始了四处流浪的生活，最后他们在四川乡下实在贫穷得无法生活下去，便投奔了成都的亲戚，外婆为这家当佣人，以养活没爹没妈的小西北。西北也是在成都上的学，尽管他不好好读书，但天资聪慧的大脑为他赢得不少玩耍的时间，而成绩单上的分数也总是让外婆高兴。

外婆将他拉到一边，神秘地告诉他，武汉将你去延安的路费寄来了！

真的？只有 12 岁的西北，他已经知道去延安意味着回家，意味着找到亲人。特别像他这种从来没有体会过父母爱抚的孩子，最渴望的是有一个能体会亲人关怀的家。

小西北好几天沉浸在无比兴奋之中……终于外婆要带他去武汉了，听外婆说，和父亲一起在上海搞工人运动的周恩来伯伯就在武汉，他正等待着他去呢！以后他长大才知道，父亲和周恩来的感情非常深厚，上海工人运动失败以后，是父亲他们几个冒着生命危险将周恩来保护到安全的地方。后来父亲被人出卖在上海被捕，周恩来曾经多次组织营救，但是没有成功。父亲牺牲以后，周恩来化了装到父亲的家中（母亲去世后，父亲又找了女革命家李文宜为妻）慰问他的家人，周恩来一看见李文宜，顿时泪流满面，但怕邻居听见他的哭声，就将自己的脸埋在有水的洗脸盆里，可是清水无法洗涤他心中的悲痛……以后他始终不能忘记和父亲在一起战斗的情景，在罗西北已经成为水利战线的技术人员，一次随同周恩来等领导人考察三峡时，他还深情地向罗西北提起他的父亲。

到了武汉，外婆带他找到了八路军办事处，外婆认识周恩来和邓颖超，她没有问人，径直带他走进了周恩来的办公室。

“啊，这不是诸妈妈吗？”因为西北的母亲姓诸，所以在上海时，大家都称西北的外婆为诸妈妈。而西北的母亲生下西北后去莫斯科学习，一次下河游泳不幸溺水身亡。

“大革命家，你没有忘记我这个老太婆啊！”外婆当时喜欢称周恩来他们年轻人是大革命家，10 年没有相见了，她还是那样爽朗，一见如故。

“哪能忘记，诸妈妈能烧一手好菜，我可没有少吃啊……这个小家伙是罗西北吧？过来过来，让我看看这个小‘大革命’。”

听外婆说，他生下来后，爸爸将他抱在怀里，看了半天，在他小屁股上拍了一下，说，将来又是一个“大革命”！

“嗯，长得像你父亲！个头不低。”周恩来满意地拍了拍西北的肩头。

过了几天，周恩来为西北亲笔写了一封去延安的介绍信。

1938 年 3 月，罗西北成为比较早到达延安的孩子之一，或许从小没有父母管理的缘故，西北小小年纪就知道自己为自己做主。他先考进延安边区中学，两年后毕业，自己又为自己选择了延安自然科学院。

在延安那段时光是罗西北走进西北后，最难忘的一段岁月，也是他走向成熟的一个重要阶段。1940 年这年，他 14 岁，光荣地加入了中国共产党，成为他父亲未竟革命事业中又一名忠诚的追随者，1941 年初，他和朱敏、王继飞还有四岁的娇娇被中央送往苏联莫斯科学习。

可是在通知他这个消息时，和他父亲是战友的王若飞却不知道应该到什么地方找到这个孩子，因为他像一只来无影去无踪、自由飞翔的小鸟。他让警卫员先去延安边区中学找，那里老师说，西北已经考取自然科学院了，警卫员只好又往自然科学院跑，整整找了他一天，才算将他找到，告诉了他这个紧急通知。

在四个去莫斯科的孩子中，虽然不是他最大，但是数他接受的革命教育最多，又是党员，自然成为这个小队伍里的“领导”。当时在他眼里，朱敏和王继飞都离开家不久，还不能正确理解去莫斯科学习是为了什么，更不能想象革命学校里的生活会是什么样子，甚至还幼稚地以为那里和家里一样，有舒适的生活。这时罗西北就向他们讲述了他的理解和认识，使得两个小伙伴睁大眼睛，惊讶地看着和他们差不多大，却经验丰富阅历匪浅的伙伴。

他们坐苏联轰炸机从延安到迪化（今乌鲁木齐）。由于是一次秘密行动，每到一个地方，都要将他们隐蔽起来，连吃饭和活动都不让出去。

1941年2月23日，这一天是苏联的红军节，他们抵达了莫斯科。

20世纪90年代已经成为中国著名水利专家的罗西北，尽管已经70高龄，依然清楚地记得五十多年前的往事：

> 我们到莫斯科先住在第三共产国际的招待所，第一个接见我们的中国人是林彪，那时他正在苏联养伤。为了我们的安全，他给我们三人改名字，娇娇到莫斯科被她母亲接走。朱敏改为赤英，说赤是红色，和她父亲的朱是一个意思。王继飞改为王小飞，到我时，林彪想了一下说，把你的罗一分为二，叫四维吧。那时我的罗是大写的羅。林彪后来又嘱咐我们到国际儿童院不能暴露自己的身份。又过了几天，第三共产国际的人又找我们谈了一次话，主要是讲了当前的革命形势，让我们继承父亲遗志。好好学习，成为将来祖国需要的人才。当时，我们都特别激动，为我们的父辈自豪，也为自己有机会到社会主义老大哥的国家学习感到荣幸。

1950年毛泽东和周恩来去苏联，接见他们留学生，还为他们每个人都题了词，1951年暑假，周恩来让在莫斯科上大学的二十多名留学生回国看看，因为他们是新中国第一批留学生，党中央非常重视他们。这次回国度假的目的让他们先从中国的国情和中国政治现状入手，逐步了解新中国的情况。

罗西北原来有基础，比别人早到延安。中国解放战争时他又被派到东北从事情报工作，后来他第二次又和李鹏等21名学生去莫斯科，他重返莫斯科水电学院，继续完成学业。

◆周恩来去苏联治病，在飞机中他俨然像个“孩子王”

1939 年 9 月，周恩来和邓颖超来到了莫斯科。这次他们不是来开会，也不是来学习，而是来治病。走下飞机的周恩来胳膊上吊着绷带。

周恩来的胳膊是在延安和江青一次外出时摔坏的。当时他从受惊马上摔下时，小臂触地，胳膊立即粉碎性骨折，

1963 年周恩来接见击落美军飞机的有功人员（杜修贤 摄）

可想他当时承受了多么巨大的痛苦。

周恩来被送到延安八路军总医院治疗。虽说是总医院，医疗条件却异常简陋，没有X光透视设备，骨科医生无法知道周恩来断臂的情况，只能凭感觉为他复位，然后加石膏固定。因为周恩来是粉碎性骨折，折断处已经移位，仅仅用常规复位治疗显然是不行的，这不仅为周恩来埋下了终身不可逆转的疾患，同时也为他留下了一个特殊的姿势。

刚刚从总医院治疗回来的周恩来拖着伤臂来到中央会议的桌前。毛泽东一见，连连劝他回去休息。他已经将江青一顿批评，责怪她不应该和周恩来外出时骑那匹烈性的大黑马，而江青最喜欢这匹马跑起来不要命的性子，这下可好，惹了祸，江青挺内疚的，也去医院看望了受伤治疗的周恩来，因为她也不是有意的，大家谁也不会怪她什么。然而，周恩来却因为这次不是有意的意外事故导致了右手的终身残疾。

可是周恩来却无所谓地说，胳膊坏了，离头脑远着呢，不影响开会。

开会时右手不能记录了，就用左手写，晚上脱不下外衣，他就穿着衣服睡，一个月后，他去医院拆去石膏，医生不由地皱起了眉头，治疗后的胳膊却可怕地弯曲了，这意味着断骨复位失败！

后来，医生又一次给周恩来复位，这次受的罪比上次还大，要将已经开始愈合的地方重新断开，然后再重新固定。周恩来以他坚强的毅力忍受了这次治疗带来的剧痛，可是再次治疗后的胳膊依然不能令人满意，还是弯曲着，而且小臂的肌肉开始萎缩。反反复复，经过了三个月的治疗，始终不见复位。

这段时间，邓颖超还在重庆，周恩来怕她担心，就一直隐瞒他严重的伤情，后来邓颖超接到一封周恩来用左手写来的信，才意识摔坏的右手一定情况严重，否则不会已经三个月还用左手写信！

她决定立即动身，从重庆回延安！回到周恩来身边！

邓颖超是坐海外华侨捐赠重庆八路军办事处的救护车回延安的。可以想象，此时的邓颖超是归心似箭，心情异常沉重。司机祝华是八路军办事处的工作人员，和周恩来朝夕相处了几年，感情很深，他听说周副主席在延安伤情严重，心里也很着急，他开车从重庆到成都只用了一天，而两地相隔450

公里。那时的公路不像现在，有高速公路，再加上是兵荒马乱的年代，时速并不快的汽车一天能赶几百公里的路，在当时已经是不敢想象的“高速”了。他们到成都只住了一夜，第二天又马不停蹄往西安赶，这两地相距就更远了，有一千多公里，中间要翻越秦岭，山高路险。祝华虽说是年轻人却驾车技术熟练，只跑了四天，他们就抵达了西安，可能汽车在路上跑得太苦了，结果在西安熄了火，趴下不动窝了。

艰苦路程已经下来一大半了，邓颖超已经感到延安遥遥在望了，她不愿意在西安等汽车修好，又急切地坐上西安去延安的大卡车，继续走。当她风尘仆仆地站在周恩来跟前时，着实让周恩来吓一跳，怎么这么快，你莫不是长了翅膀飞来的？

邓颖超回来后，周恩来生活上有人照应了，可是他的胳膊却没有任何好转，还是弯曲得很严重，说什么也无法复位了，至少在延安是无能为力了。而且错位的胳膊经常疼痛，时断时续的疼痛折磨得周恩来日夜不眠，他已无法正常工作和生活。

周恩来负伤的消息惊动了国民政府，蒋介石特地派来他的私人专机送周恩来赴苏治病。1939 年秋季，中央决定让周恩来去苏联治疗养伤，陪同前往的除了邓颖超、宋容英，还有红四方面军的领导人陈昌浩，他也同机去苏联治病。

当时中央决定去苏联的人并不多，几个大人和一个孩子，这个孩子是陈昌浩的儿子陈祖涛。

陈祖涛是 1938 年找到的，他随他的叔叔一道被党组织辗转送到延安。不久，他的父亲陈昌浩和由他领导的红四方面军也一起到达了延安。离别 10 年的父子俩，谁也没有想到会在延安相见。陈昌浩这个带部队过了两次草地、爬了三次雪山的硬汉子，面对死亡都没有眨一下眼，可抚摩儿子硬茬茬的头顶时，眼眶红了，来之不易的骨肉团聚啊！

他决定利用这次去莫斯科治病的机会，将儿子送进国际儿童院学习。所以这次他们父子同机，却是准备父子又一次的离别。

飞机走的那天是一个晴朗的早晨，延安机场上等候着许多人为周恩来等

周恩来与邓颖超在北京机场（杜修贤 摄）

人送行。刚刚10岁的陈祖涛比谁都更盼望着飞机的到来，因为前一天晚上，父亲告诉他，如果来的是一架大飞机，他将带祖涛一起坐飞机去苏联；如果是一架小飞机，祖涛等人只好坐汽车或火车走兰州这条线去苏联了。一大早，父亲就骑马带着他去了杨家岭，先将此事请示了毛主席，主席欣然应允后，还给了他们父子几块大洋，说路途远，给孩子买一些衣物。

大约9点钟，飞机场上空响起了隆隆的飞机声，一架中型飞机落在机场上，机舱里有25个座位，这在当时就是大飞机了。

起飞前，大家纷纷和周恩来等人告别。这时，高岗带着小儿子高毅也来了，他见是大飞机，也动心了，想让儿子和陈祖涛一起坐这架飞机去莫斯科学习，经毛泽东同意，高毅也能上这架飞机了。在场送行的还有孙维世，她是来送自己的养父母的，大家都知道周恩来很喜爱她，见高毅又上了飞机，就和她开玩笑说："孙维世你也去吧。"

孙维世那时17岁，正是好奇心很重的年龄，渴望见识新的世界。开始她不敢向干爹和干妈提出去莫斯科的愿望。但是她看见其他孩子临时决定去莫斯科学习，她真的动心了，到周恩来跟前像孩子缠着大人那样，说她也要去莫斯科学习。

周恩来原来没有这个准备，突然听养女提出这个要求，就问，你去莫斯科学习什么？

“我去学习戏剧，你们不是说我有文艺天赋嘛，如果不学习专业知识，那一点天赋还不是会自生自灭。”

周恩来觉得孩子学习的要求合情合理，就说，主席批了条子才算数，我同意不算数。

于是孙维世骑上马飞奔去了杨家岭。过一会儿，她回来了，高兴地说，毛主席同意了。就这样，没有任何准备、两手空空的孙维世也意外地成为这次空中旅行的成员。

飞机就要起飞了，孩子们坐在位子上兴奋地期待着……突然机舱里响起了嘹亮的哭声，周恩来一扭脸，原来是刚才被保姆抱上飞机玩耍的小老虎（陈小达），陈伯达的儿子，用手死死抓住坐椅把手，死活不肯下飞机，并且用他锐利的武器——哭声，捍卫自己的愿望。

这个孩子才三岁，居然已经有了小老虎的雄风，性格特别倔强，任凭父母轮流抱他，他就是不松手，也不住口……看见孩子泪流满脸，哭得好伤心，周恩来第一个心软了，就对陈伯达说：那就都去吧，让孩子到儿童院成长吧。

陈伯达只好自己下飞机，但他在机舱门口，还不甘心，威胁儿子说，以后你

周总理一手牵着一个孩子，笑得嘴都合不拢了（杜修贤　摄）

再见不到爸爸妈妈了！

见不到就见不到！三岁儿子一脸不屑，比父亲更硬气。

飞机载了四个小伙伴：孙维世、陈祖涛、高毅和陈小达起飞了。除孙维世到莫斯科学习艺术外。其他三孩子都进国际儿童院，后来又考入莫斯科的大学，成为第一批归国的中国留学生。

飞机在兰州停了下来，在那里，他们遇到提前到达的刘允斌、刘爱琴兄妹俩，他们也是要到苏联学习的。

那就一起到迪化吧。周恩来对他们兄妹说。

四个孩子现在变成了六个，而周恩来和邓颖超几个大人变成了带队的儿童团长，招呼前头的，照顾后面的，周恩来吊着伤胳膊，还要不时照顾年纪最小的小老虎，不过此时的小老虎已经成了小狗熊，他晕机晕得迷迷糊糊，倒在保姆怀里一动不动。

飞机到迪化后，因为几个孩子是临时决定去莫斯科学习的，需要办理一些出国的手续。孩子们暂时被留下来，等待办好手续再坐火车去莫斯科，周恩来和邓颖超他们几个大人在八路军办事处住了几天，就先坐飞机去莫斯科了。临走前，周恩来和这几个同机的孩子们合了一张影。

这张照片至今还挂在新疆乌鲁木齐市当年八路军办事处纪念馆里。

1940 年十月革命节的前两天，孙维世、刘允斌、刘爱琴、陈祖涛、高毅还有小老虎等人坐火车到达了苏联境内的莫尼诺，随后被送到建在那里的国际儿童院，开始了陌生而又新奇的生活。

◆周恩来和邓颖超举行“银婚”纪念

孙维世在苏联先后以优异成绩毕业于莫斯科东方大学和莫斯科戏剧学院。她在苏联学习了六年多，不仅掌握了俄语，并在苏联就开始戏剧事业的尝试。1949 年 12 月，毛泽东访问莫斯科，同苏联党政领导人举行会谈。孙维世是代表团翻译组成员。50年代以后，孙维世除了从事自己的专业——戏剧工作外，还为毛主席和周恩来总理担任过翻译。回国以后的孙维世还是和以前一样，活泼开朗，而且还有一副热心肠。她很爱她的养父母，总想用一种方式表达她的孝顺之心。一次无意间，她听到邓妈妈说，不知不觉，我们都快结婚25年，人老了。

孙维世忙问，你们什么时候结婚的。

“8月8日。”

孙维世想，机会来了。

1950年8月8日，孙维世已经事先和周恩来身边的工作人员串通好了，并且编排了“节目”。那天，她一早就到西花厅，先让厨师做好蛋糕，又让炒了几个菜，她一直忙活到中午。

她看见周恩来的汽车进了前院的门，连忙跑了出来，双手背在后面。周恩来正奇怪这孩子神秘的举动，突然孙维世调皮地上前给他胸前戴了一朵大红花，然后又给身后的邓颖超也戴一朵大红绢花，然后高声宣布：今天是我干爹和干妈银婚纪念日，现在纪念活动开始，奏乐！

工作人员赶紧打开留声机，顿时，结婚进行曲的悠扬曲调将人们带进了一个美好而浪漫的意境中。

周恩来和邓颖超这才反应过来，为什么今天孙维世莫名其妙地兴高采烈，原来目标是我们啊！“维世这个调皮的小鬼！老夫老妻了，还纪念什么？”邓颖超笑着说。

周恩来却赞许地点点头，“维世给我们做‘银婚’纪念了！”他对卫士解释说，按照西方的习俗结婚25周年叫“银婚”，50周年叫“金婚”。

后来大家又一起照了相片，吃了蛋糕，活动搞得有板有眼，一切都是在孙维世导演下进行的。如果不是周恩来还有会议，他们还想去郊外走一走的。

从周恩来和邓颖超1925年结婚到1976年1月周恩来去世，他们携手整整走过了漫长的50年，而这次结婚纪念活动却是他们仅有的一次。

还有一次，据总理身边的工作人员回忆，也是他的义女孙维世要为周恩

周恩来、邓颖超结婚二十五周年纪念照（徐肖冰摄）

来过生日，但这次却遭到了周恩来的反对，却留下了一段佳话——

周总理反对过生日，自己从不过生日，那是1960年，总理62岁生日，我和孙维世两人商量，决定给总理不公开地过一次生日。

当时大姐不在家，我按照与孙维世商量的分工办法，先找厨师桂焕云。他解放前是南京雨花台一位著名厨师，很有手艺。由于过去为多做点好菜给总理吃，被总理多次批评“浪费”，挨“训”多了，有点犹豫。我说：“不要紧，你先搞点炸酱面，这是生日面，长寿的意思；再做个大寿桃，看机会，能上就上，不能上就不上。”

桂师傅何尝不想给总理过个生日？他对总理感情特深，不仅是受总理忘我工作的精神所感动，而且关键时刻总理还出面保护他，那是“三反”运动时，有人说桂师博家里高级瓷器不少，是精品。一个厨师哪来那么多精瓷？肯定不干净。总理知道后，说：“解放前一个名厨师家里有点高级瓷器算什么？你们太缺知识了，胡闹台！”

桂师傅平时挨批评多是因为总理清廉节俭，容不得一点铺张浪费，关键时刻又受保护，说明总理是从心底关心爱护人。他也考虑做炸酱面算不得浪费，用面蒸个“寿桃”更不算什么，就照我的意思办了。

那天，总理开国务会议，我们左等右等不见回来。孙维世已经兴冲冲先赶到了，按分工，她带来了生日蛋糕。也没敢摆到饭桌上，先拿到厨房观形势。

总理终于回来了，我们马上给他开饭，先端上炸酱面。总理拿起筷子，刚要吃，忽然觉出气氛异常，大概与我们的喜色有关系。他忽然掀起眼皮盯紧我问：“怎么回事，干嘛今天吃面条？”

见他一副警惕模样，我心里叫苦：糟了，总理意识到今天是他生日了……

果然，他把碗筷一推：“我不吃了。”

我忙解释：“这不是专为你生日才做的，正好赶上吃面条……”

总理生气地大声说：“你这是不打自招！”

“好久没吃面条了，这是实情，所以正好做了面……”我见总理不理睬，忙跑到后面请孙维世帮忙劝说。孙维世原想找机会给总理上蛋糕，一听总理生气了，赶紧往回缩：“不行，我要是去劝，这块蛋糕也完了……”

正着急，天上掉下颗救星。我听到门外传来陈老总高门大嗓的说话声和笑声。我三步两脚迎出去，对着陈老总耳朵说：“今天是总理的生日，我们给他做了点面条，谁想到他急了，饭也不肯吃了。还得请老总帮忙劝劝。”

陈毅笑着点点头，疾步走进门，进门就嚷嚷：“好啊，今天吃面条啊，正好我也爱吃面条，好久没吃上了。总理，我一块儿吃点行吗？”

说着，他已经在饭桌前坐好了。总理无奈，只好陪陈毅拿起筷子。

“还有什么东西没有？”陈毅望住我问。因为只吃一碗炸酱面显得太没气氛了。

“总理不叫上。”我小声喃喃。

“拿来，客人来了还不把好东西端上来？”

我瞟一眼总理，见他板着面孔并不肯为这件事给陈老总赏个脸，所以没敢动。

“那好吧，光吃炸酱面。”陈毅也不好再坚持让上东西了。结果，那块生日蛋糕和用面蒸的寿桃，全被我们工作人员分吃了。

孙维世对周恩来和邓颖超的养育之恩，时时铭记在心。因此西花厅成了孙维世常去的地方，成了她的家。

“文革”开始后，江青出于多年来的嫉恨，与叶群等勾结，残酷地迫害孙维世。

1967年，江青在“中央文革小组”中发号施令。一天清晨，天安门广场北边的城墙上贴出了攻击周恩来的大字报。江青派人闯入孙维世的家，对她百般威胁，逼她交代关于周总理的事情。他们把嗓子都喊哑了，孙维世一声不吭，造反派一无所获地走了，但是更大的灾祸在等待着她……

1967年12月，公安人员闯入了孙维世的家，以“特务嫌疑”的罪名逮捕了她的丈夫、著名演员兼导演金山。他们翻箱倒柜，没收了所有珍贵的物品，特别是孙维世同毛主席和周总理合拍的照片以及周恩来和邓颖超写给孙维世的信件。他们把这些东西送到江青那里，江青却不屑一顾，随手把它们撕得粉碎。接着，孙维世也被逮捕并遭到迫害。从 1968 年 3 月 1 日起，孙维世不断遭到肉体的折磨，她在牢房里也戴着手铐。同年 10 月 14 日，孙维世多病的躯体再也承受不起这种摧残了。她的生命进入了最后的弥留之际，渐渐，她的体温变得和她身上镣铐一样冰凉。一个曾经充满活力和激情的艺术家，就这样凄凉悲惨地离开这个她无比热爱的世界。

周恩来得知孙维世的死讯后，心如刀绞，悲痛万分。他怀疑她是遭虐待身亡的，因此他下令医院解剖尸体，查明死因。但是，江青下手更快，让手下的人将尸体火化了。

孙维世的妹妹孙新世去要姐姐骨灰时，对方回答说："已经当做反革命处理了，不留骨灰。"

孙新世回忆：

> 姐姐在被捕前是有预感的，当时她已被人盯梢，所以她没有在自己家里而是在天安门广场同我见了几次面。一次，在人民英雄纪念碑附近一个约定的地方，她对我说，我是一个小人物，死了没关系。总理关系到党和国家，我们的总理一定要保住呀！
>
> 她还对我说，无论如何不能死。如果我死了，说什么你也别信，那一定是被害死的。孙维世死时年仅 47 岁。

第八章

灯火璀璨西花厅

工作忙主要体现在他的奉献精神上，而工作做得多，则不但体现了奉献精神，同时也体现出他过人的聪明才智。我们只要看一看每一天周恩来的工作日程安排，看一看西花厅那经常不熄的灯火，那么我们就会想到人民的总理是怎样一种献身精神！那璀璨不灭的灯火是周恩来用生命点燃。

第八章　灯火璀璨西花厅

◆周恩来两眼一睁就开始工作，卫生间成了“第一办公室”

1949年10月1日下午2时，中央人民政府委员会在中南海勤政殿举行第一次会议，会上51岁的周恩来被任命为新中国第一任政府首脑——中央人民政府政务院总理，并兼任外交部部长。下午3时，毛泽东、周恩来等党和国家领导人登上天安门城楼。毛泽东宣读了中央人民政府公告，庄严宣布：中华人民共和国中央人民政府成立了。

在1954年的第一届全国人大会议上，周恩来又正式当选为国务院总理。永远不知疲劳的周恩来，从此挑起了为建设一个社会主义新国家而奋斗的重担。

周恩来是一个真正的忠实、高效、廉洁的人民公仆，他一生都在实践着党的全心全意为人民服务的宗旨，做到了鞠躬尽瘁、死而后已。在担任政府总理25年多的时间里，在处理内政、外交和大小公务活动中，他那自觉的强烈的公仆意识是无所不在的，正像他自己说的：“为人民服务就是要像春蚕那样吐完最后一根丝。”

可以说，周恩来是党内做工作最多的人，也是最忙的人。他为国家的富强，人民的幸福呕心沥血，日夜操劳，“一天的工作时间总超过12小时，有时在

16 小时以上，一生如此”。被外国人称为“全天候周恩来”。

他白天忙于开会，接待外宾，有时连吃午饭的时间都没有，只好带些简单的饮食，在驱车途中用餐。深夜才是他回到自己的办公室，处理大量文件、研究每个问题的时候。

在一天里，周恩来唯一的休息时间是在和邓颖超共进晚餐的时候。他喜欢听陕北民歌，每当这时他总是要把留声机打开，边吃边听，不时用手指轻敲桌子或是用脚点地，随着音乐拍打，面部露出安闲、愉快的表情。但就在这个短暂的时间里，当他想起要处理的事，也常常把秘书找来。

日复一日，年复一年。中国前几个发展国民经济的五年计划，都是周恩来主持制订和组织实施的。祖国每条大江大河的治理，每项重点工程的建设，原子弹、氢弹的研制成功，人造卫星的上天，无不凝结着他的心血。他在日理万机中送走了一个个不眠之夜，又迎来了一个个繁忙的早晨。难怪越南的胡志明主席对周恩来个人提出的唯一请求是：“请为了中国人民和世界人民的利益每天多睡两小时。”

周恩来规定，一天 24 小时，凡有重要紧急的事情，不论他是在睡觉还是在吃饭，主办急件的同志要随时向他报告。有一次河南省发大水，为处理此事，周恩来几天几夜没怎么合眼。那天刚睡下，又来了急件，秘书想周恩来太累了，等睡醒了再向他报告吧，就没有叫醒他。他醒来看了急件后，严肃地批评了秘书。秘书心疼地说：“总理，你几天几夜不睡觉，要累垮的。”周恩来说：“我的时间不属于个人。我少睡点觉算什么，发大水关系到几百万人的生命财产安全问题。以后要坚决按规定办。”国内外许多有名有影响的人都著文说：“无疑，周恩来是这个世界上工作最忙，工作最多的一个人。”

工作忙主要体现在他的奉献精神上，而工作做得多，则不但体现了奉献精神，同时也体现出他过人的聪明才智。我们只要看一看每一天周恩来的工作日程安排，看一看西花厅那经常不熄的灯火，那么我们就会想到人民的总理是怎样一种献身精神！那璀璨不灭的灯火是周恩来用生命点燃。

周恩来的生活规律是：睡觉醒来，第一件事是上卫生间。他是两眼一睁就开始工作的人，所以卫生间就被秘书们戏称为周恩来的“第一办公室”。

周恩来在解手时办公事，也是有个顺序：先处理那些急件急电，然后看报纸。

进城后，“第一办公室”的条件得到改善。过去蹲坑式，周恩来办完公事，站起来半天迈不了步，腿蹲麻了。进城后改为坐式马桶，坐时间长了虽然还会腿麻，毕竟比蹲着要舒服省力，办公效率也提高很多。

由于夺得了政权，周恩来总理必须管理整个国家，所以进城后比战争年代不但不轻松，反而更忙了。需要在“第一办公室”里处理的事情也比过去复杂，比过去多。

周恩来如果是凌晨3点上床，那么7点多便起床了。当然，并非总能这样规律地睡眠。他起床后，带报纸、文件、大参考直奔“第一办公室”，在厕所马桶上一坐，一天的工作便开始了。秘书们都十分重视这一办公时间。一年之计在于春，一天之计在于晨么。为这一办公时间，秘书们都是预先有准备和协商的。

首先，他们将各自负责的急件拿出来，“争夺市场”，谁先送谁后送，要争一争，排排顺序，往往是那些立即需要批办的电报放在前面。这么大的国家，周恩来只要睡下三四个小时，就会发生一些急事要办，何况还有国际风云瞬息万变。这一切都连着周恩来的“第一办公室”，要在坐马桶之时就加以处理和决策。

一般情况下，周恩来在“第一办公室”只处理急电急件，大事要事。那种日常性公事，不能拿到这里办。因为周恩来还要看报纸，可以说一次也没缺过。

周恩来主要看四种报纸：《人民日报》《光明日报》《文汇报》和《解放军报》。他读报速度比一般人快三到四倍，至少是比这些秘书快三倍。这是在长期接触中秘书们悄悄对比过的。他的目光飞快地扫过字里行间，耳边哗哗地响着翻报纸声，他对每个版面登什么内容，有哪些专栏，了如指掌；有的看标题，有的粗读，有的细读，一阵工夫，天下大事基本都了解了。

从“第一办公室”出来，若没有紧急会客或毛泽东电话约见，周恩来可以做五分钟的操。由于做操不属于办公，所以时间卡得很紧，多半分钟也不行。

不过，无须人监督时间，他做的是一套自己编练的保健操，做完全套动作要用五分钟，动作的节奏速度他很有数。

这套自编的保健操主要动作有：双手卡腰，两脚站立与肩同宽，然后左右扭腰，然后旋转腰，然后左右扭头，然后仰头低头，然后伸臂，然后扩胸，然后抬腿，然后踢腿，然后收式结束。

做完操，他用两分钟的时间洗漱，然后周恩来开始吃早饭。

没有特殊情况，不是临时发生急事大事，秘书们轻易不忍心在吃饭时间去打扰周恩来。何况邓大姐是为此发过话的："你们二十多个秘书对着他一个，轮番作战，也得给他吃饭喘气的时间啊。"

话是这么讲，他们还是无法给周恩来安排出吃饭时间。周恩来的办公桌上摆有台历，值班秘书事先都将周恩来一天的活动安排记在台历上，台历的正反面都记得满满的，写不下还有一块小黑板，小黑板也常写得满满的，所以周恩来的工作也排得满满的。开会、汇报、谈话、会见、接见、批阅文件、作报告，时间是以分钟来计算。比如毛泽东约周恩来下午 4 点见面，他们可以把周恩来的活动表一直安排到 3 点 58 分，剩两分钟是周恩来走路的时间。他走路快似一阵风，从西花厅到菊香书屋，两分钟就一溜小跑地赶到了。

1981 年 1 月 20 日，邓大姐到中共中央书记处办公室，将周恩来留下的二十多本工作日历交给了当时的中共中央总书记胡耀邦。

这是周恩来 1950 年 1 月 1 日到 1976 年 1 月 8 日所使用过的日历，叫做工作日历。因为记满了 26 本日历零 8 页日历纸的内容，全部都是工作。翻遍日历，一分钟追一分钟，一天接一天的，只是各种工作，唯独找不到吃饭时间安排在哪里。因为周恩来吃饭多数是见缝插针，因为周恩来吃饭从不脱离工作。

毛泽东吃饭没有规律，周恩来吃饭也没有规律；毛泽东吃饭手不释卷，周恩来吃饭也手不释卷。周恩来主要是看报，在"第一办公室"未及细读的文章，都要再细读一遍。

只有遇上周恩来和邓大姐一道吃饭时，秘书们尽量避免去请示问题。周恩来吃饭没规律，极少和大姐一道吃。但要是真碰上了这种时候，也确实让人为难。

有一次，秘书杨纯就遇上了这个难题。有篇关于农业政策的稿子要见报，定稿时有几处改动，需要周恩来审定。她拿了稿子找周恩来，正碰上周恩来和邓大姐一道吃饭。等等再来吧？那边又盯着立等回话，她可真作难。在门口转磨似的走几圈，忍不住朝门里探一下头。脸孔在门边刚闪过，恰巧被周恩来看见了。

“进来嘛，”周恩来马上招呼，“有事就进来嘛。”

杨纯只好走进去，看看周恩来又看看邓大姐，样子很

1961 年 7 月周恩来和邓颖超合影（杜修贤 摄）

是尴尬。

“唉，”邓大姐笑着摇摇头，“吃饭你们都不饶过他啊！”

“嗯，嗯……”杨纯可真狼狈了。

周恩来笑着瞟一眼邓大姐，又看看杨纯，温和地说：“没关系，你说么。”

杨纯就赶紧说，赶紧送上稿件请周恩来审批。由于周恩来的时间太宝贵，秘书都养成说短话，说快话，说“是”或“不是”的讲话习惯，一切客套话、寒暄语，甚至不十分必要的解释话都不要，连形容词都一律删掉。有人评价周恩来秘书说话是“开门见山干巴巴，单刀直入赤裸裸。”其实，越这样越能直接明确地说清事情，为周恩来节省一点宝贵的时间。

◆秘书惊呼：他有三个脑子在工作，思维周密如水银泻地

吃过早饭（其实往往不在早晨），周恩来漱着口便走进办公室。这是布置简朴实用的一个房间，墙壁由于年代

西花厅后院是周恩来与邓颖超工作和生活的地方（杜修贤 摄）

久而发黑，到了夏天泛潮，墙脚会转圈出现碱花，直到秘书因为修房子挨批评那次，才在墙上喷了浆，把铺砖地变成木板地，使整个办公室显得亮堂些。这个办公室里有块旧地毯。其他卧室等房间都没有地毯。周恩来说办公室里接待客人多，铺块地毯可以大家共同享受，所以同意了。

周恩来的办公桌上整天整月整年地堆满待审批的文件，只剩下坐椅前不大一方小桌面供他批阅文件用。这一方小桌面除有笔墨之类办公用具外，还有台历，还有三件“宝”，就是袖套、老花镜和清凉油。

周恩来曾经感叹他的这间办公室不如在延安办公的窑洞。延安的窑洞是冬暖夏凉，周恩来的办公室相反。天越热，屋里也越热；天越冷，屋里也越冷。

那时没有空调，夏天只有一个小电扇，天热得止不住汗，手臂湿得粘纸，秘书们便在电扇前放盆凉水或放盆冰块，算是土法制作的“空调器”。冬天就怕刮西北风，一刮起来，就冷得没法待，手冻僵了写不成字。

周恩来每天走到办公桌前，第一件事是仔细戴好袖套。周恩来的袖套和工厂工人常用的工作袖套完全一样，蓝粗布缝成筒，两边有松紧带。这样可以保护衣袖不要磨破不要弄脏。他一边戴袖套，一边俯身，眯细眼看看台历上所记录的一天活动安排。

戴好袖套，周恩来便坐下来，一手将老花镜往鼻梁上架，另一只手已经去搬文件，这时办公就开始了。

每天最大的工作量是批阅文件，从周恩来办公开始，这些秘书也都跟着运转，跟着忙起来；随时准备周恩来叫去提问，随时把手中较重要的文件送去，随时把情况报告上去。

跟他在一起的秘书常说：周恩来有三个脑子同时工作，彼此通气又决不紊乱。世人可能难以置信，但有条件者可以随便问周恩来哪个秘书，他们无不强烈地感受到这一点。

具体些说，周恩来是同时进行三项工作。他的眼睛在看电报、文件，并且不时在上面做出批示；他的耳朵同时在听秘书们的汇报，这个汇报往往与他批阅的文电毫无关系，因为有些电话请示及秘书们总结出的问题是常需口头汇报的，该汇报而没汇报就要挨批评；在他们汇报的同时，周恩来还会不时将自己夜里考虑好的一些重要决定及指示，口述给另外一个秘书。不知多少次见他手里批阅着外交部的急件，耳朵里听着财经方面的请示汇报，嘴里交代着国防军事上的指示。三方面的工作可能风马牛不相及，但周恩来样样记得牢，批得明，说得准；条条件件分清楚，彼此不紊乱，事事有着落。

对此，有人难以置信，但又千真万确是事实。且不说听的人难相信，就是工作在周恩来身边的人，那些初来不久的秘书，开始都曾惊疑这样的办公，以为周恩来正在批阅文件肯定记不住自己的汇报，或以为周恩来三心二用，跟别人交代工作肯定对自己的文件批阅不清。往往是经过多次实践证明，经过时间和事实的考验，才终于惊呼一声："服了服了，周恩来真是神人啊！"

现在国家档案馆里有数不清的周恩来墨迹，其中的急电急件，大量的是在"第一办公室"里批阅，你可以从前查到后，再从后查到前，看有哪个批得不清？看有哪个错字或是使用不当的标点符号周恩来没有改正过来？周恩来一生严格、细致、谨慎。举个批阅文件的例子：

周恩来阅读文件，除逐一圈点外，当看完一页时，必要将这一页掀起，以此页末行压在下页首行之上，看完上页右下角末一个字，再看下页首先左角第一个字，这样来保证两页连接处不会多字缺字。

报批的文电及汇报，一般是外交和军事排在前，这两个方面突发性事件多，急情况多，而农林系统一般靠后，除非发生了灾情。有重大灾情就要首先报。

记得有次汇报，负责农业的秘书对负责外交的秘书打招呼："喂，你快点啊。今天国务会议上，总理听农林口汇报，基本情况我得先报给他。"

外交和军事方面的秘书很快完事，留时间给农业秘书汇报。可农业秘书有些犹豫，因为周恩来正在批阅文电，并且不时交代机要秘书发电，口述电文。等在农业秘书后面的还有负责文教体育的秘书，见农业秘书犹豫，就想先汇报。农业秘书知道周恩来永远是忙，等是不行的，只好汇报了。

也难怪农业秘书犹豫，那时是计划经济，他汇报有一连串的数字，比如粮食、棉花、油料等等的产量数字，征购数字，已完成数字，分配数字等等。在这种情况下汇报周恩来怎么可能记得住呢？

让人目瞪口呆的是，到了国务会议上，周恩来听汇报，居然给汇报者纠正了一个念错的数字！而且在问答中，一涉及数字，那位副部长就得重新翻材料，而周恩来就很不耐烦地帮他说出准确数字。事后这位副部长说："我们没法跟总理比，那么多数字，我们只能记到纸上，总理全能记在心里。"其他秘书说："你还不知道呢，总理就是早晨听了一次汇报就全记住了。"

当然，全国报来的文电和情况每天多似海，不可能全叫周恩来看，全向周恩来汇报，首先要经过秘书的筛选过滤，有选择地呈送，有选择地汇报。

有次国务会议结束后，一位副总理问周恩来有关黄河水利的问题："周总理，这个文件我们报上去了，不知您有什么意见和指示？"

周恩来马上摇摇头，肯定地说："这个文件我没见到，也没听秘书讲过。"

他找来有关秘书李岩，果然，是被李秘书筛选下去了，没报周恩来。但凡报上来的，周恩来都是"过目不忘，过耳不丢"。此后，为避免筛选出差错影响工作，秘书们改变了做法。就是对筛下来的文件报告，有空时便向周恩来唠叨几句。不要小瞧这几句唠叨，周恩来听过就不会忘，万一哪位负责人向周恩来问及这件事，周恩来就不会不知道。

周恩来离不开《辞海》《辞源》等工具书，为求一字准确，有时甚至要翻到《康熙字典》。翻到之后他还要亲自查阅核对一遍。凡属见报或下发的文件，更是严格把关，有引用经典著作的内容，他一定要找来原著核对。秘书帮忙核对之后他仍不放心，仍要亲自核对一遍。对生产建设上的数字，对计划项目，每个数字他都要亲自再算一遍账。秘书随时都带有计算尺，遇有审查计划或财政预决算时，还得把手摇计算机搬到办公桌上，帮助周恩来计算核对。

周恩来这种谨慎细致事必躬亲的态度，确实发现了不少问题，避免了许多失误。

周恩来批阅文件，就像雕刻和绣花那样精细、那样一丝不苟。他的责任心容不得任何粗枝大叶，拖拉推诿；一旦发现这种情况，他就会声色俱厉地加以批评。

有次，外交部报来个案子，不算太成熟。秘书接到报告，没有完全查清就送给了周恩来。周恩来一看报告里许多事情提法不准确，问题没弄清楚，立刻火了，严厉地问秘书："这个案子你问清楚了没有？"

聂荣臻（左一）周恩来（左二）贺龙（右二）张爱萍（右一）在西花厅一起商议国事（杜修贤 摄）

秘书不安地说："哎呀，我也没弄太清楚。"

"怎么这个样子就给我送来了？"周恩来把报告摔到桌上："不行！快去，把他们叫来！"

秘书忙去打电话，把外交部主管副部长和有关司的负责同志叫来。周恩来严厉批评之后，把案子打回去，叫他们重新搞。

周恩来的睡眠时间往往只有三四个小时。在那长达十几小时的连续劳作中，给秘书留下的印象不但有精力超人，更有坚持和苦撑的感人毅力。

有人曾长期观察周恩来办公过程中，精力和身体所历经的几个阶段。开始是亢奋激昂，紧张热烈；在把那些重大的和紧急的公事处理完后，周恩来和秘书就像打完一场冲锋仗，可能稍微喘息一口。这时，周恩来要借机喝几口浓茶，然后就进入了连续持久的带有一定节奏的繁忙工作。这个阶段很长，可以四五个小时，也可以七八个小时，而这些秘书当时普遍是 30 岁上下的盛年，常感不支，有心往下沉和眼睛困涩的感觉。但周恩来在这段时间，一直显得朝气勃勃，热情洋溢。正因为这样，他才给大家留下了精力超人的强烈印象。

然而，继续往下批阅文件，劳作超过 10 小时后，周恩来就进入了“坚持”和“苦撑”的疲劳期。他疲劳的程度也是分几个阶段的。

他工作太投入，处于一种忘我的境界，所以疲劳开始袭来时，他并不自觉，完全是出于生理上的自卫本能，打个哈欠或抬起头作一下深呼吸。

疲劳在悄悄加重，终于影响到办公效率，并且迫使他不得不一次又一次抬起头来深呼吸。这时，他意识到累，第一个反应就是大口大口喝浓茶，以刺激渐渐麻木的神经重新兴奋起来。

这样坚持一段后，似乎茶碱已失去效力，周恩来会烦躁地突然站起身，围绕办公桌快速地走几圈，并配合着揉揉眼窝和太阳穴，然后坐下继续办公。

他终于感到这样也不解决问题了，便拿起办公桌上放的那件“宝”，打开铁盒，用手指擦点清凉油，抹在额头和太阳穴上。

这时，仿佛冥冥中有什么心灵感应，邓大姐会出现在周恩来办公室的门口，悄悄地在门外转圈，忧虑而心疼地朝里面伏案劳作的周恩来投去一瞥又一瞥。她轻易不进周恩来办公室，不去干预周恩来的公事，这是结婚时就有的协议。周恩来的办公室有三把钥匙。一把在警卫手中，警卫交接班时，钥匙属于交接内容之一。另一把在秘书手中，一般是放在机要秘书那里。周恩来自己有一把，睡觉时放枕下，起床时揣兜里，从来不离身。邓大姐没有钥匙，周恩来不在，她就进不了办公室；周恩来在，她也极少走进去，在门口转了一阵，终于向着门里轻轻唤一声：“恩来呀，该休息一会儿了。”

周恩来掀起眼皮，目光从镜框上方望一眼邓颖超，点点头，却马上又伏进了文件堆，继续他的批阅修改。

片刻，邓大姐又轻唤一声："恩来呀，起来活动活动吧。"

周恩来再次掀起眼帘，似有所震动，双手在桌上一撑，便立起身："好的，我活动活动，你去休息吧。"

周恩来又开始绕办公桌快走，这种活动更多的是为了安慰邓大姐。快走两圈，便朝大姐挥挥手，叫她放心休息去。当邓大姐的身影在门口消失时，周恩来便重新在椅子上坐下来，习惯地擦一些清凉油。

这样又坚持一段时间后，疲劳便达到了难以克服的地步。眼皮会不知不觉地耷拉下来。出现几次这样瞬间的迷糊瞌睡，周恩来会痛苦地拍拍额头，搓搓脸，猛地丢下笔，朝后仰身靠在椅背上，大声吩咐："给我一条热毛巾！"

一边用热毛巾拼命地擦脸，揉眼窝，一边继续批阅文件，周恩来是在尽力聚集全身仅存的一点热能，投入到劳作中去。

不久，电铃忽然响了。这是睡醒一觉或难以入睡的邓大姐在摁铃，她的卧室有个摁钮，她那边一摁，周恩来办公室这边的铃就响，是专为她和周恩来之间联系而装设的电铃，目的就是让邓大姐督促周恩来休息。而且，不久就有卫士进来，传达邓大姐的吩咐："总理该休息了。"

疲惫已极的周恩来，有时掂掂手中的文件又感觉为难，明天还有明天的事，说不定比今天还要忙啊……

◆走进卧室，难以放下的还是文件和批示

周恩来疲劳过度的最严重表现，就是鼻子里突然地流出血来。淡红色的血液有时滴在文件上，用棉球擦不及，堵不赢。这时，秘书会不由分说夺下他手中的笔，配合卫士把他拉到沙发那里坐下，仰靠沙发，用凉水浸过的毛巾覆盖在他前额和鼻梁上。他们多次见周恩来劳累过度大流鼻血。为中国向苏联争取 156 项援建项目，为抗美援朝，为第一个五年计划的完成，为恢复国民经济的发展……都曾大量流血。那场面令多少人心碎神伤，热泪哽咽！

每次周恩来累得流鼻血时，秘书们只能默默地帮他用冷毛巾敷额，找棉球止血，却不能强迫他去休息，那样只会让他着急生气，反而流血更多。这是有教训的。

秘书们永远忘不了抗美援朝时发生的那次流鼻血。

那是抗美援朝打得最残酷的阶段，美国飞机狂轰滥炸，给我们的运输造成极大困难，加上放毒气，撒细菌，无所不用其极。周恩来连续工作，三天三夜没合眼，那天夜里连续两次流鼻血。第二次流鼻血时，斜靠在沙发上，敷了冷毛巾，堵了棉球，血仍然止不住，渗出棉球继续往下淌。秘书们又痛又急，再三劝说他去休息，就是劝不动。他坚持要等前线的一个特急电报。

大家见周恩来脸色灰白，呼吸间，不但有血水悄悄流出，而且还有无数纤小的血粒随着出气成星状地溅洒在鼻孔下方的各个部位。心痛得受不了，再次过去劝说。

“总理，你必须休息了！”

“不行，这个电报很重要，我必须等。”

“我得为你负责。”秘书招呼卫士，“来，扶总理回去休息。”

他们扶住周恩来肩膀，想强迫他去睡一会儿，可是，周恩来忽然发火了：“胡闹！你怎么就想不到要为我们的志愿军战士负责？”

大家被吓退一步，看到周恩来网满红丝的眼睛恼火地盯紧大家，由于生气动怒，鼻血淌得更厉害了。

“总理！”有人叫了一声，哭了，“你，你别生气啊……”

周恩来下意识地擦一下流到唇际的鼻血，皱着眉头，放缓一些声音：“我可能严厉了一些。可你想过没有？我们有四万志愿军战士在朝鲜前线流血牺牲，我流这点鼻血又算得了什么？我现在去休息，耽误了电报，对得起志愿军战士吗？”

“总理，我们错了，考虑不周。”流着泪的秘书，上前替周恩来换棉球止血，“你别生气了，不然血流得更厉害，你不要说话了……”

周恩来一直坚持在办公室，直至收到前方来电，又口授了复电内容，签发了复电，然后才服药休息。那以后，再逢周恩来累得流鼻血，他们决不敢

周恩来在西花厅（侯波 摄）

强迫他去休息，只能忍着心疼相继劝说几句。周恩来根据情况，有时不听劝，鼻血稍止便又起身继续工作；有时情况不那么急，没有重要的事非办不可，他就听大家的劝，随手抱几份文件，走进他的卧室。

周恩来无论怎样疲惫不堪，上床后必要办一会儿公，否则无法入睡。就像有些人上床后不看一会儿书就难以入睡一样，已经养成习惯。所以，卧室又可以算作周恩来的又一办公室。

周恩来的床头也是三件"宝"：红蓝铅笔，老花镜和清凉油。如果周恩来主动停止办公睡觉，那就会心里有事，难入睡，睡着也不踏实。他经常是看啊看，眼睛困得睁不开了，就抹清凉油，继续直到"失去知觉"，也就是在无意中自然入睡为止。

值班卫士随时注意着卧室内的动静，一旦周恩来入睡了，便轻手轻脚进去，将灯熄灭，再轻手轻脚出来，关严门，小声对值班的秘书们说："回去吧，总理睡了。"

当然，有时周恩来是自己关灯睡觉，这是主动有意地要睡觉，一般是没什么放不下的事情了，或者是头痛得无法看东西了。周恩来用脑过度的痛苦之状大家都见过，微蹙眉头，不敢睁大眼；这时他要服安眠药，并由护士帮忙做些头部按摩，促进血液循环。

周恩来主动熄灯睡觉，常发生睡不踏实的情况。一见他关灯，值班秘书就可以走了。可是工夫不大，周恩来“办公室”的灯又亮起来，这是他又想起了什么事，叫卫士再把秘书找来，或询问，或交代一件事，或对某项工作做出指示。

这种情况经常发生。周恩来见秘书跑来跑去，心里不安，就说“唉，真麻烦你们了。还是给你们寝室安部电话吧。”

于是，值班秘书的床头就安了一部红机子。周恩来床头装一部红机子，这部红机子没有拨号也没有铃，拿起话筒就可以让总机找人，可以打出去，外面打不进来，因为不响铃。怕响铃惊扰住隔壁的邓大姐。

有了电话，就可以少跑许多腿。有些事，在电话里就可以说了，回答周恩来的询问或接受某项指示，而不必再从寝室跑到周恩来的“办公室”。

办公条件都是逐步提高。比如周恩来的卧室“办公室”，开始条件简陋，周恩来抱着文件上床，在身边一放，就将背靠在了床头上。他批阅文件时，就将两腿弓起来，文件放在腿上，边看边批示。这样是很累人的，而且文件放在腿上，写字不易写好，还吃力。卫士见了这种情况，就帮忙找来一个硬纸板，让周恩来垫在腿上。

这样写字方便些，但人仍然很累。邓大姐见了，心有不忍，动了动脑子，把木工请来，亲自讲了设想。木工就按大姐的设想做了一张小桌子，带倾斜面，刚好能卡在床上。这样，周恩来办公就可以减轻些劳累。

这张小桌，平时只放三样东西：红蓝铅笔、老花镜和清凉油。60年代，周恩来劳累过度患了心脏病，小桌上便又加了一瓶预防心脏病猝然发作，进行救急的药品硝酸甘油。

◆“见缝插针”又挤走了周恩来身边的分分秒秒

“周恩来办公室”是中南海内最大的办公室也是最繁忙的办公室。

“周恩来办公室”是泛指周恩来身边的工作班子，因为办公地点就在西花厅，所以常被人简称为“西花厅”。比如“周恩来办公室来电话了”，常被各部委说成“西花厅来电话了”。

周恩来办公室设有室主任、副主任；下面还曾设过综合、外事、军事、财经、行政等等组，有组长、副组长。不过，无论主任还是组长，工作职责主要是行政上的调度、协调，在业务上，主任、组长及每个秘书都是各管一个口或一个方面，都是直接同周恩来发生关系。周恩来不允许那种层层上报下达的体制。他曾经对大家说：“你们的工作如果先经过办公室主任、副主任、组长、副组长那儿，那主任、组长不是变成二周恩来、三周恩来了吗？”

“周恩来办公室”的“兴衰史”大致是这样：新中国成立后，陆续从全国各地调来一些有文化有实践经验有专业知识的干部到周恩来身边工作，这套班子就叫“周恩来办公室”，是政务院（后改称国务院）的直属机构。不过，他们这些人都叫周恩来办公室秘书，那时还不叫周恩来秘书，因为他们还要负责陈云、陈毅和李富春三位副总理交办的事。当然，三位副总理自己也各有秘书，一般不找他们。但周恩来讲过话：“你们要为我们四个人服务，不能光为我一个人。”

很快，“西花厅”就成了“周恩来办公室”的代称。他们又把西花厅称为“家”。比如“家里来电话了”或“叫你马上回家”，大家只会想到西花厅而不会想到其他什么“家”。总理外出，他们也是说：谁谁跟周恩来出去，谁谁留下看家。“看家”就是留在西花厅值班。

这个家里的成员真正是来自五湖四海。比如负责计委、经委的顾明来自鞍钢（王鹤寿推荐）；负责交通的王伏林来自军队的第四高级步校（校长是林彪）；负责农业的杨纯曾是松江地委书记，到 1956 年又调来国家计委的李岩；负责军事的雷英夫是毛主席推荐的“洛阳才子”，1956 年 1 月调来的周家鼎原在西南军区司令员贺龙麾下工作；负责财经的秘书吴群敢来自上海工商局（局长许涤新推荐）；负责外事的陈浩和马列，一个是 1945 年由王炳南“考试”合格而进入中共南方局外事组的青年党员学生，一个是跟随旅大区党委书记欧阳钦作为周恩来随员到莫斯科参加中苏谈判，而后调来周恩来办公室……

大约是在第一个五年计划完成前后，他们就基本只向周恩来负责了。从抗美援朝开始，虽然外交、军事两组的秘书不少，但毕竟新中国成立后转入以经济建设为主，所以还是财经组秘书最多，多达六七人。“西花厅”建有党支部，财经组人数最多，所以单独组成一个党小组，年轻的吴群敢任党小组长，周恩来就在这个党小组过组织生活。

1956年，国家经济建设取得前所未有的巨大成就，周恩来办公室也达到鼎盛时期，秘书多达二十余人。毛泽东批评“反冒进”以后，从1958年开始，周恩来办公室人员开始减少，西花厅渐渐冷清。不过，这第一次精简还不是因为“反右”，而是周恩来认为应该支援文教战线。陈浩去儿童医院任党委书记；刘昂到机械部当司长；李琦到山西任省委宣传部长；韦明到北京市委文化部任副部长……

周恩来办公室主任原来是由国务院副秘书长齐燕铭兼任，到1958年开始精简人员时，就把统战部秘书长童小鹏调回周恩来身边任周恩来办公室主任，而由许明任副主任。秘书的人数由二十余人减至十余人，并且要继续减。

周恩来办公室的第二次精简发生在1964年底到1965年初，当时一位领导同志的两个秘书在外事工作上出现失误，耽误了大事。事情反映到主席那里，主席生气了，只说了一句话：“秘书太多会误事。”

毛泽东历来讲话言简意赅，越是讲得含蓄，分量越重，周恩来就紧张了。他回来说：“秘书最多的当然是我这里了。”当即决定精简。

就在决定精简的期间，在一次见面时，毛泽东说周恩来：“你搞那么多秘书干什么？让秘书牵着鼻子走。”

周恩来回来，便做出决定：撤销周恩来办公室。

1965年1月，童小鹏主任调中央办公厅；许明副主任调国务院任副秘书长；顾明到国家计委当副主任。周恩来办公室撤销，改称周恩来值班室。秘书也调走一些，比如外事秘书马列调往国务院外办，李岩去了六机部办公厅，戚建南调到财贸办公室，周恩来值班室只剩了六个秘书。

西花厅门前清静多了，但周恩来的工作还是那么多；毛泽东只是宏观领导，具体事都交周恩来办。这样一来，事无巨细，周恩来都得自己去问，自己拨电话，自己去联系。秘书少了，一个人负责几个口，当然也更忙了。

凑合一段时间，实在忙不过来了，各部委就自己成立了一个小组或办公室，专门与周恩来联系，向周恩来负责。这些人加起来，比原来的周恩来办公室秘书多几倍；真是精简了一个机构，臃肿了整个国务院机关，实在得不偿失。

周恩来一生，不允许一分一秒有虚度，他要求秘书敢于并善于“见缝插针”。无论何时何地，抓住周恩来一点空闲，哪怕只是分秒之间，也要插根“针”。

这根“针”就是汇报条。

所谓汇报条，就是一张纸，将秘书们要呈报的事情或问题写在纸上，有点空就随时可以交周恩来看。周恩来看

周恩来在办公（佚名 摄）

完作批示，如果反映的问题重要，还要转呈主席看。这汇报条的分量就确实够重了。

所以，汇报条要求秘书要用深色墨水，不许用浅色；字要写大些，不许草，也不能太小，怕主席看着费力。内容要简明扼要，有骨头有肉。所谓骨头，就是事实；所谓肉，就是秘书们在调查了解中所形成的看法和意见。

汇报条不好写；有用的话一句不能少，没用的话一句不能多，而且要尽量让自己站在周恩来的角度考虑哪些内容有用，哪些没用。杨纯虽然是女同志，但她早就担任了地委书记，有很强的工作能力。就是这样的同志，调来周恩来身边当秘书，负责农业方面，她第一次写汇报条，就写了12次，后来还是在老秘书许明同志的帮助下才完成。

地委书记本身就配有秘书，还能不如秘书水平高？不要忘了，这是周恩来秘书，凡事要站在周恩来的角度去思考问题，这就是能当好地委书记未必能当好秘书的原因之一。

“事必躬亲”，这只是周恩来的愿望和追求，实际上不可能做到。所以他们这些秘书经常要代替周恩来去参加国务院各部委的会议。在会上只能带耳朵和眼睛，只能动手记不能张嘴讲，乱发议论是绝对不允许的。听了看了记下了，回来就写汇报条，见缝插针，报给周恩来，周恩来批示后，就可以向各部委负责人张嘴讲话，发布指示了。

在飞机上，在轮船里，在火车和汽车上；在轰响的厂矿，在书声琅琅的院校，在田间地头，在沸腾的水库工地，周恩来都曾批阅过汇报条。这个汇报条也不断“完善”，开始只是一张纸，后来统一规格，变成专门印好的纸；抬头印有“每日汇报”四个字，下边一分为二，一半是写汇报内容，一半是空白，留给周恩来写批示。

秘书们每次外出参加会，回来必写汇报条，开门见山，不容一句套话。比如：今日某某部部长会议议了几个问题，一、二、三、四、五，不满一页纸，必须全写清。

汇报条内容广博繁杂，上至天文地理，下到鸡毛蒜皮。比如秘书赵茂峰，至今保留着周恩来圈阅过的一张“小”汇报条：

总理：

首先谢谢总理对我家里的关怀。今晚接家信称：这次地震，我家里的房屋都倒塌了，由于救得快，人没有发生大的事故，特此报告。并再次感谢周总理的关怀。

赵茂峰

就这样一个汇报条，周恩来去邢台地震灾区视察慰问时，专门接见了赵秘书的父母和伯父母。

递汇报条，有时还需要有简单的口头汇报，回答周恩来的提问，特别是大事件和绝密事件。有次乘汽车，有位秘书见缝插针递上汇报条。周恩来一看，先伸手摁下起动电钮，玻璃隔断升上来，将前后座位隔开后，周恩来才提出问题，听取汇报。有时，他向秘书交代毛主席交办的绝密事件，也要先将玻璃隔断升上来，然后再开口。

周恩来与邓颖超在北京玉泉山（杜修贤 摄）

由于汇报条可以随报随批，确实提高了办事效率，使周恩来在有限的生命里，为中国人民多办了许多许多事。

跟随周恩来几十年，大家听惯了他的一句口头禅：“你们不要怕我忙么，我不怕忙你们怕什么？我能忙过来。”

有人曾目睹周恩来连续工作一星期，只休息了13小时。这是当时的周恩来卫士长成元功同志一分一秒计算出来的，从周恩来上床计时，到起床止，不论是否睡着，累计躺下休息13小时。就这样的劳作，周恩来仍是笑着说：“不要紧，我能忙过来。”他出访亚非十四国时，工作人员一分一秒计算，他平均每天睡眠只有两小时，却仍然精神抖擞地说：“我可以，我不怕忙。”

这样超人的精力和忘我的精神，“文化大革命”中却自己承认忙垮了，周恩来曾当着好几个人的面，说过两句令人至今想起仍然止不住想落泪的话。

“文化大革命”中周恩来忙得经常是边走路边吃点东西当饭。他来去匆匆地走过西花厅院子时，总是见到花工老周剪果树、铲杂草、修花坛，忙个不停。有一次，周恩来蓦地停下脚步，不再咬手中那作为午餐的半片面包，默默注视花工老周。老周直起腰，抹把汗，问：“总理有事吗？”

周恩来摇摇头，不无伤感地叹了口气：“唉，咱们西花厅就是我们两个姓周的人最辛苦了。”

不久，曾经在周恩来身边工作过的乔金旺同志又调回周恩来身边。见面时，一脸病容、憔悴不堪的周恩来，用颤抖的声音说：“老乔啊，‘文化大革命’把我累垮了！”

从没见过周恩来说这样伤心悲哀的话，真受不了啊，当时大家都哭了。

我们在报刊文章里常看到“百忙之中”这个词，说某某地方领导在“百忙之中”干了什么，视察了什么地方，作了什么指示，那么我们的总理就只能用“千忙之中”“万忙之中”来表述了。

就在这百忙之中，秘书们还要用汇报条见缝插针地填满周恩来那一分一秒的“空闲”时间；秘书们不忍心这样做，又不得不这样做。

记得赵秘书将溥仪病逝的汇报呈送周恩来时，周恩来正忙得一次又一次用清凉油揉太阳穴。他看到这张汇报条，稍稍一怔，马上难过地蹙紧眉头。他对这位末代皇帝溥仪始终是关心的，同溥仪和溥仪的弟弟溥杰都有多次的见面和交往，建立了感情。他在1961年曾经请爱新觉罗一大家人在中南海包饺子共度除夕，仿佛那情景还在眼前一样。

周恩来放下手头的工作，专门为溥仪的病逝作了指示，要求统战部拟定一个具体的治丧办法，并把结果报告给他。

中国末代皇帝溥仪及其一家人的命运，同十月革命时俄国沙皇一家人的命运是截然不同的，中国共产党及其领袖们在处理这件事上也表现了“中国特色”；体现了毛泽东思想的特色和中国文化的特色。这种特色与我们中华民族的民族性一样顽强、巨大、执着，即便在“文化大革命”那样的形势下，这种特色依然鲜明保持并表现出来。

溥仪的丧事，是在周恩来的直接关心下办理的。在当时条件所能允许的范围内，尽早尽快尽好地处理了这件具有政治影响和历史影响的事情。

◆周恩来笑着叹口气：“看戏是享受，想戏也是一种享受呢。”

看了上面说了这么多，知道周恩来工作特别繁忙，拿现在的话说，就是工作起来特别地“玩命”。可是大家别以为周恩来只是一个缺乏生活情趣的“工作狂”，其实，生活中的周恩来，很富有人情味，他的情趣爱好是非常广泛的。

他爱好跳舞，爱好各种体育锻炼，喜欢唱歌，读小说，作诗，看电影，看戏剧以及下棋打牌，他还喜欢广交朋友，他一生没有别的嗜好，只是喜欢喝点酒。

周恩来喜爱的文娱活动很多。他是个爱玩又没时间玩的人；兴趣广泛又不能不压制兴趣，甚至忍痛将其窒息掉。

在人民大会堂，在建设工地，在许多群众聚会的场合，历史都曾为我们留下了周恩来指挥大家高歌的镜头。

周恩来喜欢唱歌，也喜欢听歌。他的听歌、唱歌有一致之处，也有不同之处。

一致之处是，他喜欢听喜欢唱民歌，不大喜欢“洋歌”，也就是我们现在所说的美声唱法。听这种歌他从来不跟着唱，也不会像那样用嗓。

他曾说过："这是一种很好的艺术，但不适合我。这种洋嗓子听着不舒服，洋嗓子和我们革命的历史联系不大，唤不起美好回忆。"

周恩来毕竟是一位革命家，有他独自的经历，当然也就有他自己的爱好和选择。就像生活中好姑娘很多，但未必好姑娘就可以成为好妻子，每个人还有其他性格、知识、经历、交往等许多考虑。听歌唱歌也就是这个道理。

周恩来喜欢听信天游，听到这种曲调便会生出莫名的激动，两眼闪出湿漉漉的波光，头轻轻地点出节拍，神情里流露出一种静谧无言的喜悦和舒心惬意的遐想。

1960 年周总理接见贵州歌舞团时同演员谈话（佚名 摄）

但是，他很少唱信天游。从东北到云南，从新疆到台湾，所有的地方小调他都喜爱听，但极少放开喉咙高歌，这就是听与唱的不一致。

他喜欢高歌的是《我们走在大路上》《社会主义好》《长征组歌》《洪湖赤卫队》《中华儿女志在四方》等等激情澎湃、热烈奔放的歌，特别是《长征组歌》和《洪湖赤卫队》，简直可以说入迷上瘾，时间久听不到就难受，疲惫不堪而闭目小憩时，嗓子里必要哼哼这些歌曲。

他爱看爱听《长征组歌》，有演出尽量设法去看，也常常独个儿听收音机，听到组歌就会“入歌”，用手轻轻击拍，或哼曲，或小声跟着唱。他最喜欢“毛主席用兵真如神”这一句。无论是在剧场还是独个儿听收音机，听到这里便会击出一个重音，无限感慨地把头点一点。

有一次，他独个儿在办公室听这支歌，到了“毛主席用兵真如神”，他的身体部位都随着音乐的节奏有所动作，仿佛全身心都融入了旋律之中。秘书忍不住问：“总理，这一句有什么特别之处吗？”

他笑道：“不是经过长征，那是听不出这一句的美妙境界的。”

对于周恩来的听歌唱歌，有人形容为：“小气候里追逐流动，大气候里震荡奔放。”

对各地民歌小调，周恩来喜欢沉醉一般悄悄欣赏；全身心地松弛，独个儿追逐体会着那感情的跳跃、意识的流动，仿佛渐渐走入一个美妙而古朴的童话世界，充满了花草的温馨和泥土的芬芳。这就是“小气候里追逐流动”。

大气候里震荡奔放，那是带着登高一呼、万众响应的气势和力量，是一名革命家壮怀激烈、“仰天长啸”的抒发情怀的表现，也是宣传鼓动群众与自己一样激荡起豪情和热情，团结、向前的真情流泻。

周恩来是位感情非常丰富的人。在某些作品里，常把周恩来工作中的严肃、谨慎、细致，笼统到整个生活中，其实不这样。休息时，哪怕是群众场面，只要不是办公室，他都是活泼又活跃。在老干部中，“活跃分子”是有其特定含义的，往往指革命队伍中上下组织、左右联络、出头露面进行宣传鼓动的同志。在中国的领袖群中，周恩来几乎可以称为唯一的“活跃分子”，再没有第二个人能像他那常常按捺不住地放开歌喉，甚至要指挥起成千上万的人一道唱。更没有第二个人能像他那样乐于自告奋勇，教同志们唱《志在四方》，唱《长征组歌》。

过去有许多影视资料和报道文章都记录过周恩来带领群众放声高歌的情景，无须多讲。这里想讲一点的只是他这样做，丝毫没有什么做作或工作需要，那确实是一种感情洋溢、需要释放的再自然不过的表现。

周恩来喜欢民族歌曲，自然也喜欢京剧及各种地方戏剧，喜欢看各种国产影片。对于戏剧，有人曾问过周恩来："总理，你喜欢京剧还是喜欢越剧？"周恩来说："都喜欢。"又问："比较起来，更喜欢哪一个？"周恩来一笑："比较起来我更喜欢话剧。"

这话不假，周恩来在南开学校读书时，不仅是品学兼优的学生，而且也是表演话剧的活跃分子。

周恩来访问柬埔寨时，同西哈努克亲王观看文艺节目（1960年5月）（杜修贤　摄）

1909年，南开剧社便成立了。校长张伯苓亲自写了南开第一幕新剧《用非所学》，供剧社排演并亲自担任角色。1914年11月，南开新剧团成立，下设编纂、演作、布景、审定四个部，周恩来担任话剧布景部副部长，并亲自登台扮演许多角色，如《一元钱》中的孙慧娟、《仇大娘》中的范慧娘、《恩怨缘》中的烧香妇、《千金全德》中的高桂英、《华娥传》中的华娥、《老千金全德》中的童男等。

在话剧中，周恩来一般都是男扮女装，饰演主角。那么为什么没有女同学出演呢？

周恩来回忆道："我在南开学校读书时，演过话剧。那时学校还不够解放，男女分校，我们演剧没有女角，就由我来扮……我们演得很成功。"

1916 年 9 月 18 日，周恩来在第 38 期《南开校风》的《校闻》中写道："校中每届周年纪念会，例演新剧，以志庆贺。今年暑假期中，校长因每岁稿本，编纂非易，特集同新剧团团员数人，前往高家庄李氏小学，预先编纂，以冀匆匆忙于临时。计往者校长张先生……暨同学于佩文、李纶襄、李福景、周恩来四君……"

此外，周恩来还撰写了《吾校新剧观》等文章，认为新剧是对国民进行通俗教育以为重整河山、复兴祖国的重要工具。他写道："夫通俗教育之组织，大都不外演讲事理、出版书说等事，然演讲则失之枯寂，书说则失之高深。即有以演讲中而加入兴趣小说，书报取其平易近人者，面对于浮躁子弟，又何能使其静心不厌，目不识丁者，又何能使其翻卷阅诵？是知今日之中国，欲收语言文字统一普及之效，是非借通俗教育为之先不为功。而通俗教育最要之主旨，又在舍极高之理论，施以有效之实事。若是者，其惟新剧乎。"

南开学校的话剧不仅受到本校师生的欢迎，而且得到京津许多地区观众的瞩目，它的声誉超过了专业剧团。许多学校和专业剧团争相上演南开学校的话剧，同时在社会上引起了很大的反响。

1915 年 10 月 18 日，广德楼戏园上演南开学校话剧团演出的话剧，周恩来闻讯后与李福景等二十多人组成"津门学界观剧团"，乘火车前来北京，下榻于前门西河沿元成房。当晚，来到大栅栏广德楼戏园，在包厢里观看了《因祸得福》（即《仇大娘》）。观毕，周恩来等人返回客房进行了热烈的评论，到次日凌晨两点钟。下午，周恩来等人再次来到广德楼，观看话剧《恩怨缘》，统观全剧，无懈可击，剧本佳，又加之演者之聚精会神，遂得圆满之结果。剧终后，周恩来等人去外面吃晚饭，饭后又返回戏园观剧。这场话剧演得比头天晚上的效果要好，大家直至午夜才返回住所。

通过观摩，周恩来等人不仅了解了北京的演出情况，同时在互相学习、取长补短等方面，也有一定的收获。

当年周恩来几次观摩话剧的广德楼，如今已成为前门小剧场。1957 年，周恩来再次来到这里，他和秘书从大栅栏东口步行到前门小剧场，拿着预先买好的入场券，观看了北京曲剧《杨乃武与小白菜》。观毕，他到后台亲切地接见了魏喜奎等演员。他说："我出国访问刚刚归来，看到报纸上的广告，就赶来看你们的戏了。"他还说："我喜欢这出戏，不只因为它是我从小就爱看的家乡戏，更主要的在于它跟别的公案戏不一样，平反冤案，并没有借助清官，而是借助两宫斗争，揭露了封建社会的黑暗。"在周恩来的关怀下，不久，这出剧拍成了电影。

周恩来不光是到北京来看别人演南开新剧，他自己参加演出的《一元钱》也曾进京演出。该剧表现的是一对青年男女不为贫富巨变所动，追求自主婚姻的动人故事，在南开演出后受到好评，并应北京文艺界之邀，赴北京演出，著名京剧大师梅兰芳闻讯赶来，观看了演出，并与演员们进行了座谈。新中国成立后，已是共和国总理的周恩来与梅兰芳相见时，曾经高兴地回忆起这件往事。周恩来说："三十多年前，南开校庆，我们排演了话剧《一元钱》，北京文艺界曾邀我们来京演出。"说到这里，梅兰芳说："我想起来了，您在《一元钱》里演一个女子。演过之后，好像我们还开了座谈会。"周恩来笑着说："对。虽然那是青年时代的事，但我们可以说是同行。"

走上革命道路后，周恩来自己便不再登台演戏了，但他对话剧艺术、话剧团体仍给予极大的关注，即使是在如火如荼的抗战热潮中，也是如此。1937 年 10 月，中国旅行剧团在汉口法租界天声舞台首演四幕抗日锄奸话剧《前夜》，该剧由阳翰笙编剧，由中国旅行剧团团长唐槐秋导演并主演。应阳翰笙之邀，周恩来前来观看演出，给剧本提意见并作指导。

演出结束后，周恩来在阳翰笙的陪同下，来到后台看望演员，并微笑着和全体演职员一一握手。当与唐槐秋握手时，唐槐秋客气地说："您好！请多指导。"周恩来更加客气地说："我是来学习、受教育的。"在对演出加以肯定和鼓励之后，他还希望中国旅行剧团更多地创作演出这种振奋抗日精

20世纪60年代初周恩来和邓颖超与工作人员合影（杜修贤 摄）

神、鼓舞抗日斗志的好戏。

自此以后，凡是中国旅行剧团推出新剧，周恩来都来看。他每次到剧场，都有邓颖超陪同，另有秘书、警卫、司机等随员，连他夫妇共六人。每次演出结束，他都到后台看望演职员，祝贺演出成功。他们每次来看演出，都是照章购票，绝不“看白戏”。一次，唐槐秋托田汉给周恩来送去六张戏票，请他来看戏。周恩来见了戏票，就问田汉：

“戏票好多钱？”

田汉说：“这是槐秋请你看戏，他要我带给你的。”

周恩来说，“那不行！”又郑重表示，“槐秋的剧团是职业剧团，全靠卖票维持生活和发展。我们怎么能‘看白戏’呢？”

田汉只好说：“那票钱由我来付吧！”

周恩来说：“不行！不行！你不也就那么几个钱吗？”

结果，田汉拗不过他，还是收了他的六张票钱，才算了事。

中国旅行剧团在武汉期间最隆重与成功的演出，应推1938年1月首演的《阿Q正传》。它是鲁迅这部同名原作被首次搬上舞台，由田汉编剧，洪深导演，姜明饰阿Q，唐槐秋饰赵老太爷。

为隆重推出该剧，田汉、洪深、唐槐秋联名邀请周恩来和当时在武汉的文艺界名流前来看戏和提意见。结果，演出非常成功，赢得了来宾与观众的同声称赞，达到了“要民族生命不灭，只有阿Q精神在人人心中死绝”的主题表达。

为了祝贺该剧的演出成功，揭示该剧的现实意义，当时的文化界名流于观看演出后，纷纷为该剧题词。周恩来、邓颖超夫妇也在观看演出后，欣然命笔。周恩来的题词是：“坚持长期抗战，求得中华民族的彻底解放，以打倒中国的阿Q精神！”邓颖超的题词是：“争取抗战最后的胜利！”

新中国成立后，周恩来对话剧的兴趣有增无减，他天天看报纸，天天必看各剧场的节目预告。无论哪一天，你随便问周恩来：“今天吉祥剧院演什么戏？”周恩来肯定可以马上告诉你。

1965 年 7 月 30 日周恩来在新疆乌鲁木齐和文艺工作者一起唱歌（杜修贤 摄）

有一次秘书问：“总理，你看那些剧场节目预告干什么？”周恩来笑着叹口气：“看戏是享受，想戏也是一种享受呢。”秘书含笑作一个总结：“很少有总理没看过的戏，也很少有总理看完全场的戏。”周恩来听罢哈哈大笑，频频点头。因为他这一句话道出了实情。周恩来酷爱看戏，没有什么戏不想看，但他“官身不由己”，想看也看不完，太忙了。或者晚到，看个尾巴，或者早到，看个开头就马上要赶去参加会，有头有尾地看完一场戏实在太少，有数的几场而已。于是秘书们想出了个办法叫周恩来休息，其实这办法就是“假公济私”“投其所好”。

什么是“假公济私”？就是把休息和工作搞得界线不分。凡有新电影，新戏剧出来，秘书们总要找出各种理由原因，安排周恩来去审查新片新剧，并且尽量“上纲上线”，说这是对文艺工作者是否关心、重视、支持的大问题，说作者和演员如何如何已经准备听取周恩来的意见，如果不去看就会挫伤文艺工作者的积极性，甚至是不利于党的知识分子政策云云。

这样一来，周恩来就不审查也得审查，不休息也得休息几个小时了。

所谓“投其所好”，就是按照周恩来对休息的解释，满足他的那种“休息”。比如把作者、演员请到家里来，同周恩来一起吃顿饭，聊聊天；自然是聊戏，聊演员的生活。这样聚会一次，解决了剧团的问题，也达到了让周恩来休息一下之目的。

每次看话剧，周恩来都十分投入，十分认真。看完后他都能提出几条建议，供演职员们参考。

1963 年，军区前线话剧团演出了一部 10 场话剧《霓虹灯下的哨兵》。这是一部思想性、艺术性兼备的剧本，作者沈西蒙，以南京路上好八连的动人事迹为素材，表现了革命军人身居闹市，拒腐蚀、永不沾的高尚品德，得到了各界人士的广泛赞许。

随即，前线话剧团奉命到北京汇报演出《霓虹灯下的哨兵》，陶玉玲在剧中扮演女主角春妮。周恩来到剧场观看演出后，十分高兴，休息时接见了作者和导演。演出结束后，又登上舞台和演职员一一握手。后来，邓颖超曾同陶玉玲说起过，周恩来看完戏兴奋得整夜睡不着觉，为了使这出戏得到提高，他先后看了六遍。

周恩来不仅一次又一次地看戏，而且非常认真，几乎每一次都提出具体的修改意见。如第二场赵大大捡到林乃娴的钱包没有马上还她，到第六场才还，周恩来指出：这样不妥，有损赵大大的形象。解放军拾金不昧，钱包应该马上交还。周恩来对演员如何塑造好角色也极为重视，要求演什么人就像什么人，既要符合人物身份，又不能概念化。例如女特务曲曼丽穿了一身考究的裙服，周恩来马上指出："上海解放初期，这样的人是不会穿这种服装的，最好改穿工装裤，要朴素些。"导演遵照周恩来的意见，让演员换上了工装裤。不久，周恩来又来看戏，发现曲曼丽的裤腿改得又瘦又短，看上去像个阿飞，他马上又提出来，裤子要再改一改，既然要给她穿工装裤，就要像个工人，不能妖里妖气，不要一出场就让人看出她是个坏人，应该随着剧情的发展，矛盾的加深，逐步揭露出来，不然就看不出她的伪装。

周恩来不仅亲自指导修改，还请来了文艺界老前辈田汉、夏衍、曹禺等以及许多领导同志来看演出，并且亲自主持座谈会，让大家提意见。在一次座谈会上，周恩来对陶玉玲说："春妮，你念的那封信写得好，念得也好，很使人感动。但是我来问问你：春妮是什么文化程度？"陶玉玲回答说："小学文化程度。"周恩来笑了，说："高小文化程度，能说出两小无猜吗？"大家不由得笑了起来，他又说，"这句词也很不口语化，可以改一改嘛。"陶玉玲想了想，说："那就改成'从小在一块'，好吗？"周恩来马上给以肯定，"对，很好啊！"

周恩来很喜欢《霓虹灯下的哨兵》这个话剧，可以说是百看不厌。在百忙之中他又来到八一电影厂观看由该团演员演出的这出话剧。

听说周恩来要来观看这出话剧，全团上下一片欢腾，团长李力制止了大家热情的交谈，说："今天各部门的工作都要做得认真些、扎实些、紧凑些，谁也不许出差错！"

要求是谁也不许出差错，但还是出了一点小纰漏。

当林媛媛和童阿男在南京路上准备去迎接解放军时，发现了特务老K潜入大楼里，童阿男叫林媛媛速去报告解放军，他留守在楼外监视特务的活动，林媛媛便带着这个任务紧急地跑下台去。当扮演林媛媛的演员师伟飞快地刚刚跑进侧幕条时，突然撞在了一个非常坚硬的东西上，"嗡"地一下便蒙了过去。原来，她刚好撞在了扮演赵大大的李炎胸前佩挂的冲锋枪上。平常李炎都是站在幕条很远的地方候场，今天，他也是小心谨慎，提前来到了侧幕旁。边幕里黑乎乎的，师伟从台上跑下来又很快，什么也看不清，幸好她跑的时候是半张着嘴，冲锋枪撞在了她的门牙上，没有把嘴唇磕破，否则将是一个"新形象”的林媛媛了。她缓了缓气，硬着头皮带着解放军跑上场去，台词怎么说的也顾不上了，只是在该她说话的时候，指指划划地胡乱哼唧了几句便跟着抬童阿男的担架下场了。

一般人也许没有看出这个小纰漏，不过，周恩来是觉得有点“问题”。戏演完后，周恩来走上台接见全体演出人员，并和大家一一握手，当他和师伟握手时，师伟非常难为情，觉得没有拿出最好的成绩向周恩来汇报。没想到周恩来却表扬了她：“这个戏你演得很好嘛！”“你是从上海来的？”师伟说：“是从上海电影制片厂调来的。”周恩来点了点头，接着说：“你在第一场里有句台词没有说清楚，以后应该加强基本功的训练啊！”

师伟当然清楚周恩来说的是哪句台词，不过这种尴尬的场面，又怎么解释呢？事后回想起来，倒是禁不住地笑，这种纰漏也算是难得一遇呀！

◆只有花开花落的海棠最知道周恩来几多繁忙，几多快乐，几多愁

在周恩来的文娱活动中，还有一项重要内容，就是作诗。可以说，从他青年时代开始直至他老人家去世，周恩来基本没有停止过作诗。

现在公开发表的周恩来的诗作，都是他年轻时的作品。其实，他当总理以后作诗，远比青年时期作诗多，特别是晚年，常看到他念念有词，并将新诗写下来。

周恩来一般是作格律诗，偶尔也作自由体诗。他对古诗词非常熟悉，无论提到哪首诗词，他都可以出口便背诵下来，当大家为此惊讶时，他总是很动感情地说：“这要感谢我的母亲，四岁时她就教我识字，五岁时已经教我背诵了几十首唐诗……”

那么，周恩来的喜欢读诗作诗，是否与他的母亲有关？答案是肯定的。他在读诗作诗的时候一定可以寻找回来那遥远的记忆，重新感受母亲的慈爱与保护，重新从母亲那里得到新的启示……

周恩来作诗，或者是对什么事有感，对什么人有感，对什么景有感，或者是看到主席或陈毅或董必武等战友的新诗，反复品味之后唱和一首。他一旦要作诗，吃饭走路乘车这种时间就会被充分利用起来，嘴里偶尔吟出一句。这样的一天里，抽空儿反复索句，或睡前，或起床后，新诗就出来了。

可他作的诗一般都没有保留下来，这不能不说是一件遗憾的事。

外出参观游览，所过名胜古迹的工作人员都希望他留下墨迹。他也一概拒绝。

周恩来会下棋，中国象棋、围棋、国际象棋都会下，还会打桥牌，在重庆与董必武等同志玩过，后来都“戒”了。

周恩来对“戒棋”“戒牌”的解释只有三个字：“没时间。”

在他晚年，病重住院后，为了分散他的注意力，减轻一些病苦，秘书们拉他玩牌。他在“戒牌”二十多年后又拾起来了。他很会算牌，随随便便就能赢了他们这些认认真真的人。赢了便轻声一笑，没有精力多说话。

只有一次，他看看表，说：“下棋打牌，过时间不觉得，有个故事说，樵夫看两个老头下棋，一盘棋下完，身旁的斧头把儿已经烂了。这盘棋下了多少年？干事业的年华，千万不可沉溺其中。”

在文娱活动中，周恩来最喜欢的似乎还要算跳舞。他们也喜欢让周恩来多跳舞。这项活动后来被称为“三结合”，不是“文化大革命”中的老中青三结合，而是：文娱、体育、工作的三结合。

跳舞本身既是娱乐活动，又能锻炼身体，这是无须解释就很明白的事。医生主张周恩来每天跳一场舞，活动活动身体各部的肌肉关节。但他太忙，做不到。

周恩来跳舞极少去春耦斋，一般是在紫光阁和人大会堂山东厅。50 年代在北京饭店也常跳。到这些地方来跳舞的还有李先念、陈毅、余秋里、何长工、吕正操等国务院及各部领导。舞会 8 点开始，周恩来如果参加，常常 10 点左右到，跳几圈就提前走了。他舞姿潇洒，会跳三步、四步，能跳出花样，不像毛主席、朱老总那么单调地踩点走步。

周恩来跳舞从不固定舞伴，他很理解文工团来的那些女演员，尽量勤换舞伴，满足尽可能多的女演员“陪周恩来跳一圈”的愿望。

周恩来参加舞会，首先是作为社交的场合与机会，不忘结交朋友，不忘调查研究，不忘讨论工作。

每次跳舞，周恩来必要同国务院机关和各部委领导打招呼，通报情况。若是有大事、复杂的事，就在舞会休息时将有关领导叫入舞厅旁的小屋里谈话。跳舞时，周恩来换舞伴勤，也包含有多认识人、多听到一些情况的考虑。

每次跳舞，对于新舞伴，周恩来必要问姓名、年龄、工作单位，对单位里的领导及工作有什么意见等等。对于认识的老舞伴，他常提出一些文艺政策方面的问题，征求意见，或者将自己考虑的有关文艺工作的内容讲出来听听群众意见。

周恩来在跳舞中是怎样调查研究，怎样做工作呢？随便举个例子。

郑淑云是周恩来的保健护士。她第一次见周恩来，就是在北戴河的舞场上。谈话是在舞会休息时开始的。

“你什么时候来北戴河的啊？”周恩来问过姓名、年龄及家庭情况后，放慢了讲话速度。

“中央异地办公，从开始我就跟打前站的同志们一起过来了。”

“这个地区的地方病是什么？”

“哎呀，不知道……”

“你是医务工作者，领导没给你介绍吗？”

“光是从安全方面介绍一下，地方病可没说。”

“没介绍你也没调查？这就是问题。安全也要以预防为主。到一个地方就要调查研究这个地方的状况，作为医务人员特别应该查清这个地方的发病情况，这样才好开展工作，做到有的放矢。你说对不对？”

“对的。”

“那么地图你看仔细了？”

“看了，否则找不到首长。在杭州我给罗部长做蜡疗就迷了路，摸黑转了半天……”

“哈哈哈，就是么，吃一堑长一智，这就提高了……”

"哎呀，舞曲开始了。总理，你去跳舞吧。"

"你会跳吗？"

"我不会。"

"一次没跳过？"

"跳过两次，也是人家带着我……"

"那好，这次我带你，我来教你跳。"

"哎呀，我，我会踩你的。"

"哈哈哈，"周恩来把头稍稍后仰，一边笑一边指郑淑云脚下："不要紧么，你穿的是软胶鞋。"

郑淑云脸红了，把手递给周恩来。跳出第一步时，仍在喃喃："可是，可是，您带我跳会很累的。"

周恩来放低了嗓门，小声说："放心跳吧，累点正好运动。"

除了喜爱跳舞之外，周恩来亦很喜欢赏花。海棠花的明艳，荷花的出污泥而不染等等，都为周恩来所喜爱。

作为政府总理，一位伟大的外交家，周恩来陪同来访的外宾和出访时的观花赏景机会自然很多，但这些毕竟属于公务，只能是走马看花，匆匆而过。

海棠花鲜艳，漂亮，招人喜爱。它结的果实味美，又甜又酸，开白花的结红海棠，开红花的结黄海棠，果实累累，挂满枝头，真像花果山。……海棠花开季节，周恩来白天常常在繁忙的工作之中，抽几分钟散步观赏；夜间工作劳累了，有时散步站在甬道旁的海棠树前，总是抬着头看了又看，从它那里得到一些花的美色和花的芬芳，得以稍稍休息，然后又去继续工作。花开花落的海棠，与周恩来结下了深厚情谊，伴他度过了二十多年的美好时光，只有它最知道周恩来几多繁忙，几多快乐，几多忧愁。

在花里面还有人生的大道理。革命烈士彭干臣之子彭伟光在回忆文章里写道：当祖国处在困难时期，那就不是一个简单的同政治无关的个人爱好问题了。西花厅里有花园，有假山，还有鱼池，但是彭伟光却看到，花园里无花，鱼池里无水，更没有鱼，假山不能喷泉。他曾好奇地问周恩来：鱼池里放点水，养点鱼，花园里种点花，植点草，既能新鲜空气，又能减少灰尘，该多好啊！周恩来说：“你这个人倒挺会享受的呀！我这地方有鱼池，可以放水养鱼，那么其他人可以不可以这样做呢？”

彭伟光说：“不会的。”

“你太不懂事了，你懂得上行下效吗？”

“这个我听说过。”

“如果我当总理的可以养鱼种花植草木，那么下面的部长也可以这么做，各省省长，省委书记，地委，县委也可以如法炮制，在人民生活还处在困难时期的今天，这样我们就会脱离人民，人民就不会相信我们，这个问题你想过没有？”周恩来赏荷花，大多是有事到颐和园时顺便为之。1951 年秋，邓颖超住在颐和园养病，周恩来时常带着侄女、侄儿去看望。他们在园中散散步，赏赏花，有时还坐船游湖。几个人租用一只带篷船，泛舟昆明湖上。船儿在清香的荷花、荷叶旁漂过，微风徐来，好不惬意。周恩来情有独钟的颐和园东北角的谐趣园中，也是满池的荷花。除了满池清香的荷花外，这谐趣园特别像淮安城里的小勺湖，也是周恩来钟爱它的一个原因吧。

多才多艺的周恩来，情趣爱好原本很多，惜乎中国众多人口的众多事物，占去了他的全部精力和时间，使他个人的生活失去了应有的色彩，许多情趣爱好也只能是心中的“爱好”罢了。

注：本书插图力求署名准确，查阅了新华社多媒体数据库，中国新闻社图片网，人民画报（1950 年创刊至 1969 年），中国知名摄影家作品档案，及其他多种署名的画册等。虽然做了大量功课，但难免存有一定的瑕疵，挂万漏一的问题在所难免。对少部分图片未能查找到摄影作品的原创作者表示歉意，希望作者发现后及时与我们取得联系，以便再版时修正并按相关法律规定支付稿酬。本书图片全部由北京红镜头版权代理中心提供。电话 010--58454866